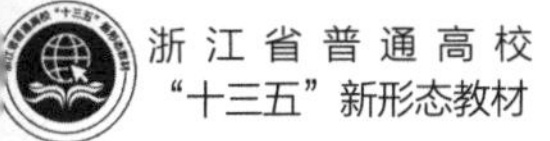

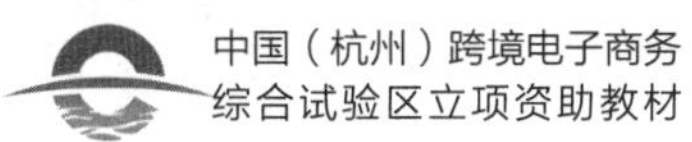

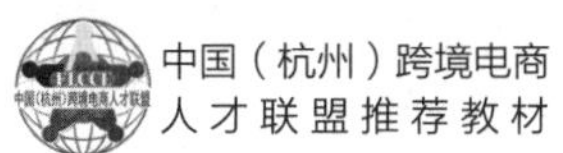

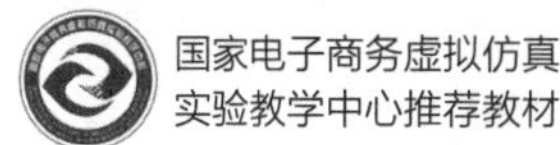

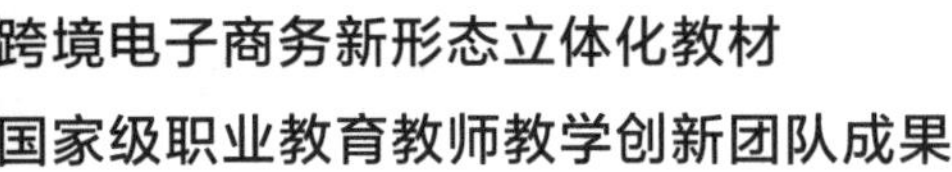

全方位跨境电商物流实务指南

涵盖跨境物流政策、流程及案例

CROSS-BORDER E-COMMERCE LOGISTICS PRACTICE

跨境电商物流实务

戴小红 吕 希 /主 编

王 薇 侯维田 王枞至 /副主编

ZHEJIANG UNIVERSITY PRESS
浙江大学出版社

图书在版编目(CIP)数据

跨境电商物流实务 / 戴小红，吕希主编. — 杭州 ：
浙江大学出版社，2020.9(2023.4 重印)
ISBN 978-7-308-20458-3

Ⅰ. ①跨… Ⅱ. ①戴… ②吕… Ⅲ. ①电子商务—物流管理—教材 Ⅳ. ①F713.365.1

中国版本图书馆 CIP 数据核字(2020)第 145271 号

跨境电商物流实务

戴小红　吕希　主编

责任编辑　曾　熙
责任校对　高士吟
封面设计　春天书装
出版发行　浙江大学出版社
（杭州市天目山路 148 号　邮政编码 310007）
（网址：http://www.zjupress.com）
排　　版　杭州朝曦图文设计有限公司
印　　刷　杭州高腾印务有限公司
开　　本　787mm×1092mm　1/16
印　　张　11.5
字　　数　270 千
版 印 次　2020 年 9 月第 1 版　2023 年 4 月第 4 次印刷
书　　号　ISBN 978-7-308-20458-3
定　　价　39.00 元

浙江大学出版社市场运营中心联系方式：0571—88925591；http://zjdxcbs.tmall.com

“跨境电子商务新形态立体化教材”

丛书编写委员会

编写委员会成员

施黄凯	陈卫菁	柴跃廷	陈德人	章剑林
陈永强	琚春华	华 迎	武长虹	梅雪峰
马述忠	张玉林	张洪胜	方美玉	金贵朝
蒋长兵	吴功兴	赵浩兴	柯丽敏	邹益民
任建华	刘 伟	戴小红	张枝军	林菡密

支持单位

中国(杭州)跨境电子商务综合试验区

阿里巴巴集团

亚马逊全球开店

Wish电商学院

eBay(中国)

Shopee东南亚电商平台

中国(杭州)跨境电商人才联盟

国家电子商务虚拟仿真实验教学中心

“跨境电子商务新形态立体化教材”

丛书编写说明

“世界电子商务看中国，中国电子商务看浙江，浙江电子商务看杭州。”浙江是经济强省，也是电子商务大省，杭州是“中国电子商务之都”，浙江专业电子商务网站数量占全国专业电子商务网站数量的1/3，浙江电子商务的发展与应用水平全国领先。浙江电子商务的成就，主要归功于政府开放式创新创业氛围的营造和大量电子商务专业人才的贡献。自2015年3月7日国务院批复同意设立中国(杭州)跨境电子商务综合试验区以来，杭州积极探索，先行先试，跨境电商生态体系不断完善、产业发展势头强劲，以“六体系两平台”为核心的跨境电商杭州经验被复制推广到全国。截至2018年底，杭州累计实现跨境电商进出口总额达324.61亿美元，年均增长48.6%，13个跨境电商产业园区差异化发展，全球知名跨境电商平台集聚杭州，总部位于杭州的跨境电商B2C平台交易额近1700亿元，杭州跨境电商活跃网店数量增加至15000家，杭州外贸实绩企业数量增加至12000家，杭州跨境电商领域直接创造近10万个工作岗位、间接带动上百万人就业。跨境电商正在成为杭州外贸稳增长的新动能、大众创业万众创新的新热土，推动杭州由中国电子商务之都向全球电子商务之都迈进。

对外经济贸易大学国际商务研究中心联合阿里研究院发布的《中国跨境电商人才研究报告》中的数据显示，高达85.9%的企业认为跨境电子商务“严重存在”人才缺口，而各高等院校、培训机构对跨境电子商务人才培养标准不一，所使用的教材、培训资料参差不齐，也严重制约了对跨境电子商务人才的培养。

为提升跨境电子商务人才的培养质量，开展多层次跨境电子商务人才培训，提高跨境电子商务研究水平，加快推进人才建设的战略部署，创建具有中国(杭州)跨境电子商务综合试验区特色的人才服务，浙江省教育厅、中国(杭州)跨境电子商务综合试验区建设领导小组办公室领导，协同浙江大学、浙江工商大学、杭州师范大学、浙江外国语学院、杭州师范大学钱江学院、浙江金融职业学院、浙江经济职业技术学院、浙江商业职业技术学院、阿里巴巴、亚马逊、Wish、谷歌、深圳市海猫跨境科技有限公司、浙江鸟课网络科技有限公司、深圳科极达盛投资有限公司、杭州众智跨境电商人才港有限公司、浙江执御信息技术有限公司、杭州跨境电子商务协会联合编写"跨境电子商务新形态立体化教材"丛书。该丛书的出版发行,必将引起跨境电子商务行业的广泛关注,并将进一步推动我国跨境电子商务产业不断向前发展,也为广大跨境电子商务从业者、跨境电子商务科研工作者、跨境电子商务爱好者学习研究跨境电子商务提供了必要的参考。

"跨境电子商务新形态立体化教材"丛书的编写,是中国(杭州)跨境电子商务综合试验区的重要工作,也是浙江省教育工作服务浙江经济、培养创新人才的一项重要工程。教材编写整合了浙江省内外高校、知名企业、科研院所的专家资源,突出强调教材的国际化、网络化和立体化,使"跨境电子商务新形态立体化教材"丛书成为推进浙江省乃至全国教材改革的示范。

浙江省教育厅

中国(杭州)跨境电子商务综合试验区

中国(杭州)跨境电商人才联盟

浙江工商大学管理工程与电子商务学院

国家电子商务虚拟仿真实验教学中心

2019 年 1 月

前　言

近年来，随着全球跨境电商的发展，跨境物流行业发展遇到了前所未有的机遇。据海关统计，2018 年我国跨境电商零售交易额达到 1347 亿元，同比增长 50%。跨境电商物流包含了境内配送、跨境运输、境内外仓储、境外本地配送、退换货、退运等多元化的服务，是跨境电商链条上的交付环节。跨境电商物流成本直接关系到跨境电商的销售成本，跨境电商物流的送达范围的广度决定跨境电商的销售地域，跨境电商物流的通畅度和时效反映了跨境贸易的便利度和客户的体验感。跨境电商物流以其在物流速度、物流服务质量和物流成本等方面的显著优势，昭示着国际物流业未来的发展方向。

跨境电商物流需要整合传统国际物流的各种模式，为跨境电商的碎片化订单服务，量身定制基于传统物流又不同于传统物流的商品跨境传递的方式。为适应碎片化订单的高速增长，中国海关进行监管创新，针对跨境电商 B2C 业务推出的“三单对碰”模式，为海关通关监管提供了依据，提高了通关效率，成为各国（地区）海关对跨境电商 B2C 业务的监管模板。跨境电商物流随着各国（地区）监管制度的完善和创新，在通关日益便利化的同时正引领跨境电商更加本土化、规范化、合规化发展。国际物流业正迎来一个新的发展阶段——跨境电商物流时期。

为规范培养跨境电商物流行业高素质技术技能型人才，由浙江金融职业学院二级教授戴小红牵头，由跨境电商物流行业专家和教育教学专家共同组成了本教材的开发小组，通过行业企业调研，召开多轮行业论证会，对跨境电商物流从业人员岗位工作任务和职业能力进行分析，在此基础上设定了职业岗位标准。按照“就业为导向、能力为本位、职业标准为依据”的原则设置教学模块和子模块，围绕完成工作任务选取理论知识，以训练跨境电商 B2B/B2C 出口、进口物流业务环节操作能力为目标来选取企业真实业务项目载体，体现工学结合、任务驱动、项目教学和线上线下混合式教学的教材编写模式。本教材主要供本科和专科院校跨境电子商务类专业的学生、跨境电商物流的在岗人员和跨境电商企业相关物流岗位的人员学习。

本教材以跨境电商出口、进口物流业务工作流程为主，内容包含跨境电商物流行业概述、跨境电商出口物流方式、跨境电商进口物流方式、国际货运头程物流业务、跨境电商清关业务和跨境电商平台店铺物流综合业务操作等六大学习模块。每个模块都包括知识目标、能力目标、案例导入、知识要点、知识与技能训练等内容。重点章节还增加了操作技巧部分，依据学习目标设计了典型工作项目，布置了相应的工作任务，并进行操作示范。通过手机扫描本教材中的二维码，读者还可以获取配套的微课等数字教学资源。

本教材六章的具体内容和编写者如下。

第一章：跨境电商物流行业概述。主要包括跨境电商物流概述、跨境电商物流行业发展、跨境电商平台物流政策。负责人：戴小红、王薇。

第二章：跨境电商出口物流方式。主要包括国际（地区间）邮政包裹、国际（地区间）商业快递、跨境专线物流和海外仓。负责人：王薇、戴小红、吕希、王枞至。

第三章：跨境电商进口物流方式。主要包括直邮进口和保税进口。负责人：吕希。

第四章：国际货运头程物流业务。主要包括国际海运头程物流、国际空运头程物流、中欧班列高铁物流、跨境电商货物的包装。负责人：戴小红、吕希。

第五章：跨境电商清关业务。主要包括跨境电商 BC 模式清关和跨境电商 BBC 模式清关。负责人：侯维田。

第六章：跨境电商平台店铺物流综合业务操作。主要包括 B2C 平台线上物流发货操作和跨境电商 B2B 平台线上物流业务操作。负责人：吕希。

本教材由戴小红教授和吕希讲师统稿、修改，由行业专家组审稿。在此，特别感谢杭州跨境电子商务协会跨境物流专委会主任、杭州乐链网络科技有限公司董事长王薇女士，她以数十年国际物流和跨境电商物流领域的实践操作与管理经验，多轮指导设计和参与修改本教材的框架结构，承担教材编写和微课拍摄等具体事务，并参与教材内容的审核；感谢杭州佳成国际物流股份有限公司项目总监王枞至先生、杭州楷达供应链管理有限公司报关经理侯维田先生，他们以数十年的国际物流和报关等领域的实务操作经验，对海外仓、保税仓、清关等业务流程，以及单证操作等内容进行编写与指导，提供真实案例、项目载体等资料；感谢义乌义通欧物流有限公司经理林辉提供中欧班列国际物流领域的宝贵资料。本教材在编写过程中，得到了中国服务贸易协会及其常务副会长兼秘书长仲泽宇先生、中国（杭州）跨境电子商务综合试验区及其外联宣传部武长虹部长等的鼎力支持，感谢浙江大学出版社编辑的指导与支持。本教材得到了跨境电商物流行业、企业许多专家的大力帮助，在此表示衷心的感谢。

本教材紧贴跨境电商物流的业务实际，书中的图片、单证、案例均来源或仿照真实文件的外观样式，单证涉及的原交易当事人、交易内容等关键细节已经隐去，换以虚拟的公司名称、地址、交易内容等。所述内容如不慎与真实的公司、业务雷同，实属巧合，请多包容。

跨境电商物流行业及其政策变化快，加上编写时间有限，教材中难免出现错误、疏漏等情况，真诚欢迎各界人士批评指正，以便再版时予以修正，使本书日臻完善。

编者
2020 年 5 月

目录

第一章　跨境电商物流行业概述

第二章　跨境电商出口物流方式

第三章　跨境电商进口物流方式

第四章　国际货运头程物流业务

第一章

跨境电商物流行业概述

【知识目标】

- 了解跨境电商物流行业和跨境电商物流的主要模式和特点。
- 了解全球跨境电商的发展现状和趋势。
- 熟悉跨境电商物流的主要环节。

【能力目标】

- 能分析跨境电商对跨境电商物流的基本诉求。
- 能提供跨境电商物流基本的解决方案。
- 能解读跨境电商物流发展存在的问题。
- 能结合实际提出跨境电商物流的发展对策。

案例导入

递四方速递的跨境发展

递四方速递(4PX Express,以下简称 4PX)成立于 2004 年,是全球跨境电商供应链综合服务提供商,以 IT 技术和大数据为核心驱动力,通过全球仓配和末端交付网络,用新型的物流供应链服务促进跨境电商及平台的交易,提升全球消费者跨境购物的物流体验。

2004 年成立的 4PX 定位精准,聚焦跨境电商物流服务这个领域,研发直击跨境电商痛点的跨境物流产品和解决方案,拥抱资本和电商平台,站在跨境电商快速发展的风口。4PX 2018 年年服务收入接近百亿元,成为中国跨境电商物流领域的领头羊。

第一节　跨境电商物流概述

近年来,随着全球跨境电商的发展,跨境物流行业的发展遇到前所未有的机会,但从中国的跨境电商行业发展来看,截至 2018 年上半年,我国跨境电商交易额达到 4.5 万亿元,预计未来增速将超过 20%,成为交易额达万亿元的市场,跨境电商物流企业面临巨大的机会,同时,挑战与风险也并存。

跨境电商是互联网与进出口贸易的融合。广义的跨境电商是指分属不同关境的交易主体,利用电子商务平台进行商品展示、达成交易、进行跨境支付和跨境物流运输并完成交付的一类交易方式。狭义的跨境电商一般特指 B2C(business to customer,企业对个人)零售业务。

在跨境电子商务的发展过程中,跨境电商物流是跨境电商的基础设施。跨境电商物流成本直接关系到跨境电商的销售成本，跨境电商物流送达范围的广度决定跨境电商的销售地域，跨境电商物流的通畅度和时效性反映了跨境贸易的便利度和客户的体验感。跨境电商物流包含了境内配送、跨境运输、境内外仓储、境外本地配送、退换货、退运等多元化的服务，成为跨境电商链条上的交付环节，整合传统国际（地区间）物流的各种模式，为碎片化订单量身定制了基于传统物流又不同于传统物流的商品跨境传递的方式。

为适应碎片化订单的高速增长，中国海关进行了监管创新。海关针对跨境电商 B2C 业务推出的“三单对碰”模式，为海关通关监管提供了依据，提高了通关效率，成为各国（地区）海关针对跨境电商 B2C 业务的监管模板。跨境电商物流随着各国（地区）监管制度的完善和创新，在通关日益便利化的同时正引领跨境电商更加本土化、规范化、合规化发展。国际物流业正迎来一个新的发展阶段——跨境电商物流时期。跨境电商物流以其在物流速度、物流服务质量和物流成本等方面的显著优势，昭示着国际物流业未来的发展方向。

一、跨境电商物流的定义

跨境电商物流是指位于不同国家或地区的交易主体通过电子商务平台达成交易并进行支付清算后，通过跨境电商物流送达商品进而完成交易的一种商务活动。

狭义的跨境电商物流指的是将在零售电商平台上成交的商品从卖家所在国（地区）送达不在其同一关境的消费者的方法和过程。广义的跨境电商物流包含了所有通过跨境电子商务平台成交的批发和零售的商品从卖家所在国（地区）送达其不在同一关境的买家的方法和过程。

二、跨境电商物流业的范畴

有赞提供的物流供应链路通道

跨境电商物流涵盖了通关、仓储物流、快递业务、国际（地区间）货运业务、邮政业务等传统国际物流环节，并叠加 OMS（order management system，订单管理系统）、TMS（transportation management system，运输管理系统）、WMS（warehouse management system，仓库管理系统）等 IT（internet technology，互联网技术）系统，在提升各方关系的融洽性的同时，逐步实现业务网络化、运价产品化、服务标准化、仓储自动化、过程数字化、流程可视化、交付可追踪化的目标。物流供应链从服务传统贸易中的大型企业发展到服务中小跨境卖家，并且，物流供应链的提供方也不再局限于物流企业。

三、跨境电商物流的主要模式

（一）海外仓

海外仓模式是指由跨境电商交易平台、物流服务商独立或共同为卖家在销售目标地提供的货品仓储、分拣、包装、派送、退货等一站式控制与管理的服务。卖家根据销量预测提前备货到销售地仓库，当订单产生时，当地仓库会第一时间做出快速响应，及时进行货物的分拣、包装及递送。海外仓流程如图 1-1 所示。

图 1-1 海外仓流程

资料来源:由杭州乐链网络科技有限公司提供。

(二)跨境直邮

相对于海外仓的备货模式,跨境直邮模式是指订单产生后再在卖家所在国(地区)进行商品分拣、包装、跨境递送的物流方式,如图 1-2 所示。

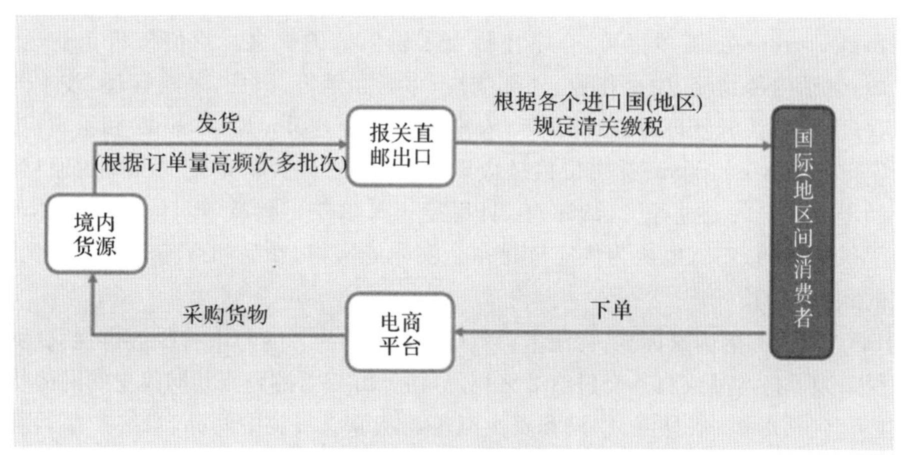

图 1-2 跨境直邮流程

海外仓备货方式下客户体验时效性较好,跨境直邮模式下则企业备货资金占用时间比较短,两者各有其比较优势与缺陷。针对跨境电商行业全球的合规化要求,中国跨境电商物流模式以中国直发和海外仓备货并存的模式为主,核心目标是实现全球库存灵活调配。

在中国海关总署的倡导和推进下,跨境电商物流企业推出全球中心仓运作模式。中国海关在特殊监管区域对跨境货物分类监管进行创新,充分发挥海关特殊监管区域全球中心仓的物流配送功能,利用特殊监管区域的优势,允许非保税货物在特殊监管区域的中心仓完成与保税货物的集拼、分拨,充分对接境外、境内两个市场。全球中心仓业务流程如图1-3所示。

全球中心仓

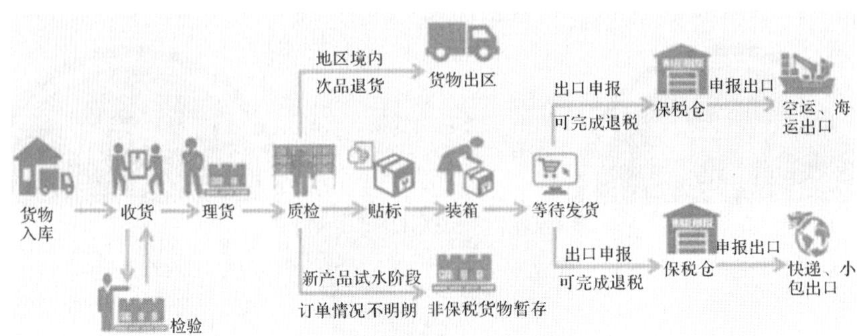

图 1-3 全球中心仓业务流程

资料来源:由杭州乐链网络科技有限公司提供。

四、跨境电商供应链与跨境电商物流

(一)跨境电商供应链

供应链(supply chain)的概念于 20 世纪 80 年代提出。1985 年,美国学者迈克尔·波特(Michael Porter)在《竞争优势》一书中提出了价值链的概念。价值链将企业运营分为多个方面,包括内部物流、生产作业、外部物流、市场和销售、服务、采购管理、技术开发、人力资源管理、基础设施管理等。1992 年,约翰·K. 尚克(John K. Shank)和维贾伊·戈文达拉扬(Vijay Govindarajan)提出价值链应该涵盖"从最初供应商提供所需的原材料到最终将产品送达用户的全过程"。1996 年,贝恩德·肖尔茨一赖特(Bernd Scholz-Reiter)首次提出了供应链的定义,他认为供应链是一个实体的网络,产品和服务通过这一网络传递到特定的顾客市场。

《中华人民共和国国家标准:物流术语》(GB/T 18354—2006)中将供应链定义为生产及流通过程中为了将产品或服务交付给最终用户,由上游与下游企业共同建立的网链状组织。

供应链包括商流、信息流、物流和资金流等。从原材料到中间品、最终产品,再到分销渠道、零售终端,最后到消费者,整体的网络连接功能叫供应链。

商流是一种物资的交易过程,通过商流活动发生商品所有权的转移。商流是信息流、物流和资金流的起点。

信息流是供应商与企业之间的信息流动,包括供应链上的供需信息和管理信息,它伴随着物流的运作而不断产生,包括产品需求、订单的传递、交货状态及库存等信息。

物流是货物流通的全过程,也是供应链的核心环节。该流程的方向是从原材料供应商到制造商、渠道商与物流企业,最后到终端消费者。

资金流是指货币的流通。该流程的方向是从终端消费者到渠道商与物流企业、制造商,最后到原材料供应商。

供应链管理是指对供应链涉及的全部活动进行计划、组织、协调与控制。其目的是通过优化流程提高所有相关过程的速度和确定性,提高组织的运作效率和效益。具体包括订单处理、原材料存储、生产计划安排、库存设计、货物运输和售后服务等。

跨境电商的供应链显著区别于境内电商。跨境电商要受进出口各国(地区)海关、检验检疫等部门的监管，从货源、仓储、物流、通关到消费者终端的供应链链条更长。境内的平台和商家很难将跨境供应链的链条全盘控制。供应链是所有跨境电商企业必须面对的难题，供应链管理系统在跨境电商交易中的重要性尤为凸显。

境内电商的供应链从商品生产到配送的全过程基本均在境内完成，并不涉及海关、外汇等相关问题。随着国民经济水平的提升，越来越多的人愿意通过互联网进行购物，这也促进了我国物流行业的迅速发展。我国的物流企业相较于境外的物流企业来说，起步晚且基础设施落后，运输库存成本较高，专业操作程度较低。

（二）跨境电商物流

跨境电商物流和境内电商物流相比存在六点不同。

1. 物流环境差异

跨境电商物流面向全球各国、各地区，境内电商物流则只在境内活动。从环境上看，跨境电商物流的环境更加复杂，具有国际性特点。从业务单据上看，跨境电商物流需要准备报关单、原产地单据、产品检验检疫等相关文件，而境内电商物流则只需要一张快递面单即可。从运输货物的类型上看，跨境电商物流运输对于货物的种类限制较多，如液体、粉末等商品在境内电商物流运输中比较常见，但如果这类商品想要运输到境外，则需要提供一系列的认证、审核文件。

2. 业务操作复杂

跨境电商物流需要使用英语或者其他语言制作单据、佐证资料等，因此在业务操作过程中的复杂程度远高于境内物流。境内电商物流的分拣相较于跨境电商物流简单一些，也不用考虑跨境电商物流因产品价值产生的关税问题。因为跨境电商物流需要服务于不同的国家（地区），因此根据不同国家（地区）的政策要求，跨境电商物流需要有相应的措施。比如出口到美国的商品需要在包装上外贴“MADE IN CHINA”的标签。

3. 主要运输方式差异

境内电商物流主要使用卡车来完成境内货物的运输，但跨境电商物流则需要使用海运、空运、铁路运输、公路运输等两种以上的运输方式。比如，一单货物从中国运送到美国，可以通过海运或空运送达美国境内，随后使用卡车派送至目的地。也正是因为跨境电商物流运输方式的复杂性、多变性，使得跨境电商物流的丢包率非常高，经济损失大。

4. 信息查询沟通差异

境内消费者通过网络购买商品，通常使用电商自建物流或者与电商合作的第三方物流。因此当消费者购买商品后，可以在电商平台物流查询后台或者物流公司的官方平台查询物流状态，也可以打电话直接沟通物流情况。但这些方式应用到跨境电商物流则会存在许多障碍。跨境电商物流的信息通常需要等到货物发出两天后才能查询，且平台后台无法体现精确的物流信息，只能显示货物到达的某个港口。不同平台对物流商的要求也不同，因此，并不是所有的跨境电商物流产品在每个平台均适用。比如亚马逊平台对物流商的认证就有要求，并不是所有物流服务商均可以对接亚马逊的后台。

5. 区域分布的差异性

境内电商物流发展至今，已经形成较为全面的物流网络，除偏远地区需要花费较长时间外，经济发达地区的物流便利程度已较高，如江苏、浙江、上海等省市。而跨境电商物流涉及不同国家（地区），物流网络布局建设需要面临不同的政治环境和法律法规的约束，建设难度较大，发达国家（地区）和不发达国家（地区）间的物流差异大。

6. 标准化要求不同

跨境电商物流的标准化要求高于境内物流。如液体、粉末、保健品、食品、动物皮毛类产品等，不同国家（地区）有不同的要求，如果没有目的地国家（地区）的认证，是不可能将产品运输进去的，有些国家（地区）还会禁止这些产品入境。

跨境电商未来发展趋势是集约和整合，产业链成员间分工有序、协同合作。对于跨境电商来说，供应链的打造是实现企业转化量提升的首选方法。在全球消费者需求及体验升级的大背景下，跨境电商供应链被赋予了新的内涵，对跨境物流提出了更高的要求。物流重在物品的"流"，侧重于控制仓储、配送、运输环节的效率提升和成本控制。电商平台需要物流企业在集货、仓储、运输、通关、配送等诸多方面的合作，物流在很大程度上决定了跨境电商的运作效率。因此，在以消费者需求为驱动、以技术赋能数字化供应链转型二者的推动下，可优化仓储点及物流路线布局，提升效率。

第二节　跨境电商物流行业发展

跨境电商物流是随着跨境电商蓬勃发展而对传统国际（地区间）物流的一种整合升级与改造，发展迅猛，主要发展方向是业务网络化、运价产品化、服务标准化、仓储自动化、过程数字化、流程可视化及交付可追踪化。

跨境电商物流行业发展历程

一、跨境电商物流行业发展历程

2003—2008 年，一些海外华人和有留学背景的华人从事跨境电商，主要通过邮政寄递，一些大卖家也兼做物流，但传统国际（地区间）物流商转型跨境物流电商的比较少。

2009—2013 年，一部分敏锐的国际货运代理开始融入跨境物流业，空运、铁运、专线、海外仓快速兴起，为跨境电商提供了更多可能。

2014 年至今，物流时效进一步提升，平台、卖家、海外华人也纷纷加入，FBA（fulfillment by Amazon，亚马逊物流）服务、保税仓、虚拟海外仓、退货维修等业务发展迅速。

跨境电商物流行业发展现状

二、跨境电商物流行业发展现状

互联网向各个领域的不断渗透、经济全球化的不断深入，使得跨境电商为全球企业的发展提供了无限的可能。我国跨境电商市场规模十分庞大，近年来保持高速增长，跨境电商物流需求也迎来爆发式增长期，从而对现有物流企业的全球配送能力提出了巨大的挑战。

针对碎片化订单，物流产品已经日趋多样化，时效提升较快，直邮和海外仓服务不断改善，但价格和客户体验仍然都有改进空间。越来越多的传统物流商转型升级做跨境电商物流，在提升物流专业度的同时，仍然需要针对跨境电商特点量身定制跨境电商物流产品。各国(地区)海关监管趋严的当下，如何通过自身服务让跨境电商更合规，让交付更便利是目前跨境电商物流面临的重要课题。

三、跨境电商物流行业发展趋势

跨境电商物流行业发展趋势

跨境电商行业的高速增长，将会大大提升跨境物流的需求量，为跨境物流行业的发展带来强势的增长，同时也对跨境物流提出更高的要求和挑战，比如更保险的清关、更高的时效等。邮政通道的优势在减弱，海外仓份额在增加，保税仓作用明显，新兴国家(地区)物流问题凸显，跨境电商物流行业面临重新洗牌的局面。跨境电商物流将呈现合规化、定制化的发展趋势，那些不符合跨境电商合规化要求的，满足不了跨境电商企业、卖家需求的物流企业将被淘汰，而能长久生存下来的，将是能紧随跨境电商企业、卖家的货量增长而成长的，能满足其个性化运营需求和合规化流程的物流企业。定制化的服务，就是根据客户的实际资金、产品的特性、货量等情况去打造一些量身定制的服务计划，如针对客户对时效的要求、对成本的预算，以及更好地清关、减少风险等诉求而制定的个性化的服务。

未来，跨境电商物流行业和企业将向着业务网络化、运价产品化、服务标准化、仓储自动化、过程数字化、流程可视化及交付可追踪化的目标发展。

第三节　跨境电商平台物流政策

随着跨境电商物流业的发展，各个跨境电商平台相继推出个性化物流政策以更好地服务平台买家。各平台的物流政策趋向自营或联营，卖家自主选择的权利慢慢缩小，跨境电商物流企业除了专业能力强，还要有服务平台的能力，对信息化要求也越来越高。

菜鸟网络 2015 年 9 月宣布联合速卖通上线“AliExpress 无忧物流”服务(以下简称无忧物流)，针对跨境直邮提供跨境全链路一站式物流服务。

速卖通卖家使用该物流服务后，可将揽收、配送、物流详情追踪、物流纠纷处理、售后赔付等系列服务打包整合成标准服务与优先服务两个选项。菜鸟大数据智能路由分单技术的使用，使出口卖家在选择无忧物流后，平台能通过具体订单的不同需求(收货地、物品重量、品类等)，优化物流服务与对应服务商，提供整合服务。此外，物流原因导致的纠纷退款将由平台承担。目前，参与“AliExpress 无忧物流”的菜鸟合作伙伴包括新加坡邮政、4PX、中外运、燕文、中国香港先达、西班牙邮政、英国邮政、芬兰邮政、瑞典邮政、DHL 等近 30 家物流企业。

无忧物流推出标准服务与优先服务，核心国家(地区)预估时效分别为 13～35 天与 3～10天，相比业界目前的平均效率提速 40%以上。未来，还会通过合作伙伴持续引进和共同建设物流线路，提高效率。

卖家把自己在亚马逊上销售的产品库存直接送到亚马逊当地市场的仓库中，客户下订单，亚马逊系统自动完成后续的发货，这便是亚马逊为突出平台职能在2007年引入的FBA服务，即亚马逊将自身平台开放给第三方卖家，并将其库存纳入亚马逊的全球物流网络，为卖家提供拣货、包装及终端配送的服务，亚马逊则收取服务费用。而对于使用FBA服务的商品，亚马逊会直接推送给PRIME会员以增加这类商品的销售机会。亚马逊FBA给跨境电商物流行业带来的机会是其允许其他物流商提供从货源地运送到FBA仓这一环节的物流服务。

Wish邮(WishPost)起初是中国邮政和Wish共同推出的一款Wish商户专属物流产品。现已成为Wish唯一认可的物流服务商。对于不选用Wish邮的订单会受到Wish的罚款。

eBay的SpeedPAK物流服务鼓励价值5美元以上的商品用海外仓发货，规定直邮要有一定比例的订单采用SpeedPAK物流服务。SpeedPAK由eBay联合物流战略合作伙伴橙联科技股份有限公司共同打造，以eBay平台物流政策为基础，为eBay的中国跨境出口电商卖家量身定制直邮物流解决方案。该物流方案具有与eBay平台对接、物流时效快、揽收扫描及时、受eBay平台保护等优点。

知识与技能训练

第一章知识与技能训练

第二章

跨境电商出口物流方式

【知识目标】

- 掌握邮政产品的特点。
- 了解国际邮联组织。
- 熟悉中国邮政产品。
- 掌握商业快递产品特点。
- 了解跨境专线物流产品特点。
- 熟悉海外仓。

【能力目标】

- 能分析邮政产品和商业快递的区别。
- 能提供直邮物流产品解决方案。
- 能根据平台物流制度和产品选择相应物流方案。
- 能提供商业快递物流方案。
- 能提供专线物流方案。
- 能应用海外仓。

案例导入

跨境电商与跨境电商物流的关系

跨境电商的发展必然会刺激和带动跨境电商物流的兴起，通过资源与技术共享、战略协调等方式来实现跨境电商和物流行业的协调发展。跨境电商物流借助电子商务的发展推动自身成长，移动技术的发展和网络的普及，对跨境电子商务和物流行业都产生了很大的影响，跨境电商物流应该顺应电子商务的发展势头，才会有望成为跨境电商发展进程中的重要环节。

跨境电商和跨境电商物流可以在仓库保存、包装、运输等方面加强合作，在满足电子商务需求的同时，压缩物流成本，减少物流时间，降低货品损失，进而实现协调发展。

跨境电商出口物流方式，主要包括国际(地区间)邮政包裹、国际(地区间)商业快递、跨境专线物流、海外仓等方式，如图 2-1 所示。

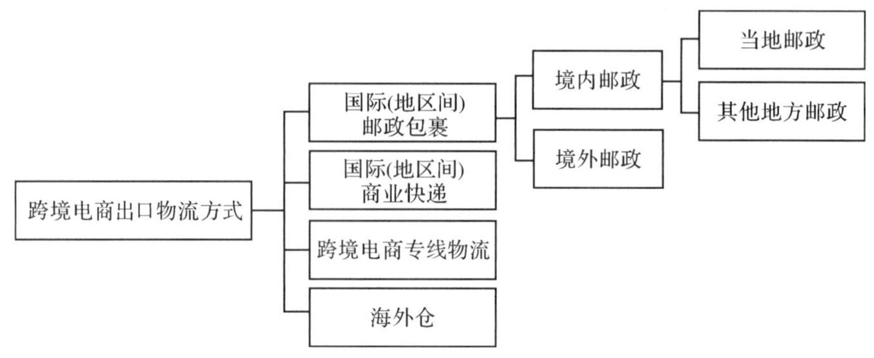

图 2-1　跨境电商出口物流方式

第一节　国际（地区间）邮政包裹

国际(地区间)邮政包裹方式主要包括中国邮政包裹服务、境内陆运/空运+万国邮联组合的商业小包、平台集货直邮产品。邮政网络基本覆盖全球,国际(地区间)邮政包裹的优势是价格便宜,劣势是时效较慢、服务较差、投诉率高,存在丢包风险,如通过邮政小包方式发送美国的一般需 15~20 天。根据邮权归属,国际(地区间)邮政包括境内邮政和境外邮政,境内邮政又分本地邮政和其他地方邮政;境外邮政如新加坡邮政、马来西亚邮政、泰国邮政等,整体服务质量较好,物流时效高,但退换货问题难以解决。

中国邮政包裹(大包、小包、e邮宝)介绍及业务流程

一、中国邮政包裹服务

中国邮政包裹服务包括中国邮政航空小包和中国邮政航空大包。

(一)中国邮政航空小包

1. 概述

中国邮政小包资费标准

中国邮政航空小包(China post air mail)又称中邮小包、邮政小包、航空小包,是指包裹重量在 2 千克以内,外包装长宽高之和不超过 90 厘米,且最长边不超过 60 厘米,通过邮政空邮服务寄往境外的小包裹。它包含挂号、平邮两种服务,可寄达全球各个邮政网点。挂号服务费率稍高,可提供网上跟踪查询服务。中国邮政航空小包出关不会产生关税或清关费用,但在目的地进口时有可能产生进口关税,具体根据每个国家(地区)海关税法的规定而各有不同(相对其他商业快递来说,航空小包能最大限度地避免关税)。

2. 资费与查询

(1)挂号资费

挂号资费的计算公式为

总费用=标准资费×实际重量×折扣+挂号费 8 元

(2)平邮资费

平邮资费的计算公式为

总费用＝标准资费×实际重量×折扣

【例 2-1】有货物 200 克需运往韩国，当前折扣为 7 折，标准资费 71.5 元/千克。请计算中邮小包平邮与挂号两种服务的运费。

平邮费用为

71.5×(200÷1000)×0.7＝10.01(元)。

挂号费用为

71.5×(200÷1000)×0.7＋8＝18.01(元)。

备注：挂号件，每件加收挂号费 8 元。

3. 规格限制

重量不超过 2 千克。

非圆筒形货物：长＋宽＋高≤90 厘米，14 厘米≤单边长度≤60 厘米，宽度≥9 厘米。

圆筒形货物：17 厘米≤直径的两倍＋长≤104 厘米，10 厘米≤单边长度≤90 厘米。

要写清楚收件人的地址和邮编。按照规定填写报关单及面单，申报物品要用中英文填写，如图 2-2 所示。

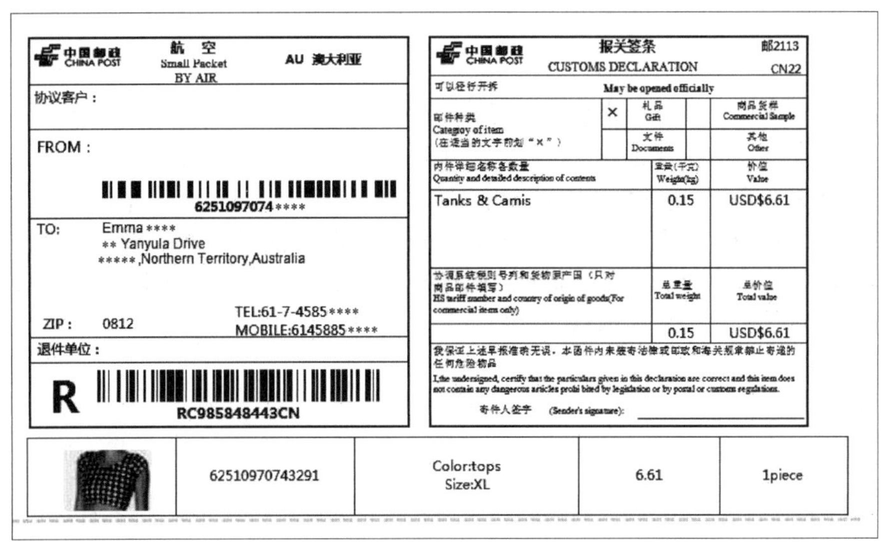

中国邮政 CHINA POST
航空 Small Packet BY AIR
AU 澳大利亚
协议客户：
FROM：
6251097074****
TO: Emma ****
** Yanyula Drive
*****,Northern Territory,Australia
ZIP： 0812
TEL:61-7-4585****
MOBILE:6145885****
退件单位：
R
RC985848443CN

中国邮政 CHINA POST
报关签条 CUSTOMS DECLARATION
邮2113
CN22
可以径行开拆 May be opened officially

邮件种类 Category of item (在适当的文字前划"×")	×	礼品 Gift		商品货样 Commercial Sample
		文件 Documents		其他 Other

内件详细名称和数量 Quantity and detailed description of contents	重量(千克) Weight(kg)	价值 Value
Tanks & Camis	0.15	USD$6.61
协调系统税则号列和货物原产国（只对商品邮件填写） HS tariff number and country of origin of goods(For commercial items only)	总重量 Total weight	总价值 Total value
	0.15	USD$6.61

我保证上述申报准确无误，本函件内未装寄法律或邮政和海关规章禁止寄递的任何危险物品
I,the undersigned, certify that the particulars given in this declaration are correct and this item does not contain any dangerous articles prohibited by legislation or by postal or customs regulations.
寄件人签字 (Sender's signature):

	62510970743291	Color:tops Size:XL	6.61	1piece

图 2-2 中国邮政国际小包面单

资料来源：雨果网(https://www.cifnews.com)。

4. 时限标准

当日中午 12 点以前交寄邮局，一般晚上 8 点后可以在中国邮政官网查询包裹状态信息。其运输时效大致为：到亚洲邻国 5～10 天，到欧美主要国家 7～15 天，到其他国家(地区)7～30 天。

5. 操作流程

(1)中国邮政航空小包只能贴中国邮政格式的报关单。

(2)收件人姓名、地址须用英文填写完整。

(3)中国邮政小包报关单上内件物品、数量、重量及价值须由客户填写。

(4)中国邮政小包报关单上寄件人签名处,要请客户签署自己的中文姓名。

(5)包装要完好,不易破损,在包装袋外侧除地址标签外,尽量不要带其他无关标志。对于易碎品,最好外包装上贴有易碎品的标志,在邮包正面的中间位置贴上地址标签。

(6)交货到邮局,并按国家(地区)分拣。

(7)邮局排仓,安排上飞机等程序,发送到全球各个邮政配货中心。由各国(地区)邮政再次进行二、三级分拨,分别按城市、街道地址分拣,最终送达客户手上。

6. 查询赔偿

(1)平邮如丢失将不能获得赔偿。意大利、尼日利亚等国邮包丢包率极高,请最好选用挂号或快递方式。

(2)具体根据申报价值来赔偿,如中国香港小包最高不超过320港币(约294元人民币),并退还邮费,但挂号费不予退还。

(3)中邮小包可提供保险服务,具体保费可以咨询中国邮政或者保险公司。

7. 交寄方式

可以预约取件也可以卖家自己送去邮局。

8. 优劣势

(1)优势

价格实惠,同比中国香港小包、新加坡小包和其他国际快递,如DHL(敦豪航空货运有限公司)、UPS(美国联合包裹运送服务公司)、FedEx(联邦快递集团)、TNT(荷兰TNT集团)等运输方式来说,它在价格上占有绝对的优势。

中邮小包运输安全、丢包率低,邮包交邮局处理完后,便可在网上跟踪查询。计费方式统一,所有货物按克收费,大大简化了运费核算与成本控制。在地区运输方面较有优势,可通达全球任何一个邮政网点。

(2)劣势

时效有待提高。

9. 适用范围

适合总重量在2千克以下,且对运费敏感,对时效要求不高,货值比较低的商品。

(二)中国邮政航空大包

1. 概述

中国邮政航空大包(China post air parcel)又叫中国邮政大包、中国邮政国际大包裹、中邮大包。中国邮政航空大包是适合邮寄重量较重(超过2千克)且体积较大的包裹,能发2～30千克的包裹(有些国家重量不超过20千克),可寄达全球200多个国家(地区)。此渠道全程航空运输,只要有邮局的地方都可以到达。

2. 资费与查询

中邮大包直接采用中国邮政官网上的计费方式,可在中国邮政官网查询具体资费情况。

中邮大包的计费方式为

总费用＝首重1千克的价格＋续重1千克的价格×续重的数量

包裹重量要求不能超过30千克(部分国家不能超过20千克)。

中邮大包需要收取8元/件的报关手续费。

3.规格限制

重量限制为:0.1千克≤重量≤30千克(部分国家不超过20千克,每票快件不能超过1件)。

体积限制为:单边长度≤150厘米,长度＋长度以外的最大横周≤300厘米;或单边长度≤105厘米,长度＋长度以外的最大横周≤200厘米。横周＝2×高＋2×宽。

4.时限标准

亚洲邻近国家:4～10天妥投。

欧美主要国家:7～20天妥投。

其他国家:7～30天妥投。

5.操作流程

(1)中邮大包只能贴中国邮政格式的报关单。

(2)收件人姓名地址须用英文填写完整。

(3)中邮大包报关单上内件物品、数量、重量及价值须由客户填写。

(4)中邮大包报关单上寄件人签名处,请客户签署自己的中文姓名。

(5)包装要完好,不易破损,在包装袋外侧除地址标签外,尽量不要带其他无关标志。对于易碎品,最好外包装上贴有易碎品的标志,在邮包正面的中间位置贴上地址标签。

(6)交货到邮局,并按国家(地区)分拣。

(7)邮局排仓,安排上飞机等程序,发送到全球各个邮政配货中心。由各国(地区)邮政再次进行二、三级分拨,分别按城市、街道地址分拣,最终送达客户手上。

6.查询赔偿

包裹可在中国邮政官网查询相关信息,且可全程跟踪包裹流向;如在包裹发出后1个月仍未妥投,可要求邮局查询,邮局查询回复正常时间为2～6个月;如包裹丢失,可向中国邮政申请索赔,中国邮政赔偿按申报的价值赔付,但最高赔偿不超过300元。

7.交寄方式

预约提货或卖家自送到邮局。

8.优劣势

(1)优势

第一,成本低。价格比EMS稍低,且和EMS一样不计算体积重量,没有偏远附加费,没有燃油费,相对于其他运输方式(如EMS、DHL、UPS、FedEex、TNT等)来说,中国邮政航空大包服务有较好的价格优势。采用此种发货方式可最大限度地降低成本,提升价格竞争力。

第二,交寄相对方便,只要有邮局的地方都可以到达。

第三,方便、快捷,采用单一的运单,并由公司统一打印,减少了客户的麻烦。

第四,提供包裹的追踪查询服务。包裹离开当天可在中国邮政官网上查询到相关信息,且可全程跟踪。

(2)劣势

相对于以克计重的小包,大包是按千克计费。与其他的商业快递相比,有限重。

9. 适用范围

适用于重量为 2~30 千克的货物。

万国邮联产品组合的专线小包

二、境内陆运/空运+万国邮联组合的商业小包

(一)陆运+中国香港邮政小包

中国香港邮政小包通关相对便利,毗邻深圳,可以走敏感货物(带电产品),因为深圳的跨境物流商为带电池的产品提供深圳集货渠道,通过卡车运到香港,香港邮政的组合小包产品特别为带电的品类量身定制了小包通道。

(二)空运+新加坡邮政小包

新加坡邮政早期投资了 4PX,使得 4PX 可以比较早地利用股东的邮政资源研发出境内空运+新加坡邮政的小包产品,通过自主研发的 IT 系统将境内单号和新加坡邮政单号关联,使客户可以全程追踪货物。

三、平台集货直邮产品

(一)AliExpress 无忧物流

为了确保卖家在速卖通上可以安心经营,帮助卖家减少物流不可抗力因素的影响,速卖通与菜鸟网络联合推出了一款官方物流产品“AliExpress 无忧物流”。“AliExpress 无忧物流”具备多种优势,主要体现在时效、运价、操作系统、售后等几个方面。

1. 渠道稳定时效快

菜鸟物流与优质的物流服务商合作,搭建了覆盖全球的物流服务网络。同时,菜鸟物流拥有智能分担系统,可以根据目的国(地区)、品类、重量匹配物流方式,时效性较快。

2. 运费有优惠

菜鸟物流作为货物物流集散商,在其与物流公司合作的过程中获得了较多的优惠价格,重点国家(地区)运费约为市场价的 8~9 折。

3. 平台提供较好的售后服务及赔付措施

使用“无忧物流”的物流纠纷无须卖家响应,直接由平台介入核实物流状态并判责;物流原因导致的纠纷、DSR(detail seller rating,卖家服务评级系统)低分不计入卖家账号考核;物流原因导致的纠纷退款由平台承担;卖家对“无忧物流”服务不满意可以在线上进行投诉。

4. 无忧物流的物流方案

物流方案包括三类：无忧物流—简易、无忧物流—标准和无忧物流—优先，具体情况如下。

(1)无忧物流—简易

这是专门针对速卖通卖家订单中，俄罗斯和乌克兰小于 2000 克、西班牙小于 500 克、白俄罗斯小于 2000 克、智利小于 2000 克，订单成交金额≤5 美元(西班牙≤10 美元)的小包货物推出的简易挂号类物流服务。

(2)无忧物流—标准

这是菜鸟网络推出的优质物流服务，为速卖通卖家提供境内揽收、国际(地区间)配送、物流详情追踪、物流纠纷处理，售后赔付一站式的物流解决方案。物流覆盖全球 200 多个国家及地区，其中俄罗斯自提服务覆盖俄罗斯本土 66 个州，183 个城市的近 800 个自提柜；法国自提支持除科西嘉岛等以外的地区。

(3)无忧物流—优先

这是菜鸟网络与商业快递合作的服务速卖通卖家的线上物流方式。目前可以到达全球 176 个国家和地区。在重量限制方面，俄罗斯的首重为 100 克，续重为 100 克，重量限制为 30 千克，以实际重量计费，不收取燃油费。俄罗斯以外的其他国家(地区)，30 千克及以下，按首重 500 克，续重 500 克计费；当货物重量为 30～70 千克时，则按千克计费。以体积重量和实际重量的较大者为计费重量，体积重量计算方式为

体积重量＝长(厘米)×宽(厘米)×高(厘米)/5000

(二)Wish Express

Wish Express 是 Wish 为了更好地满足平台用户对配送时效的要求而发起的极速达项目，需要商家提前将产品运到目的地的海外仓，当商家收到订单时，产品从海外仓直接配送至目的地的用户手中，从而实现快速配送。Wish Express 项目俗称“海外仓产品项目”，对于 Wish Express 项目中的产品，商户要承诺在规定时效之内交付给用户。

对于参加 Wish Express 的商户，Wish 平台会给予如下差异化政策支持。

(1)参加 Wish Express 的产品将获得 3 倍以上的流量扶持。

(2)Wish Express 的产品在用户端呈现专属“车辆”徽章标志，此标志告知用户将快速收到产品，会极大地提升转化率。

(3)加入 Wish Express 项目的商户将获得 Wish 退货项目的资格，Wish Express 的产品可以退至设定的海外仓，从而降低退款率。

(4)加入 Wish Express，产品将会快速到达客户手中，从而提升产品的整体评分，并很快获得评价，缩短产品成长周期和回款周期。

(5)平台会针对 Wish Express 项目提供更多的产品支持，如营销、客服权限等。平台会对未满足 Wish Express 时效政策要求的商户执行相应的处罚措施。

Wish Express 确认妥投时间的要求为：自订单释放起 5 个工作日之内需确认妥投，以下国家(地区)的妥投时间要求如表 2-1 所示。

表 2-1　Wish Express 妥投时间要求

订单目的地国家(地区)	妥投时间要求(工作日)
法国　(FR)	6 天
瑞典　(SE)	8 天
澳大利亚　(AU)	7 天
意大利　(IT)	6 天
瑞士　(CH)	6 天
西班牙　(ES)	8 天
丹麦　(DK)	6 天
芬兰　(FI)	7 天
挪威　(NO)	8 天
波多黎各　(PR)	7 天

在订单可履行后下一个工作日结束前(以世界标准时间 23:59:59 为准),经由特定的物流服务商履行并确认的订单将可免除罚款。特定的免责物流服务商如表 2-2 所示。

表 2-2　特定的免责物流服务商

<table>
<tr><th>目的国(地区)</th><th>物流服务商</th><th>物流产品</th></tr>
<tr><td rowspan="2">美国</td><td rowspan="2">美国邮政署(USPS)</td><td>头等邮递</td></tr>
<tr><td>优先邮递</td></tr>
<tr><td rowspan="4">欧盟国家</td><td>德普达快运有限公司(DPD)</td><td>所有物流产品</td></tr>
<tr><td>敦豪航空货运有限公司(德国)(DHL Germany)</td><td>所有物流产品</td></tr>
<tr><td>法国邮政(Colissimo)</td><td>所有物流产品</td></tr>
<tr><td>德国赫马集团(Hermes)</td><td>所有物流产品</td></tr>
<tr><td rowspan="3">英国</td><td>英国 Yodel 专线(Yodel)</td><td>所有物流产品</td></tr>
<tr><td rowspan="2">英国皇家邮政通用物流系统(GLS)</td><td>商务包裹</td></tr>
<tr><td>商务小包</td></tr>
</table>

四、操作技巧

(一)工作项目

浙江雅猫电子商务有限公司的跨境电商专员周婧在速卖通平台顺利注册了店铺。她认真进行了市场调研,了解了我国国家及地方政府对跨境电商的鼓励政策及速卖通平台规则后,随即想在速卖通上上传产品,对跨境销售跃跃欲试。但公司经理建议周婧不要着急,应先去了解跨境商品的物流如何选择,全球零售的商品在重量和体积上有哪些要求,如何制定物流解决方案等，为上传产品做好准备。周婧的主要工作任务如下。

【工作任务 1】 调研速卖通平台产品的跨境物流运费及物流选择

了解速卖通平台 3C 类、家居类、服饰类等品类产品的跨境物流解决方案及物流运费情况，掌握速卖通平台物流选择的特点。

【工作任务 2】 计算跨境小包物流运费

了解中国邮政小包、国际 e 邮宝运费计算公式，掌握小包运费计算技巧。

（二）操作示范

【工作任务 1】 调研速卖通平台产品的跨境物流运费及物流选择方法

（1）点击速卖通官网（https://www.aliexpress.com），选择“Consumer Electronics”，选择某款智能家居设备，包装重量 0.5 千克（1.10 磅），包装尺寸 10 厘米×10 厘米×10 厘米（3.94 英寸×3.94 英寸×3.94 英寸），出口到美国。其跨境物流运费及物流方案设计如图 2-3 所示。

Calculate your shipping cost by country/region and quantity.

Quantity: 1 Ship to: United States

Shipping Company	Shipping Cost	Estimated Delivery Time	Tracking Information
AliExpress Standard Shipping	~~US $9.84~~ Free Shipping	19-39 days	Available
DHL	~~US $57.54~~ US $34.53 You save: US $23.01 (about 40%)	6-13 days	Available

图 2-3 某品牌智能家居设备跨境物流运费及物流方案设计

解读：该智能设备若使用 AliExpress 无忧物流—标准快递到美国，包邮，预计妥投时间为19～39天；若使用 DHL 商业快递，享受折扣后的金额是 34.53 美元，节省了大约40%的运费，预计 6～13 天到货；均可以查询追踪信息。

（2）点击速卖通官网（https://www.aliexpress.com），选择品类“Men's shoes”，选择某品牌男式休闲鞋，包装重量为 1.0 千克（2.20 磅），包装尺寸为 34 厘米×16 厘米×12 厘米（13.39 英寸×6.30 英寸×4.72 英寸），出口到巴西。其跨境物流运费及物流方案设计如图 2-4 所示。

Calculate your shipping cost by country/region and quantity.

Quantity: 1 Ship to: Brazil

Shipping Company	Shipping Cost	Estimated Delivery Time	Tracking Information
China Post Registered Air Mail	~~US $19.75~~ Free Shipping	34-60 days (It may take longer during the holiday seasons.)	Available
EMS	~~US $72.80~~ US $29.12 You save: US $43.68 (about 60%)	27-50 days	Available
TNT	~~US $167.17~~ US $50.15 You save: US $117.02 (about 70%)	7-15 days	Available
DHL	~~US $205.80~~ US $82.32 You save: US $123.48 (about 60%)	14-38 days	Available

图 2-4 某品牌男士休闲鞋跨境物流运费及物流方案设计

解读: 该款休闲鞋若使用中国邮政挂号小包快递到巴西,包邮,预计妥投时间为34~60天;若使用EMS邮寄到巴西,享受优惠后的运费是29.12美元,节省了约60%的运费,预计27~50天到货;若使用TNT寄送到巴西,享受优惠后的运费是50.15美元,节省了约70%的运费,预计7~15天妥投;若使用DHL寄送到巴西,享受优惠后的运费是82.32美元,节省了约60%的运费,预计14~38天妥投;物流信息均可追踪。

速卖通平台为货物的跨境运输提供了邮政小包(中邮小包、瑞士小包等)、AliExpress无忧物流、国际商业快递DHL和EMS等物流解决方案,物流费用、到货时间、追踪信息等设计合理。

【工作任务2】 计算跨境小包物流运费

(1)计算国际邮政小包物流运费

俄罗斯客人从"Echoshine Store"的速卖通店铺购买了一双休闲女式凉鞋,包装重量为0.36千克,若选择中邮挂号小包运输,请计算物流运费,中邮小包的报价(部分)如表2-3所示。

表2-3 中邮小包的报价(部分)

代码	国名(地区名)	计费区	资费标准/(元/千克)	挂号费/元
RB	日本	1	62.00	8.00
HG	韩国	2	71.50	8.00
DG9	德国	3	89.00	8.00
ELS	俄罗斯	11	96.30	8.00

解答:

①情形1

若选择速卖通平台在线发货,则运费为

$0.36\times96.30+8.00\approx42.67$(元)

解读: 若选择线上发货,可享受平台提供的优惠价格及额外的附加服务(如敢用敢赔服务、规避客人物流投诉扣分服务等)。

②情形2

若选择线下发货,与国际货运代理合作,则运费为

$0.36\times96.30\times0.88+8.00\approx38.51$(元)

解读: 如果选择与国际货运代理合作,则按照货物的实际重量计算运费,不计算货物的首重,并且能够享受一定的折扣(如8.8折),但国际货运代理会要求每天提供一定的订单量,发货的订单数决定了折扣的高低。一般挂号费不能打折。

(2)计算国际e邮宝的运费

一个美国客人从"Baby Fortress Store"(杭州)的速卖通店铺购买了一条连衣裙,包装重量为0.12千克,若选择国际e邮宝运输,请计算运费。国际e邮宝报价(部分)如表2-4所示。

表 2-4 国际 e 邮宝报价(部分)

<table>
<tr><td>处理费</td><td colspan="2">9 元/件</td></tr>
<tr><td>包裹运费</td><td colspan="2">76 元/千克(0～200 克);75 元/千克(200 克以上,起重 50 克)</td></tr>
<tr><td rowspan="2">上门揽收费</td><td>少于 5 件</td><td>5 件及以上</td></tr>
<tr><td>5 元</td><td>免收</td></tr>
<tr><td>挂号费</td><td colspan="2">免</td></tr>
<tr><td>退还费</td><td colspan="2">免</td></tr>
</table>

解答:运费＝处理费＋包裹运费＋上门揽收费＋挂号费＋退还费

其中,处理费为 9 元/件

包裹运费＝0.12×76＝9.12(元)

上门揽收费为 5 元/次

挂号费、退还费均免。

所以,本次运费＝9＋9.12＋5＝23.12(元)

第二节 国际(地区间)商业快递

国际(地区间)商业快递的优势是其自建的全球派送网络覆盖地域广、IT 系统强大,其遍布世界各地的本土化服务体验好、时效快;劣势是价格高昂,对商品的货值和利润要求高。境外商业快递公司主要有 DHL、TNT、FedEx、UPS 四大商业快递巨头,业务覆盖范围广,相对成熟;境内商业快递公司主要有顺丰、“四通一达”等,跨境业务启动相对较晚,物流线路较少,处于拓展业务阶段。

一、境外商业快递

(一)DHL

1. 概述

DHL 由 Adrian Dalsey、Larry Hillblom 和 Robert Lynn 三名创业者于 1969 年成立于旧金山,公司以惊人的速度持续发展成为国际快运和物流行业的全球领导者。DHL 的全球网络已经连接了世界上 200 多个国家和地区,拥有员工 38 万多名。DHL 在空运、海运、陆运,以及快递、合同物流解决方案、国际(地区间)邮递等领域提供了卓越的专业性服务。

中外运一敦豪国际航空快件有限公司成立于 1986 年 6 月,由中外运总公司(1999 年将其股权投入中外运一敦豪国际航空快件有限公司)与世界著名跨国快递集团敦豪国际有限公司(敦豪国际有限公司后被德国邮政国际有限公司收购)合资创办,双方各占 50%的股权。中外运一敦豪是 DHL 全球服务网络的重要组成部分,在中国各直辖市、经济特区、主要省会城市等设立了 73 家分公司和 88 个速递中心,服务网络覆盖了全国 318 个城市,主要经营境内、境外快递(不含私人信函)业务。

2012 年 3 月，中外运一敦豪与速卖通平台强强联手，推出优质服务—DHL Express 线上发货，全力支持速卖通卖家，提升物流服务质量。

DHL 派送网络遍布世界 200 多个国家和地区，网站货物状态更新比较及时，提供包装检验与设计、报关代理服务，在美国、欧洲的清关能力强。DHL 快递每天处理百万计的报关单据，这使其成为全球最大的报关行之一。DHL 结合各国（地区）当地的专业经验充分了解不同国家（地区）的海关监管规则，保障通关速度。

2. 资费标准

DHL 线上发货享受速卖通与 DHL 的协议运价，具体资费以各平台中的物流方案为准。物流方案中的资费仅包含国际段运输资费及燃油附加费（每月更新），不含代理报关费（5.00 元/次）、仓库操作费（2.00 元/次）、仓库贴标费（0.02 元/次）及其他费用。使用 DHL Express 线上发货，国际段运输资费取体积重与实重较大者计费。除此之外，可能还需支付 4.00 元/次的包装费，一些偏远地区需要支付偏远地区附加费。

3. 规格限制

1×长（厘米）+2×宽（厘米）+2×高（厘米）≤330 厘米，单件重量≥70 千克或者单边长度≥120 厘米时，需收取超重超长附加费 260 元/票，单边最大尺寸为 270 厘米。对于需要考虑体积的货物，采用体积重量进行计算，即长（厘米）×宽（厘米）×高（厘米）/5000。线上发货服务不提供进防水袋免抛的服务，所有包裹均需要计算体积重量。21 千克以上物品更有单独的大货价格，部分地区大货价格比国际 EMS 还要便宜。

4. 时限标准

一般情况下，运送时效为 3～7 天，到欧洲一般 3 个工作日，到东南亚一般 2 个工作日。

5. 操作流程

DHL 为客户提供了各类的出口物流服务，作为跨境电商卖家可以通过以下几种方式寄送快递。

（1）可在官网线上发件

进入 DHL 官网，选择“出口服务”即可根据需求选择需要的出口物流服务。通过官网还可查询物流价格、转运时间及包装类型。在官网上下单可以通过信用卡或现金方式支付运费。注意用户可在网站上注册账号，系统将创建个性化地址簿，提供个性化服务。线上下单后，收货人员将上门收件。

（2）可在线下发货

线下货代公司、跨境电商平台也提供了 DHL 的业务代理服务。用户可通过线下渠道获得报价，由对应的第三方机构提供上门收货服务或寄件地址。

6. 状态查询

卖家可以在速卖通后台查询货物物流状态，也可登录 DHL 官网（http://www.cn.dhl.com/zh/express/tracking.html）进行查询。

7. 交寄方式

用户在使用 DHL 时有多种交寄方式，如上门揽收、自发货等。当客户使用官网线上发货方式时，快递员将在约定好的时间上门揽货。当客户通过货代公司或者跨境电商平台物流系统下单时，根据实际货物的情况可直接将货物发往指定货物集散地，也可等待工作人员上门揽货。

8.优劣势

使用商业快递最显著的优势是商业快递的时效性较任何一种跨境物流方式都高，通常情况3～7天可到达客户手中，部分地区时效可达到3个工作日。但商业快递的价格较其他物流方式而言又是最高的。以一个33.7厘米×32.2厘米×10.0厘米，重0.5千克的包裹为例，使用DHL从中国杭州运达美国纽约，2月22日发货预计2月25日送达，预计最低花费人民币948.5元。

（二）TNT

TNT快递为企业和个人提供快递和邮政服务。总部位于荷兰的TNT集团，在欧洲和亚洲拥有高效的递送网络，且通过在全球范围内扩大运营分布来优化网络域名注册查询效能。提供世界范围内的包裹、文件及货运项目的安全准时运送服务。2017年FedEx收购荷兰快递TNT，至此两家快递公司完成合并工作，四大国际快递变为三大国际快递。

（三）FedEx

1.概述

FedEx是全球最具规模的快递运输公司之一，隶属于美国联邦快递集团，是集团快递运输业务的中坚力量。FedEx致力于提供快捷可靠的速递服务，业务范围覆盖全球200多个国家及地区。联邦快递运用覆盖全球的航空和陆运网络，分秒必争地将货件于指定日期和时间迅速送达客户手中，并且设有“准时送达保证”。

联邦快递服务分为FedEx IP与FedEx IE服务。FedEx IP(international priority freight)指的是联邦快递优先服务，时效比较快，相对来说价格也比普通的高一些。FedEx IE(international economy)指的是联邦快递经济服务，时效与FedEx IP相比较要慢些，是FedEx国际快递中最便宜的运输方式。

2012年10月，FedEx携手速卖通，为广大卖家提供快捷、可靠的物流服务。速卖通卖家可使用FedEx线上发货服务，在线填写发货单，并将货物发至阿里巴巴合作仓库，并在线支付运费，仓库就能将卖家的货物送达买家手中。

2.资费标准

与UPS相同，FedEx的首重也为0.5千克，续重500克(不足500克按500克计)，并计体积重(取体积重与实重较大者计费)，有燃油附加费。速卖通的用户使用FedEx线上发货可享受协议价，登录物流方案器即可查询。查询器中显示资费仅包含货物国际段运输资费及燃油附加费，国际段运输资费在体积重与实重中取较大者计算。其他费用包括代理报关费(5.00元/次)、仓库操作费(2.00元/次)、仓库贴标费(0.02元/次)及其他费用(如偏远地区附加费)。

3. 规格限制

使用 FedEx 时，要注意单个包裹单边不可大于 270 厘米，长(厘米)＋2×宽(厘米)＋2×高(厘米)＞330 厘米的货物无法进行邮寄。FedEx 对于货件的总重量无体积重和实重限制，但是对于单件货物有体积重和实重限制。可以一票多件(其中每件都不超过 68 千克)，单票的总重量不能超过 300 千克，超过 300 千克的请提前预约；单件或者一票多件中单件包裹如果超过 68 千克，需要提前预约。FedEx 申报价值超过 5000 元要单独报关，计费重量的选择与其他几种商业快递一样选取实重和体积重量较大者，体积重量＝长(厘米)×宽(厘米)×高(厘米)/5000。货物首重 0.5 千克。

4. 时限标准

FedEx 线上发货主要优势航线为亚洲和美洲航线，美国、加拿大、印度尼西亚、以色列等国家较有优势。一般 3～5 个工作日即可通达相关目的地。

5. 操作流程

(1)可在 FedEx 官网线上发件

进入 FedEx 官网，选择“网上寄件”注册 FedEx 账号。通过官网账号就可在网上完成货物的网上寄件操作。线上下单后，收货人员将上门收件。

(2)可在线下发货

线下货代公司、跨境电商平台也提供了 FedEx 的业务代理服务。用户可通过线下渠道获得报价，由对应的第三方机构提供上门收货服务或寄件服务。

6. 状态查询

卖家可以在速卖通后台查询货物物流状态，也可登录 FedEx 官网(https://www.fedex.com/apps/fedextrack/? action=track&cntry_code=cn)进行查询。

7. 交寄方式

用户在使用 FedEx 时有多种交寄方式，如上门揽收、自发货。当客户使用官网线上发货方式时，快递员将在约定好的时间上门揽货。当客户通过货代公司或者跨境电商平台物流系统下单时，根据实际货物的情况可直接将货物发往指定货物集散地，也可等待工作人员上门揽货。

8. 优劣势

与 DHL 的优劣势相似，FedEx 也具有时效性高、价格贵的特点。以一件 0.5 千克的玩具为例，该玩具从中国杭州寄往英国莱斯特郡，2 月 22 日寄出预计最晚到达时间为 2 月 27 日下午，最少花费人民币 554.5 元。

(四)UPS

1. 概述

UPS 1907 年成立于美国，是一家年营业额达到数百亿美元的全球性物流公司。作为世界上最大的快递承运商与包裹递送公司之一，UPS 是专业的运输、物流、资本与电子商务服务的市场领导者。UPS 服务于全球 200 多个国家和地区，设有 UPS 商店 5100 个以上,UPS营业店(全球)1500个,UPS客服中心1000个,授权服务点17000个,UPS投递柜38000个。

2012年4月,UPS与速卖通合作,利用全球领先的运输科技,提供高效便捷的自动化物流服务。2015年1月,速卖通与UPS结成战略联盟,UPS成为速卖通首选物流供应商,用户可以在线管理货运和在线追踪货物,还提供打印UPS货运标签、上门取件等服务。

2.资费与查询

UPS起重0.5千克,UPS线上发货享受速卖通与UPS的协议运价,具体资费以平台中的物流方案查询为准,物流方案中的资费仅包含国际段运输资费及燃油附加费(每月更新),不含代理报关费(5.00元/次)、仓库操作费(2.00元/次)、仓库贴标费(0.02元/次)及其他费用。UPS没有进防水袋免抛的服务,所有包裹均需要计算体积重量。

3.规格限制

单件重量限重70千克,长(厘米)+2×宽(厘米)+2×高(厘米)≤330厘米,单边最大尺寸为270厘米。

4.时限标准

UPS包含四种服务类型:UPS全球特快加急服务,大概1～2天送达;UPS全球特快服务,大概2～3天送达;UPS全球速快服务,大概3～5天送达;UPS全球快捷服务,大概5～7天送达。

5.操作流程

(1)可在UPS官网线上发件

进入UPS官网,选择"运输"注册UPS账号。通过官网账号就可在网上完成货物的网上寄件操作。线上下单后,收货人员将上门收件。

(2)可在线下发货

线下货代公司、跨境电商平台也提供了UPS的业务代理服务。用户可通过线下渠道获得报价,由对应的第三方机构提供上门收货服务或寄件服务。

6.状态查询

卖家可以在速卖通后台查询货物物流状态,也可登录UPS官网(https://www.ups.com/WebTracking/track? loc=zh_CN)进行查询。

7.交寄方式

用户在使用UPS时有多种交寄方式,如上门揽收、自发货。当客户使用官网线上发货方式时,快递员将在约定好的时间上门揽货。当客户通过货代公司或者跨境电商平台物流系统下单时,根据实际货物的情况可直接将货物发往指定货物集散地,也可等待工作人员上门揽货。

8.优劣势

与DHL、FedEx的优劣势相似,UPS也具有时效性高、价格贵的特点。以一件0.5千克的玩具为例,该玩具从中国杭州寄往英国莱斯特郡。2月22日寄出,预计最晚到达时间为 2 月 27 日下午，最少花费人民币 599.4 元。如希望 2 月 25 日到达目的地，至少需支付人民币 669.9 元。

二、境内商业快递

顺丰速运国际快件服务

(一)顺丰

1. 概述

顺丰速运成立于 1993 年，是中国领先的快递物流综合服务商。顺丰拥有通达境内外的庞大物流网络，是一家具有“天网＋地网＋信息网”三网合一、可覆盖境内外的综合物流服务运营商。顺丰速运和速卖通合作的线上发货包含两类：顺丰国际经济小包（经济类物流）和顺丰国际标快（快速类物流），顺丰速运国际快件服务可扫描二维码了解详细信息。

2. 服务区域

顺丰国际经济小包可发往俄罗斯、白俄罗斯、乌克兰、爱沙尼亚、拉脱维亚、立陶宛、挪威、芬兰、瑞典、波兰 10 国全境。顺丰国际标快则提供从杭州仓至俄罗斯全境的派送上门的全程物流服务。

3. 资费标准

顺丰国际经济小包针对订单金额 5 美元以下的货物，以克计费，不同国家（地区）起重不同，配送服务费不同。顺丰国际标快采用计费重量进行运费计算，运费标准较顺丰国际经济小包高。

4. 参考时效

一般情况下，顺丰国际经济小包 15～35 天可到达目的地；特殊情况下需要 35～60 天到达目的地，特殊情况包括但不限于自然灾害、罢工、节假日、偏远地区等因素。顺丰国际标快杭州仓至俄罗斯主要城市仅需 7～11 个工作日，偏远地区需额外增加 4～5 个工作日。

5. 体积重量限制

对于顺丰国际经济小包（经济类物流）而言，若是方形包裹则要求长＋宽＋高≤90 厘米，14 厘米≤单边长度≤60 厘米，宽度≥9 厘米；若是圆筒形包裹则要求 2 倍直径及长度之和≤104 厘米，单边长度≤90 厘米，2 倍直径及长度之和≥17 厘米，单边长度≥10 厘米。对于顺丰国际标快最高重量可达 30 千克，单件包裹最高重量为 70 千克。

6. 状态查询

卖家可以在速卖通后台查询货物物流状态，也可登录顺丰速运官网（https://www.sf-express.com/cn/sc/index.html）进行查询。

7. 操作注意事项

顺丰国际经济小包不可以寄递纯电池及干电池，如充电宝、笔记本电池等货物，但是内置锂电池可以寄递，需提供 MSDS(Material Safety Data Sheet，化学安全数据说明书)、

UN38.3(《联合国危险物品运输试验和标准手册》第3部分38.3款对锂电池的运输规定)及寄货人申明等相关文件。顺丰国际标快不可寄送电池及带有电池的货物,也不可寄送任何全部或部分含有液体、粉末、颗粒状、化工品、易燃、易爆违禁品及带有磁性的产品(上海仓库可安排磁性检验后出运)。

什么是禁寄物品

(二)“四通一达”

“四通一达”,是指申通快递、圆通速递、中通快递、百世快递(原为“百世汇通”)、韵达速递等五家民营快递公司的合称。以下就五大民营快递公司做介绍。

1. 申通快递

申通快递(以下简称申通)成立于1993年,在提供传统快递服务的同时,公司不断积极开拓新兴业务,为客户提供仓储、配送、系统、客服等B2C一站式物流服务,并提供代收货款、贵重物品通道、冷链运输等服务,在国内建立了庞大的信息采集、市场开发、物流配送、快件收派等业务机构。申通快递在全国范围内形成了完善、流畅的自营快递网络。截至2018年6月,申通拥有独立网点及分公司超2000家,乡镇网点15000余家,直属与非直属转运中心及航空部90余个,从业人员超过30万人,每年新增就业岗位近10000个。

申通快递于2013年成立国际事业部,致力于为全球跨境电商提供专业的跨境物流供应链服务,申通国际业务体系以海外区域转运中心为纽带,以国际干线为链接,发展申通国际业务全球加盟网络体系。同时,申通快递积极投入建设全球海外仓服务体系,为全球跨境电商提供从头程运输、清关、仓储管理、库存管控、订单处理、物流配送和信息反馈等一条龙供应链服务。目前,申通国际业务已经拓展至美国、俄罗斯、澳大利亚、加拿大、韩国、日本、新西兰、印度尼西亚、尼泊尔、英国、荷兰、马来西亚、泰国、孟加拉等国家。

申通国际业务包括申通快递出口服务、申通快递进口服务和申通海外仓服务。

(1)申通快递出口服务

申通快递提供的出口服务包括韩国专线、日本专线、英国专线、申通小包平邮、申通优先快递、申通邮政包裹。其产品优势表现在:安全快捷,今发后至;价格实惠,性价比高;全程跟踪,信息一单到底。

①申通快递韩国专线

申通快递于2015年初开始提供中国至韩国的快件寄送服务,并于同年成立韩国申通公司,以有效提高专线整段的服务时效,为快件末端派送服务提供了保障。其产品概况如表2-5所示。

表2-5 申通快递韩国专线产品概况

服务范围	除济州岛外,其他全境派送
时效	上海出货2～3个工作日送达,实际时效请咨询当地分公司

续　表

快件规格	长(厘米)+宽(厘米)+高(厘米)≤150 厘米
重量	单件重量≤20 千克
附加费	附加费的价格参见申通快递官网
运单要求	英文正确书写收、发件人信息,内件品名,数量及申报价值
违禁品	食品、药品、化妆品(含液体)、膏状、含油物品、液体、颗粒状物品、国际名牌、CD音像制品、带磁带电物品及航空危险品等高价值物品不可转出

资料来源:申通快递官网(https://www.stointl.com/home/page/show/7.html)。

申通韩国专线操作要求和寄件流程。

a. 客户打印申通国际电子标签或者直接填写纸质申通国际面单,将标签或纸质面单粘贴在货件外包装上。

b. 通知申通网点上门提货,或者自行安排车辆送货至该揽收范围的申通网点。

c. 国际面单填写注意事项:填写详细的英文收、发件人信息,以及品名、数量、申报价值等,清楚标注包裹重量情况(单位为千克),正确填写收件人联系方式及收件人邮编。

②申通快递日本专线

申通快递于 2014 年 12 月份在日本冲绳自由贸易区成立日本申通公司。并于 2015 年初开始运作中国至日本的快件寄送业务,为客户提供完善的门到门派送服务和优质的仓储物流服务。其产品概况如表 2-6 所示。

表 2-6　申通快递日本专线产品概况

服务范围	除冲绳、鹿儿岛地区外,其他全境派送
时效	上海出货 2～3 个工作日送达,实际时效请咨询当地分公司
快件规格	长(厘米)+宽(厘米)+高(厘米)≤120 厘米
重量	单件重量≤30 千克
附加费	附加费的价格参见申通快递官网
运单要求	英文正确书写收、发件人信息,内件品名,数量及申报价值
违禁品	食品、药品、化妆品(含液体)、膏状、含油物品、液体、颗粒状物品、国际名牌、CD音像制品、带磁带电物品及航空危险品等高价值物品不可转出

资料来源:申通快递官网(https://www.stointl.com/home/page/show/8.html)。

③申通快递英国专线

申通快递于 2015 年成立英国申通公司,于 2016 年初开始提供中国至英国的快件寄送服务,不断完善与优化全端快件寄送服务,为客户节约成本,控制时效,其快件可 4 个工作日送达英国。其产品概况如表 2-7 所示。

表 2-7　申通快递英国专线产品概况

服务范围	除泽西岛、根西岛、马恩岛、设得兰群岛、奥克尼群岛、阿兰岛、怀特岛地区外,其他全境派送

续 表

时效	上海出货 4 个工作日送达,实际时效请咨询当地分公司
快件规格	长(厘米)+宽(厘米)+高(厘米)≤120 厘米
重量	单件重量≤30 千克
附加费	附加费的价格参见申通快递官网
运单要求	英文正确书写收、发件人信息,内件品名,数量及申报价值
违禁品	食品、药品、化妆品(含液体)、膏状、含油物品、液体、颗粒状物品、国际名牌、CD 音像制品、带磁带电物品及航空危险品等高价值物品不可转出

资料来源:申通快递官网(https://www.stointl.com/home/page/show/9.html)。

④申通小包平邮

申通小包平邮是申通国际针对跨境电商卖家直发 2 千克以内的小件物品而设计的一款邮政小包平邮产品。该产品可通达全球 200 多个国家和地区;通关便捷,邮政清关,稳定性好;离港快速,货件操作完成后可及时安排航班离港,时效快速;价格实惠,相对于同类型的服务,性价比较高。申通小包平邮不提供国际段轨迹追踪。其产品概况如表 2-8 所示。

表 2-8 申通小包平邮产品概况

重量	单件重量≤2 千克
快件规格	长(厘米)+宽(厘米)+高(厘米)≤90 厘米,且单边长度≤60 厘米
价格	按单票、实重计费 计费单位:1 克 计费模式:按克计费 详细报价可咨询销售员
税金	货件进口产生的相关税费以目的地国家相关税法规定为准,产生的相关税费由收件人支付,如收件人拒付税费且沟通无果,货件将被退回且产生退费和其他相关海关费用
跟踪查询	平邮不提供国际段轨迹查询服务
违禁品	航空安全禁运或限运物品 国家法律、邮政法规和海关条例禁止的物品 目的地法律和法规禁止进口的物品 国家明令禁止出口的货物,如古董、货币及其他侵权产品 不接受带电物品、仿牌、香烟、食品等
申报要求	货件品名和货件价值需如实申报。正确申报品名,不接受品名为 other、gift 或 accessories 等较模糊的品名,如品名较为模糊,可能造成目的地清关不成功从而产生退件,也可能造成后续邮政查询或索赔不成功
退件	若因地址错误、收件人拒收等原因造成的无法正常派送的货件,客户可选择销毁或退回境内申通。在此类情况下,销毁或退回境内申通的过程不会产生费用
服务国家(地区)和参考时效	详见申通快递官网价格表

资料来源:申通快递官网(https://www.stointl.com/home/page/show/10.html)。

a. 保险理赔

平邮不提供索赔服务。

b. 操作流程

首先，登录申通国际客户订单系统，进行网上预报；其次，打印地址标签，填写或打印交接清单，将地址标签粘贴在货件外包装上；最后，通知司机上门提货或客户自发境内快递头程到申通公司指定操作中心。

c. 操作规范

ⅰ. 货件装袋要求：不同小包产品需单独分开装袋。

ⅱ. 外袋标志要求：需标明物流产品名称、客户代码、袋数。

ⅲ. 交接清单要求：客户应填写清楚客户代码、交货日期、产品名称、货物类型、袋数号码、是否带电、票数、重量等。

⑤申通优先快递

申通优先快递适合运送高价值、时效要求高的物品。该产品服务范围广，覆盖 200 多个国家及地区；全程可跟踪，可在公司官网查询全段跟踪轨迹；时效有保障，主要国家(地区)只需 4～7 个工作日即可签收。其产品概况如表 2-9 所示。

表 2-9 申通优先快递产品概况

服务范围	覆盖 200 多个国家及地区
参考时效	欧美国家只需 4～7 个工作日可签收
尺寸限制	最长边不可超过 120 厘米
计费重量	20.5 千克及以下最低计费重量单位为 0.5 千克，21 千克及以上最低计费重量单位为 1 千克
重量限制	无
计抛方式	长(厘米)×宽(厘米)×高(厘米)/5000
价格构成	除运费以外，可能会产生偏远附加费、关税、退件费、处理费等费用
发票要求	随货发票一式三份，建议按物品实际价值申报，以免产生罚金和赔偿纠纷
运单要求	运单上需提供详细的发件人资料、收件人资料、件数、重量、品名、HS 海关商品编码、海关申报价值
违禁品	航空禁运的危险物品，如液体、粉末、发动机、马达等，国家明令禁止出口货物，如古董、贵金属、货币及其他侵权产品等
理赔标准	易碎品请自行包装好，否则破损概不负责，货物运转中发生丢失、破碎、赔偿，以寄件人随货提供的商业发票(或者形式发票)上载明的申报价值作为赔偿价值的参考依据，对实际遗失或损毁部分进行赔偿，但每票货最高赔偿不超过 100 美元，申通不承担任何因快件遗失、损坏或延误引起的连带损失

资料来源：申通快递官网(https://www.stointl.com/home/page/show/11.html)。

a. 操作流程

首先，登录申通国际客户订单系统，进行网上预报；其次，打印地址标签，填写或打印交接清单和发票,将地址标签粘贴在货件外包装上;最后,通知司机上门提货或客户自发境内快递头程到申通快递指定操作中心。

b. 操作规范

ⅰ. 货件装袋要求:不同物流产品需单独分开装袋。

ⅱ. 外袋标志要求:需标明物流产品名称、客户代码、袋数。

ⅲ. 交接清单要求:客户应填写清楚客户代码、交货日期、物流产品名称、货物类型、袋数号码、是否带电、票数、重量。

⑥申通邮政包裹

申通邮政适合运送食品、药品等其他线路无法邮寄的物品。通关便捷,服务覆盖范围广,覆盖200多个国家及地区,可派送至偏远地区;受限产品少,可邮寄食品、药品等,但不接受带电产品。全程可跟踪,可在公司官网查询全段跟踪轨迹。其产品概况如表2-10所示。

表2-10 申通邮政包裹产品概况

服务范围	覆盖200多个国家及地区
尺寸限制	长(厘米)+宽(厘米)+高(厘米)≤300厘米,最长边长度≤150厘米
计费方式	单票按重量计费,最小计费重量单位为0.5千克
重量限制	单件最重30千克
计抛方式	长(厘米)×宽(厘米)×高(厘米)/8000
发票要求	随货发票一式三份,建议按物品实际价值申报,以免产生罚金和赔偿纠纷
运单要求	运单上需提供详细的发件人资料、收件人资料、件数、重量、品名、HS海关商品编码、海关申报价值
违禁品	包括国际航空货运协会、国际民用航空组织,以及相关法律法规、政府部门及组织规定的有害物品、危险物品;目的地法律法规禁止进口的物品及属于禁运、限运的物品;未能按照相关国家(地区)海关规定办理报送手续,或承运人(申通国际)认为不能安全、合法运输的物品(包括但不限于动物、现钞、不记名可议付票据、电池物品)。不接受电池和带电池产品,如笔记本电池、单独锂电池、干电池、手表、手机等。寄件人违反前述约定,寄件人应就给承运人(申通国际)造成的损失和损害进行赔偿
理赔标准	基于邮政原因,造成寄托物品灭失的,相应票件运费不退,按货件运费两倍赔偿,但最高赔偿不超过100美元/票 基于承运人(申通国际)原因,造成寄托物品灭失的,退还相应运费,并按货件运费两倍赔偿,但最高赔偿不超过100美元/票

资料来源:申通快递官网(https://www.stointl.com/home/page/show/12.html)。

a. 保险理赔

ⅰ. 查询时限,自交寄日起60天内未收到包裹可提交索赔申请,60天后不接受索赔申请。

ⅱ. 索赔标准,客户需遵循“先查询、后索赔”的原则,在我司确认接受索赔后,可按以下标准获得赔偿。基于邮政原因,造成托寄物品灭失的,相应票件运费不退,按货件运费两倍赔偿,但最高赔偿不超过100美元/票;基于承运人(申通国际)原因,造成托寄物品灭失的,退还相应运费,并按货件运费两倍赔偿,但最高赔偿不超过100美元/票。

b. 操作流程

ⅰ. 登录申通国际客户订单系统，进行网上预报。

ⅱ. 打印地址标签，填写或打印交接清单，将地址标签粘贴在货件外包装上，并在外包装上注明客户代码、产品名称、票数及重量。

ⅲ. 通知司机上门提货或客户自发境内快递头程到申通快递指定操作中心。

(2)申通快递进口服务

申通快递进口服务包括上海口岸跨境直邮、杭州口岸跨境直邮、广州口岸跨境直邮、杭州口岸保税备货。

①上海口岸跨境直邮

上海口岸跨境直邮模式如图 2-5 所示。上海口岸浦东机场独立监管仓坐落于上海浦东国际机场海天五路 600 号 G104 库(上海海关快件联合监管中心)内，属于海关独立监管仓库(见图 2-6)。上海浦东国际机场是境内较大的国际航空物流口岸，是全球航空货物集散枢纽之一。设有进出口流水线各一条(根据业务需求可新增 3 条流水线)，其中进口流水线具有海关同屏比对及自动分拣功能，日均单量可达 5 万单。

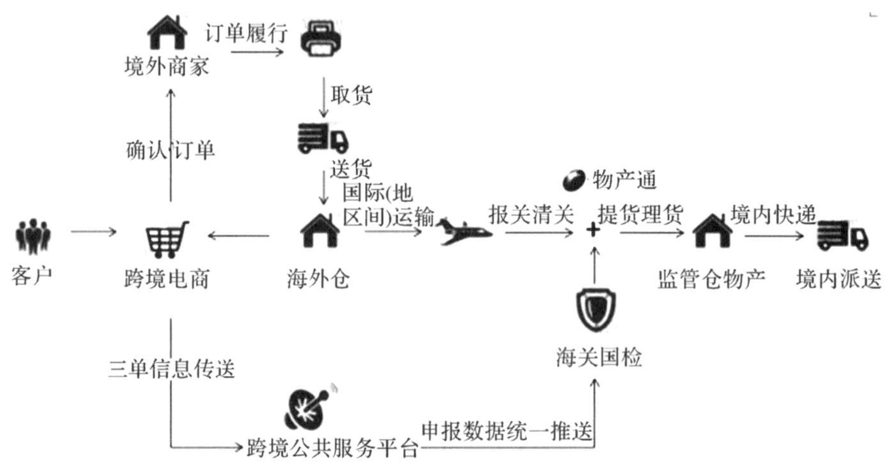

图 2-5 上海口岸跨境直邮模式

资料来源：申通快递官网(https://www.stointl.com/home/page/show/13.html)。

图 2-6 上海浦东机场海关独立监管仓库内景

资料来源：申通快递官网(https://www.stointl.com/home/page/show/13.html)。

上海市跨境电子商务进口服务平台如图 2-7、图 2-8 所示。

图 2-7 上海市跨境电子商务进口服务平台

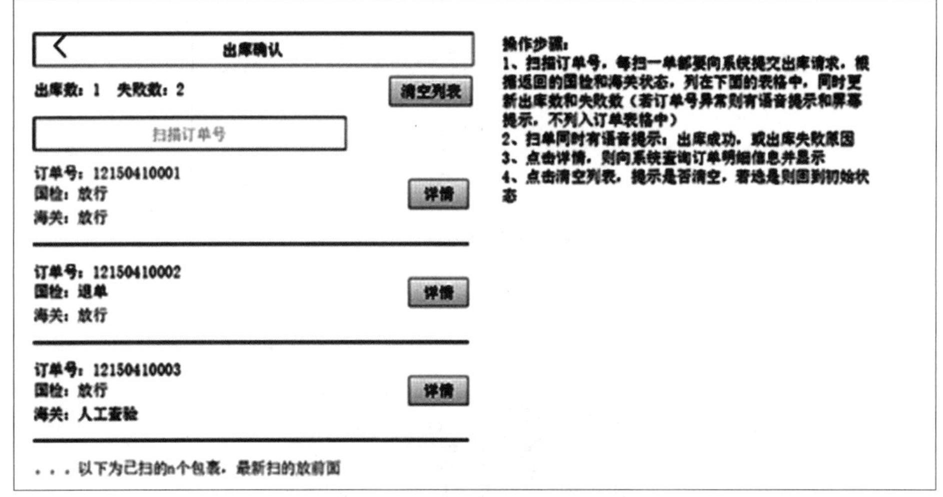

图 2-8 物流申报查询

资料来源：申通快递官网(https://www.stointl.com/home/page/show/13.html)。

②杭州口岸跨境直邮

杭州口岸于 2016 年开展跨境直邮业务，目前提供口岸 BC(business to customer，企业对消费者)直邮服务，内容包括清关、理货、查验、派送等。杭州机场作为旅客吞吐量突破 3000 万人次的机场，是全球繁忙的机场之一。杭州口岸跨境直邮的优势是拥有自营仓，仓库位于杭州萧山国际机场航空货站海关监管区内；海关现场入驻，现场查验、X 光机同屏比对；IT 系统自主开发，场站系统实现与电子口岸、海关内网的全网对接。

杭州口岸跨境直邮流程如图 2-9 所示。

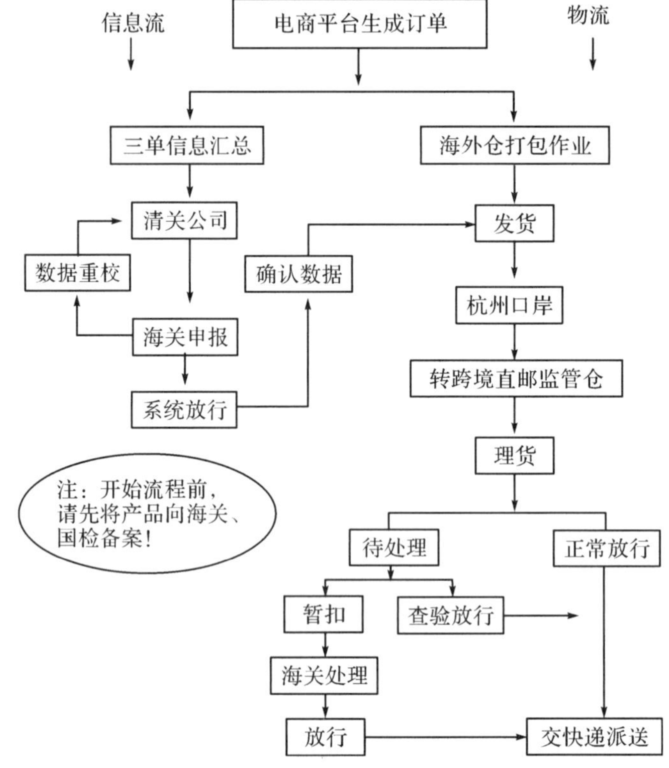

图 2-9　杭州口岸跨境直邮流程

资料来源：申通快递官网(https://www.stointl.com/home/page/show/14.html)。

杭州萧山机场航空货站海关监管区内景照片如图 2-10 所示。

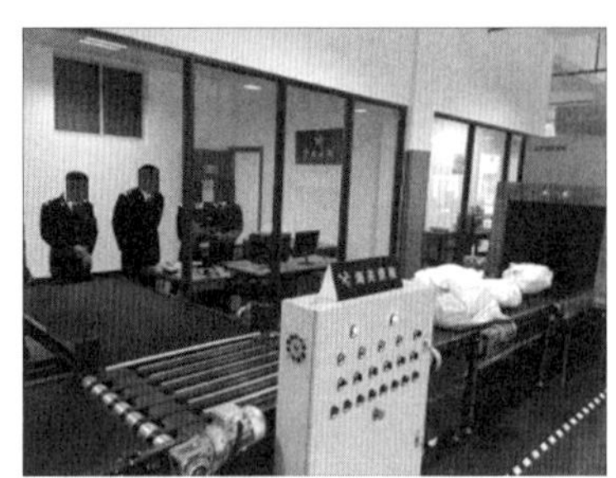

图 2-10　杭州萧山机场航空货站海关监管区内景

资料来源：申通快递官网(https://www.stointl.com/home/page/show/14.html)。

③广州口岸跨境直邮

广州口岸于 2014 年涉足跨境电商，目前在园区口岸投入超 10 亿元，园区引入广州萝岗海关及国检入驻，萝岗为广州海关战略要地，为广州海关重点扶持的三大口岸之一。广州口岸设立报关报检大厅，拥有全国多条清关线体，直列排布，日均处理量约 10 万单，处理速度快，处理量大。自 2017 年 1 月 1 日至今，园区吸引了众多优质客户，如网易考拉、亚马逊、洋葱海外仓等，皆在口岸清关。

广州口岸跨境直邮流程如图 2-11 所示。

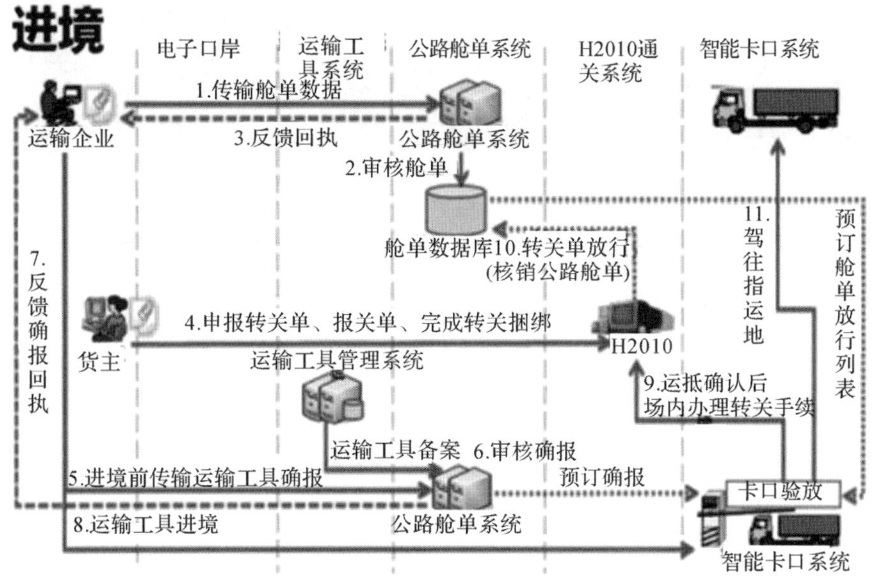

图 2-11　广州口岸跨境直邮流程

广州口岸仓库如图 2-12 所示。

图 2-12　广州口岸仓库

资料来源：申通快递官网（https://www.stointl.com/home/page/show/16.html）。

④杭州口岸保税备货

申通快递跨境保税仓库位于杭州保税物流中心内 5 号库，为自营仓。杭州保税物流中心于 2009 年 12 月 1 日经国家海关总署、财政部、税务总局、国家外汇管理局批准设立，中心总规划用地 1344 亩（约 89.6 万平方米）。园区具有高效的通关优势，海关、国检在园区设立优质高效的办事服务机构，并与上海、宁波等地建立了便捷的通关机制；同时，园区具有独有的机场优势，杭州萧山国际机场综合实力位居全国前十位；还具有强大的物流优势，空港作为“中国快递产业示范基地”，为货物的快进快出提供了有力支撑。

杭州口岸保税仓如图 2-13 所示。

图 2-13 杭州口岸保税仓

资料来源：申通快递官网(https://www.stointl.com/home/page/show/15.html)。

杭州口岸保税备货流程如图 2-14 所示。

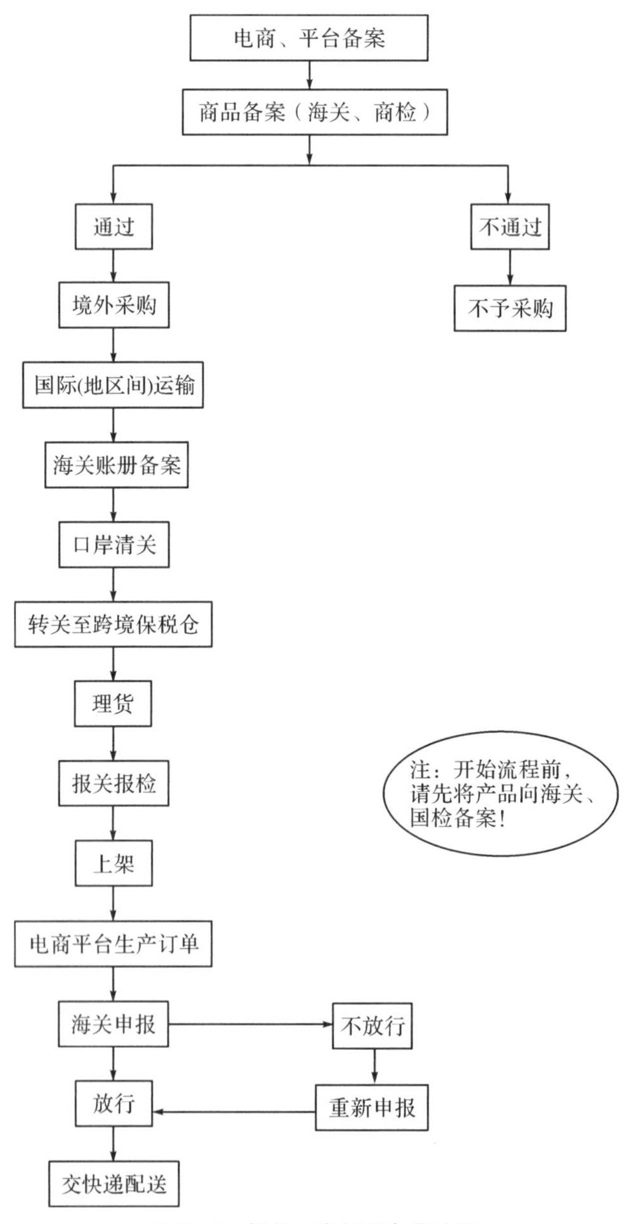

图 2-14 杭州口岸保税备货流程

资料来源：申通快递官网(https://www.stointl.com/home/page/show/15.html)。

(3)申通海外仓服务

申通快递具有10年以上专业跨境物流、海外仓储全球服务经验,实现全球主要跨境电商贸易对象国(地区)的当地集货、配送、库存管控和订单处理,与全球主流平台系统实现对接,可进行多销售平台、多账号订单的信息自动抓取、处理和反馈等操作。申通全球仓配资源加盟系统和运营模式吸引了海外有本地仓配资源的企业,实现了海外仓配资源的资源整合和一体化运作,力争打造全球跨境电商一体化仓配运营体系。

①服务范围

申通海外仓的服务范围包括美国仓、德国仓、澳大利亚仓、筹备仓(覆盖英国、日本、韩国、俄罗斯等)。

②资费标准

海外仓资费标准为

总费用=头程运费+税金+仓储及处理费+尾程派送

申通海外仓建有订单管理系统,由专业IT团队通过十几年开发而成,功能可以满足客户的多种需求;完善的仓储管理系统,客户订单在工作日24小时完成出库,通过系统控制,出库准确率和库存准确率高;行业专业的运营团队,提供专业和体贴的体验服务,通过内部自我审核,提升客户的满意程度;长期专业的合作伙伴,申通在全球50多个国家(地区)都有分拨点,可以满足客户在海外仓的需求;定制化的服务,根据客户的需求建设定制仓,满足客户多方面需求。

③申通海外仓优势

a.时效优势,本地发货,运输时间短,旺季防“堵塞”。

b.价格优势,批量将商品运至海外,有效降低物流成本。

c.服务优势,本地发货时效快,客户体验度好,平台销售好评率反馈高,二次购买率高,还可以实现客户的退货要求。

d.销售优势,可轻松成为境外卖家,提高销售物品的定价水平,在当地实现有竞争力的销售。

2.圆通速递

圆通速递(以下简称圆通)成立于2000年,是一家集新快递物流、新科技、新零售、航空货运等业务板块,国内国际协同发展的大型企业集团。目前,圆通国际网络已覆盖4大洲的50多个国家和地区,开通国际航线2000多条,境外网络代理点突破1000家。同时,圆通发起的“全球包裹联盟”(Global Parcel Alliance,GPA),是目前唯一一个由境内物流快递企业发起的国际化物流快递联盟平台。

(1)圆通国际出口服务

圆通速递的国际出口服务产品包括圆通国际标准快递和圆通国际经济快递。

①圆通国际标准快递

圆通国际标准快递是圆通为满足客户运送高价值、高时效需求物品而推出的一款门到门的全球可达的产品。该产品在仓储、干线、清关、配送等环节操作灵活安全。具有覆盖范围广、全程跟踪、时效快速、安全稳定、系统便捷的特点。依托圆通丰富的网络资源,服务范围遍及东南亚、欧洲、中东和非洲等地。

②圆通国际经济快递

圆通国际经济快递是圆通根据市场需求，打造的一款送达某个特定国家或地区的性价比高、时效稳定的专线产品。

圆通国际经济快递具备价格经济实惠、快件清关快捷、专业本地派送、操作简易便捷和查询方便高效的特点。

对比两种快递方式，圆通国际标准快递的资费更贵，用时更短。以一件 0.5 千克的包裹为例，该包裹从中国杭州运往英国，如使用圆通国际标准快递需要 5 个工作日可以到达，花费 237 元；若使用圆通国际经济快递则需要花费 6 个工作日的时间，运费为 191 元。

(2)圆通国际进口服务

圆通国际目前已相继在韩国、泰国、澳大利亚、美国、新西兰、德国、荷兰等 17 个国家或地区开通跨境电商进口服务，为境外客户提供多种跨境物流综合解决方案。通过圆通国际化系统，让每一个订单均可实现全程跟踪，如图 2-15 所示。

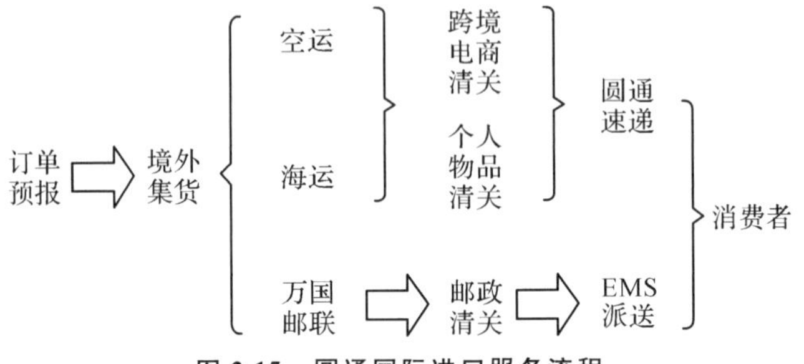

图 2-15 圆通国际进口服务流程

(3)圆通美国海外仓服务

卖家通过海运、空运、陆运等方式把大批量商品运送并存储到圆通美国仓库，并通过 WMS(warehouse management system，仓库管理系统)/OMS(order management system，订单管理系统)客户端在线管理库存中的商品并下达配送指令，圆通美国仓库第一时间根据指令进行货物分拣，并配送到买家手中。服务内容如下。

①清关

服务包括空运、海运整柜/拼柜的普通清关、CFS(container freight station，集装箱货运站)清关、ECCF(express consignment carrier facility，快件货物承运人中心)快件清关，并为客户提供全美各大口岸海关的各类代理清关服务。

②提货

空运机场提货服务覆盖美国东西岸 LAX(洛杉矶国际机场)及 JFK(纽约肯尼迪机场)两大国际机场，海运整柜拖柜/拼柜集装箱货运站提货服务包括全美各大港口及内陆多式联运火车场站，保证第一时间为客户提取海关放行货物。

③仓库+尾程派送

美国圆通在洛杉矶为客户提供一站式仓配服务，提供多种派送方式供客户选择，即可通过 LTL(less-than-truck-load，零担运输)转运，将客户的大宗货物派送至目的地，也可以上架后根据客户订单，通过 UPS、USPS(United States Postal Service，美国邮政服务)等方式直接寄到终端客户手里。更有派往 ONT8、FTW1、CLT2 等火爆的亚马逊仓库的

FBA 专线，提前预约，保证时效。

(4)圆通欧洲海外仓服务

圆通国际在德国、捷克及西班牙已建立海外仓，提供海外仓配及 FBA 货物操作服务。服务内容包括清关、提货、仓库＋尾程派送。

(5)增值服务

①代收货款服务

这是指根据寄件方(卖家)与收件方(买方)达成的交易协议要求，为寄件方提供物流寄递并代寄件方向收件方收取货款，同时按照约定时间将货款返还寄件方的服务。

a. 合作方式

与圆通签订大客户代收货款服务协议，且销售的商品符合境内产品质量、卫生许可等相关规定。

b. 服务范围

中国香港、台湾地区。

c. 返款时效

提供次周结算、隔周结算、按月结算等多种返款选择。

d. 服务优势

周转率快、手续费低、结算灵活。

②香港机场提货业务

若客户有香港机场提货需求，香港圆通可为客户提供机场提货并送至客户指定地址的服务，按标准向发件客户收取相关附加服务费。

③代客收件业务

客户可联系香港圆通，安排业务员到香港的指定地点提取货件，并转运至全球的指定收件地址。

3. 中通快递

中通快递(以下简称中通)成立于 2002 年，是一家集快递、快运、跨境、商业、云仓、金融等业务于一体的综合物流服务商。截至 2018 年 9 月 30 日，中通有员工超 30 万名，服务网点约为 3 万个，转运中心 83 个，网络合作伙伴超过 9500 家，干线运输车辆超过 4900 辆，干线运输线路超过 2000 条，网络通达 98%以上的区县，乡镇覆盖率超过 85%。

中通快递有丰富的跨境业务产品。国际件包含了中通－EMS、国际 e 通宝、中英专线、俄罗斯专线、韩国专线、日本专线、美洲专线小包、FBA 空运包税、FBA－美国专线、FBA－澳大利亚专线、FBA－加拿大专线(普货)、FBA－欧洲专线、CTAM 小包、Toll Global Express(DPEX)。

(1)中通—EMS

EMS 全球邮政特快专递业务是各国(地区)邮政开办的一项特殊邮政业务。目前，中国邮政国际特快专递业务已与世界上 200 多个国家和地区建立了业务关系。中通—EMS 优势如下。

①全程追踪

登录 https://www.ems.com.cn/可全程在线查询包裹详细派送信息。

②清关优势

享有海关、航空等优先处理权。

③价格优势

中通—EMS价格为中国EMS官网上公布价格的6折+6元(国际件查询附加费),价格实惠。

④寄达区域

可送达日本、韩国、蒙古、马来西亚、新加坡、泰国、越南、柬埔寨、澳大利亚、新西兰、巴布亚新几内亚、比利时、英国、丹麦、芬兰、希腊、爱尔兰、意大利、卢森堡、马耳他、挪威、瑞士、葡萄牙、德国、瑞典、美国、巴基斯坦、斯里兰卡、老挝、土耳其、尼泊尔、巴西、古巴、圭亚那、巴林、伊拉克、乌干达、约旦、以色列、阿曼、卡塔尔、科威特、伊朗、马达加斯加、叙利亚、科特迪瓦、吉布提、塞内加尔、肯尼亚、突尼斯、阿联酋、开曼群岛、白俄罗斯、捷克、哈萨克斯坦、俄罗斯、拉脱维亚等国家。

⑤参考时效

2个工作日内可录入系统,送达时间3～8个工作日,不包括清关的时间(由于各个国家或地区的邮政、海关处理的时间长短不一,有些国家或地区的包裹投递时间可能会更长一些)。

⑥重量限制

重量上限30千克,澳大利亚为20千克。

⑦体积限制

方形包裹:长(厘米)+宽(厘米)+高(厘米)≤300厘米,最长一边≤150厘米。圆筒形包裹:最小尺寸为长度30厘米,直径6厘米;最大尺寸为直径的2倍+长度≤104厘米,长度不超过9厘米。

(2)国际e通宝

国际e通宝是中通国际为适应国际电子商务轻小件物品寄递市场需要推出的经济型国际速递业务,通过与境外邮政和主要电商平台合作,为中国电子商务客户提供方便快捷、时效稳定、价格优惠、全程查询的寄递服务。

①服务范围

国际e通宝已开通美国、英国、澳大利亚、加拿大、法国和俄罗斯6个国家的业务,后期还将视市场和业务发展需要进一步扩大范围。

②时效承诺

7～10个工作日。

国际e通宝资费标准

③重量限制

限重2千克。

④快件跟踪

全程可在17Track官网查询跟踪记录。

⑤收费标准

收费标准可参见中通快递官网或扫描二维码查询。

(3)中通中英专线

中通中英专线是中通国际与英国本土快递 YODEL 合作,为中国外贸及跨境电商卖家提供的清关快、时效快、价格优的优质专线物流服务。货物在境内集中分拣,配载直飞英国航班,包裹信息先于货物发送给英国清关,货物到达英国后可立即清关派送至英国全境,适合运送价值高、时效性要求高的物品。其服务优势如下。

①价格优势

相当于国际四大快递公布的价格的 4 折,300 克以上物品运费低于邮政产品。

②时效优势

提供本土快递派送服务,时效稳定,包裹入仓后正常 5～7 个工作日送达。

③货物属性

可接普货和内置电池货物。

④清关优势

关税 DDP(税后交货),预付 VAT(增值税),清关便捷,稳定安全。

⑤重量限制

按克计费,起始重量 100 克,30 千克以下包裹均可收寄。

⑥全程跟踪

包裹跟踪信息更新迅速,可在中通官网全程查询轨迹。

(4)中通俄罗斯专线

中通俄罗斯专线(RUEXCD)是中通国际联手俄罗斯本土快递 CDEK,针对中国 B2C 卖家提供的对俄电商物流解决方案。该服务可接受带电产品,妥投率高、时效快、价格优惠,尽力满足广大客户需求,在俄罗斯全境提供快捷、可靠的递送服务。

①时效优势

20 天内妥投率超 8 成,性价比高。

②价格优势

2 千克以下运费价格相当于中国邮政小包或 e 邮宝的 7 折。

③限额免税

每人每月不超过 1000 欧元,且重量不超过 31 千克的货品免税。

④清关优势

清关稳定快捷,关税到付 DDU(未完税交货)。

⑤全程跟踪

包裹全程可追踪,支持中通、CDEK、17Track 等平台查询。

⑥货物属性

限重达 30 千克,可接内置电池货物。

⑦尺寸限重

重量限制为一票一件,单个包裹限重 25 千克;尺寸限制为 90 厘米≤长≤140 厘米,70 厘米≤宽≤90 厘米,70 厘米≤高≤90 厘米。

⑧发货要求

单个包裹内 SKU(stock keeping unit,存储单位)数必须小于 5 个,且单个 SKU 产品数量必须小于3个；电子产品不超过3个，贵重电子产品（智能手机/平板电脑及同类产品）最多1个；同类的衣服不超过3件（小的服装配件除外）；不同大小的鞋子不超过3双。

⑨申报要求

使用英文和俄文正确填写订单信息，俄罗斯收件人姓名、详细地址需准确、完整；货物描述不要使用 sample，accessories，gift，parts，tools 等笼统字眼。电子产品/机器（尤其是贵的和名牌的笔记本、手机、摄像机等物品），必须写型号和品牌，其他电子类商品和普通商品如果有品牌必须写品牌名称。品名品牌、数量、价值、网址链接等货物信息须准确如实申报，如因申报不符，造成清关延误或退件、扣关等所有后果由发件人自行承担。

⑩服务热线

无论境内客户还是境外买家，均可享受中通专业的客户服务，包括咨询、查询、催派、改派、退件、异常件处理、投诉、索赔等。

（5）中通韩国专线

这是中通国际联合合作伙伴共同推出的从上海发往韩国的空运、海运快递专线，为客户提供操作简单、时效快、价格优惠的寄递服务。

①禁寄货物

包括航空违禁品，违法、违规物品，韩国海关禁止进口的物品。

②时效承诺

空运为2～3天、海运为2～4天可达。

③收费标准

中通韩国专线收费标准如表2-11所示。

表2-11 中通韩国专线收费标准

单位：元

目的国	小包裹		重包裹（按整数千克计费，无首重）				
	首重 0.5千克	续重 0.5千克	11～20千克	21～30千克	31～50千克	51～100千克	101千克以上
韩国（空）	45	18	26	26	22	20	18
韩国（海）	—	—	24	22	20	18	16

④赔偿标准

遗失赔偿按照文件类物品100元/票，其他包裹按实际价值（提供有效证明）+运费的标准，最高不超过1000元。

⑤注意事项

a. 当包裹为泡货时，需计算体积重量，公式为：长（厘米）×宽（厘米）×高（厘米）/5000。

b. 对于一票多件的货物，单件货物重量不得低于10千克。

c. 单独报关的包裹，需要另外加收150元报关费。

（6）中通日本专线

中通国际联合合作伙伴共同推出的从上海直飞日本的航空快递专线，为客户提供操作简单、时效快、价格优惠的寄递服务。

①禁寄货物

包括航空违禁品，违法、违规物品，日本海关禁止进口的物品。

②时效承诺

1～3 天可达。

③收费标准

中通日本专线收费标准如表 2-12 所示。

表 2-12 中通日本专线资费标准

单位：元

目的国	小包裹		重包裹（按整数千克计费，无首重）				
	101 千克以上	首重 0.5 千克	续重 0.5 千克	11～20 千克	21～30 千克	31～50 千克	51～100 千克
日本	60	18	26	24	22	20	18

④赔偿标准

遗失赔偿按照文件类物品 100 元/票，其他包裹按照实际价值（提供有效证明）＋运费的标准，最高不超过 1000 元。

⑤注意事项

a. 当包裹为泡货时，计算体积重量为长（厘米）×宽（厘米）×高（厘米）/5000。

b. 发往日本的价值 1 万日元（约 656 元人民币）或 20 千克以上的包裹和有弹性的衣服，一般都会被日本海关征收关税。

c. 对于一票多件的货物，单件货物重量不得低于 10 千克。

d. 日本偏远地区，仅有冲绳、鹿尔岛等离岛区域会收取 150 元的偏远附加费。

e. 单独报关的包裹，需要另外加收 150 元报关费。

(7)中通北美洲专线小包

中通国际整合优势航空资源，把控头程空运与 UPS 服务商紧密合作，致力于服务北美洲地区的电商，打造出一条堪比快递的专线服务。

①价格优势

邮政包裹的价格，快递的服务。

②时效优势

隔天录入系统，3～6 天可达。

③货物属性

只限普货。

④重量限制

包裹重量限制为 0～20 千克。

(8)中通 FBA 空运包税

中通快递推出的 FBA 空运项目，将传统的空运转运业务转变为空运派送业务，与航空公司签订固定航班，以空加派形式转运，不存在排仓现象，时效稳定快速，让客户以专线的价格，享受快递的服务。自主渠道，全程监控，安全有保障。具体流程如图 2-16 所示。

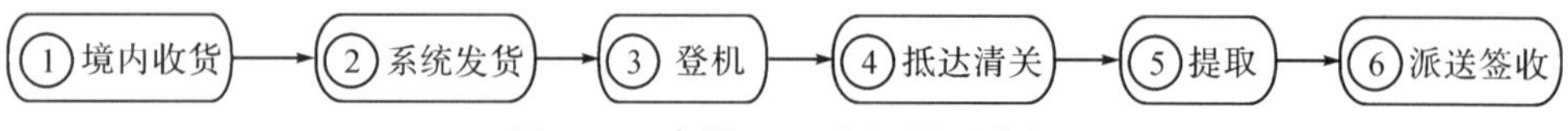

图 2-16　中通 FBA 空运项目流程

①服务优势

欧洲 5～8 天可达，美国 8～10 天可达，无超轻费，提供双清包税门到门服务。

②可寄范围

可寄送至私人地址或 FBA 仓库。

③可寄产品

包括厨具、纺织品、化妆品等绝大部分可外销的产品。

④相关要求

a. 单件重量要求 30 千克以内。

b. 单件尺寸上限为长宽高三边总长度不超过 300 厘米。

c. 如因所申报的产品品名、种类、数量不符或价值低报所产生的任何问题，中通不承担任何责任。

d. 单店单日免税金额不超过 800 美元。不接受带电、带磁性产品，液体化工品，易燃易爆品及所有航空禁运产品。

e. 拒收高价值货物(手机、平板电脑、航模飞机等)。

(9)中通 FBA—美国专线

中通 FBA—美国专线是中通与航空公司签订固定航班，以空加派形式转运的物流方式，不存在排仓现象，时效稳定快速，让客户以专线的价格，享受快递的服务。自主渠道，全程监控，安全有保障。

①服务优势

a. 通邮国家：美国全境。

b. 产品限制：只收普货，不接受任何内置电池、纯电、仿牌、液体、粉末等敏感货。

c. 货物时效：打单即出跟踪号，4～7 天可提取(航班与清关延误除外)，8～10 天可签收。

d. 其他属性：该渠道双清包税，只接受 FBA 地址及商业地址，不接受任何其他的私人地址。

②包裹限制

订单是一票多件的情况，对于单件低于 15 千克货物，不到 15 千克的重量部分按照 5 元/千克收取(体积重和实重比对，取较大值)，补收重量等于 15 千克减去箱子的重量，需要取整数。一票起重为 20 千克起，不超过 3000 千克。

a. 单件重量要求：需在 30 千克以内，超过 30 千克需加收超重费。

b. 尺寸要求：长宽高三边总长度不超过 300 厘米，最长边不超过 120 厘米，超出会产生加收费。

(10)中通 FBA—澳大利亚专线

中通 FBA—澳大利亚专线是中通与航空公司签订固定航班，以空加派形式转运的物流方式，不存在排仓现象，时效稳定快速，让客户以专线的价格，享受快递的服务。自主渠道，全程监控，安全有保障。

①服务优势

a. 通邮国家：澳大利亚全境。

b. 产品限制：只收普货，不接受任何内置电池、纯电、仿牌、液体、粉末等敏感货。

c. 其他属性：该渠道双清包税，只接受 FBA 地址及商业地址，不接受任何其他的私人地址。

②包裹限制

a. 发往亚马逊的货物，货件上还必须贴有 FBA 二维码标签。单件重量不能低于 10 千克，且不能超过 25 千克。

b. 单件货物最长边不超过 120 厘米，长宽高三边总长度不超过 140 厘米，实重与体积重二者取较大者，体积重计算公式为：长（厘米）×宽（厘米）×高（厘米）/6000。

c. 单件的申报价值不能超过 1000 澳元。

d. 单件 SKU 不超过 5 个，超过 5 个按 3 澳元/千克计费。

e. 退件需收取 2 澳元/件的处理费。

f. 整体派送时效为 6～8 个工作日。

g. 中通不接受软纸箱或者外箱用黄色胶纸包裹的产品；不接受木架、原木包装产品；凡是三合板包装的产品，须有活页锁查货。

(11) 中通 FBA—加拿大专线（普货）

中通 FBA—加拿大专线（普货）是中通与航空公司签订固定航班，以空加派形式转运的物流方式，不存在排仓现象，时效稳定快速，让客户以专线的价格，享受快递的服务。自主渠道，全程监控，安全有保障。服务优势如下。

①通邮国家：加拿大全境。

②产品限制：只收普货，不接受任何内置电池、纯电、仿牌、液体、粉末等敏感货。

③其他属性：该渠道双清包税，只接受 FBA 地址及商业地址，不接受任何其他的私人地址。

(12) 中通 FBA—欧洲专线

中通 FBA—欧洲专线是中通与航空公司签订固定航班，以空加派形式转运的物流方式，不存在排仓现象，时效稳定快速，让客户以专线的价格，享受快递的服务。自主渠道，全程监控，安全有保障。

①服务优势

a. 通邮国家：英国、德国、法国、意大利、西班牙、波兰、捷克。

b. 产品限制：不限普货，可接受内置电池货物。

c. 货物时效：打单即出跟踪号，4～7 天可提取（航班与清关延误除外），8～10 天可签收。

d. 其他属性：该渠道双清包税，只接受 FBA 地址及商业地址，不接受任何其他的私人地址。

②包裹限制

a. 发往亚马逊的货物，货件上还必须贴有 FBA 二维码标签。

b. 单件重量不能低于 10 千克，且不超过 25 千克。

c. 单件货物最长边不超过 120 厘米，长宽高三边总长度不超过 140 厘米，实重与体积重二者取较大者，体积重计算公式为：长(厘米)×宽(厘米)×高(厘米)/6000。

d. 单件的申报价值不能超过 1000 欧元，单件 SKU 不超过 5 个，超过 5 个按 3 欧元/千克计费。

e. 退件需收取 2 欧元/件的处理费。

f. 整体派送时效为 6～8 个工作日。

g. 中通不接受软纸箱或者外箱用黄色胶纸包裹的产品；不接受木架、原木包装的产品；凡是三合板包装的产品须有活页锁查货。

(13)CTAM 小包

CTAM 小包是一款商业邮政物流产品。无首重限制，适合跨境电商卖家所销售的化妆品、配件、饰品、服装、工艺品等小巧价值的物件，时效稳定、价格实惠，具体分为平邮和挂号两种形式。

①渠道优势

当天录入系统，无首重限制，可运输内置电池产品、化妆品等，无处理费。

②时效优势

7～15 个工作日。

③可收寄产品

包括内置电池产品、手表、甲油胶、粉末膏状产品，以及手霜、眼霜、面膜、鼻膜、鼻贴、唇膏、唇彩等物品。

④通邮国家

欧美地区：美国、英国、德国、法国、俄罗斯、西班牙、荷兰、意大利、加拿大、巴西、瑞士、瑞典、挪威、比利时、丹麦、波兰，其他欧美国家陆续开放当中。

亚洲地区：新加坡、马来西亚、韩国、菲律宾、泰国、柬埔寨、孟加拉、巴基斯坦、斯里兰卡、越南等。

太平洋地区：澳大利亚、新西兰等。

中东地区：阿联酋、巴林、阿曼、卡塔尔等。

非洲地区：南非、肯尼亚、坦桑尼亚、赞比亚、毛里求斯、莱索托等。

(14)Toll Global Express(DPEX)

Toll Global Express(DPEX)是中通国际与澳大利亚物流巨头 Toll Group(拓领集团)合作的专业国际速递公司，是经中华人民共和国商务部批准的国际快件公司，主要为中国外贸及跨境电商卖家提供清关快、时效稳、妥投率高的速递服务。货物从广州直飞目的国家(地区)，清关之后交给当地服务网点派送，时效有保证，是速卖通、eBay、亚马逊等主要平台承认的物流商。

①价格优势

在澳大利亚、东南亚等国家，价格优势很大，DPEX 价格只相当于四大商业快递的一半，1 千克以上物品的价格，跟中邮小包价格相差无几。

②时效优势

通邮国家都有派送网点，澳大利亚 3～5 个工作日可妥投，东南亚主要城市 5～7 个工作日可妥投。

③货物属性优势

澳大利亚可接收带电、弱磁货物，其他国家（地区）只接收普货。

④其他属性

15 千克以内以 0.5 千克为一个计费价格，16 千克以上有大货价格。

⑤通邮国家

欧洲地区：英国、土耳其等。

亚洲地区：新加坡、马来西亚、韩国、菲律宾、泰国、柬埔寨、孟加拉、巴基斯坦、斯里兰卡、越南等。

太平洋地区：澳大利亚、新西兰等。

中东地区：阿联酋、巴林、阿曼、卡塔尔等。

非洲地区：南非、肯尼亚、坦桑尼亚、赞比亚、毛里求斯、莱索托等。

4. 百世快递

百世集团（以下简称百世）成立于 2007 年，2008 年百世集团建立百世供应链，获得阿里巴巴和富士康 A 轮融资 1500 万美元。2010 年，百世集团收购汇通快递，成立“百世汇通”，后更名为“百世快递”。百世集团在全国范围内建立起多级营运中心，配送网络覆盖全国，延伸至县、乡级区域。通过系统的合作伙伴认证管理体系、专业的供应链解决设计方案，先进的信息技术和公司自行研发的综合营运平台 GeniMax 系统，百世为境内外企业提供综合供应链设计和物流服务。现有七大事业部，向客户提供综合供应链、快递、快运和软件服务。截至 2017 年 3 月，百世在全国已建立了 678 个运作中心和 420 余万平方米的仓库及转运中心，拥有 9000 多全职员工和上万个认证加盟商及合作伙伴。

百世为跨境电商企业提供跨境电商出口服务、跨境电商进口服务和海外仓储服务（百世云仓）。

（1）百世跨境电商出口服务

①百世海运 FBA 专线（拼箱/整柜）

跨境电商出口服务中，百世提供针对美国、德国、澳大利亚的海运 FBA 专线服务，即提供门到门一站式散货拼箱或整柜服务，末端默认快运派送；也可选择快递配送，提供 B2B（business to business，企业对企业）直送亚马逊仓库或自营集货处服务，也可实现 B2C 订单直达客户手中；同时为美国、德国和澳大利亚等国提供国际快递小包服务。

a. 服务优势

一站到位，提供百世上门提货—双清关—自营仓库—美国快运全程到门一条龙服务；灵活多样，两端自营仓库可满足客户多样化操作需求，灵活可控，反应速度快；安全稳定，货物 100%入仓安检，货物安全无忧，航线稳定，每周美东、美西至少各一班次。美西线从宁波始发25～30天直达 FBA，美东线从宁波始发 35～40 天直达 FBA。可免 FBA 旺季爆仓影响，更多选择，更快时效。

百世海运 FBA 专线发货流程如图 2-17 所示。

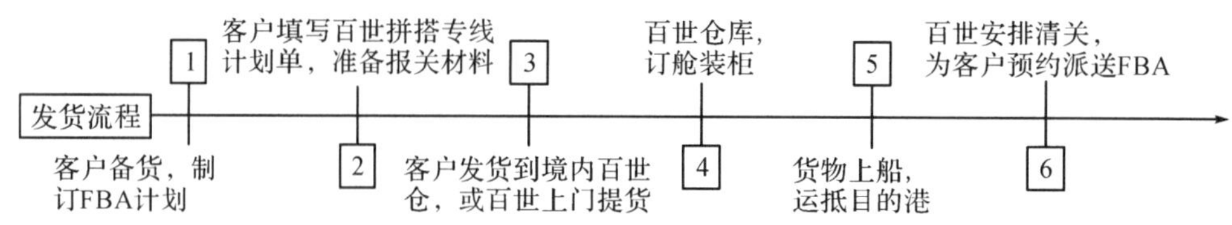

图 2-17　百世海运 FBA 专线发货流程

资料来源：百世物流官网(https://www.800best.com/global/index.shtml)。

b. 全程时效

百世海运 FBA 专线全程时效如表 2-13 所示。

表 2-13　百世海运 FBA 专线全程时效

时效(全程)	美国(西)	美国(东)	德国	澳大利亚
海运＋快运 (旺季受亚马逊预约影响)	25～30 天	30～35 天	30～35 天	25 天
海运＋快递 (免预约,不受旺季影响)	20～25 天	25～30 天	30～35 天	—

资料来源：百世物流官网(https://www.800best.com/global)。

②百世传统海运头程

百世国际出口业务向境内外客商提供厂家到全球主要港口的一站式海运整柜服务。与多家班轮公司合作，运价优惠、服务上乘。依托百世集团国际网络，优化整体配送方案，操作灵活。

③百世国际快递/小包

a. 适合轻小件包裹的寄送，可满足紧急运输需求，自有专线空运直达，渠道时效稳定，运输安全，清关便捷。

b. 禁寄货物包括航空违禁品，违法、违规物品，以及当地海关禁止进口货物。

c. 百世国际快递/小包服务时效为：发往美国，参考时效 5～7 个工作日；发往澳大利亚，参考时效为 5～10 个工作日。

百世国际快递/小包运输流程如图 2-18 所示。

图 2-18　百世国际快递/小包运输流程

资料来源：百世物流官网(https://www.800best.com/global)。

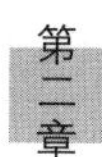

④国际空运到门

a. 适用紧急补货、样品寄送等，可实时追踪。

b. 国际空运到门服务时效为：运往美国 5～10 个工作日，运往澳大利亚 5～7 个工作日。时效快，性价比高。

(2)百世跨境电商进口服务

百世国际进口业务可提供 9610 集货、1210 保税、直邮进口、头程空运、境外订单分拣、整合理货、一单到底等多种跨境物流综合解决方案。通过在线系统制单、与海关系统三单电子对接，实现在线关税缴纳和全程状态追踪。为跨境电商、代购等提供正规合法的国际物流服务。百世跨境电商进口服务流程如图 2-19 所示。

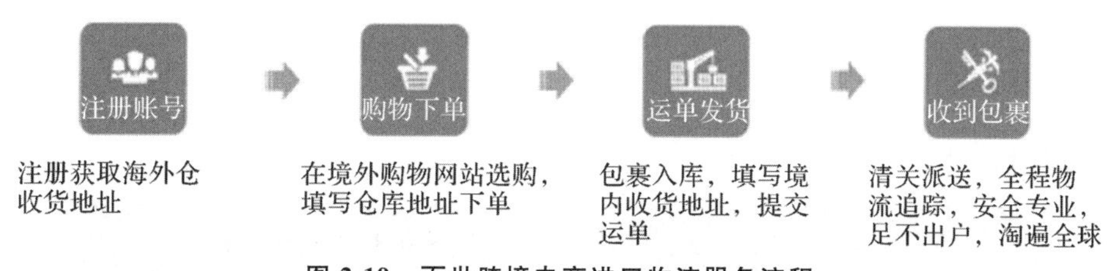

图 2-19　百世跨境电商进口物流服务流程

资料来源：百世物流官网(https://www.800best.com/global/import.shtml)。

百世进口直邮模式如图 2-20 所示。

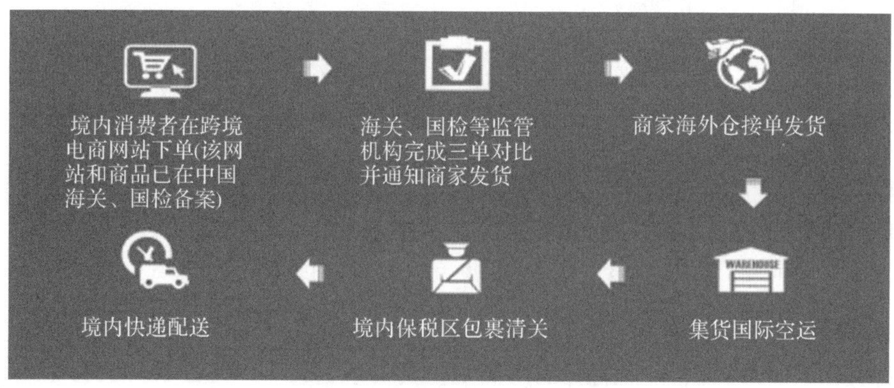

图 2-20　百世进口直邮模式流程

资料来源：百世物流官网(https://www.800best.com/global/index.shtml)。

百世进口备货模式流程如图 2-21 所示。

百世在重要国家和地区设立了仓库和分拨中心。百世重视客户体验，确保快速稳定地将每一个包裹从世界各地进口到中国，并力争将每一个包裹尽快送到买家手中。通过全球化的在线系统，让每一个订单均可实时跟踪。

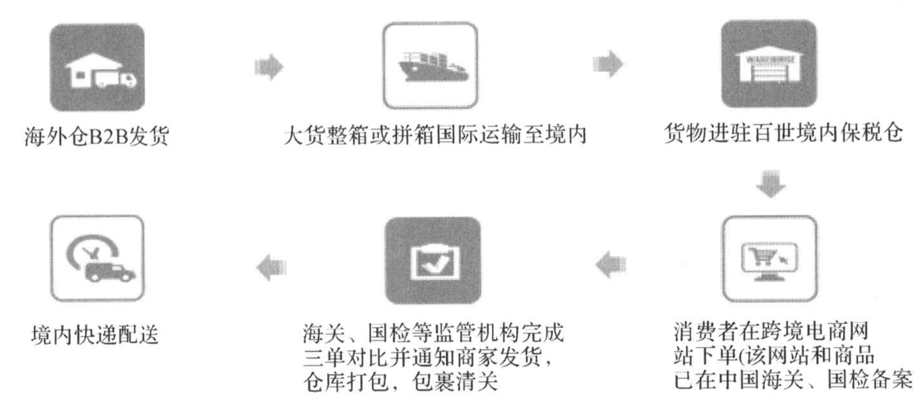

图 2-21　百世进口备货模式流程

资料来源：百世物流官网(https://www.800best.com/global/index.shtml)。

百世保税仓内景如图 2-22 所示。

图 2-22　百世保税仓内景

资料来源：百世物流官网(https://www.800best.com/global/index.shtml)。

(3)百世海外仓储服务(百世云仓)

依托云仓优势，提供各种增值服务，满足供货需求，可 B2B 直送亚马逊仓库或自营集货处，也可实现 B2C 订单直达客户手中。其服务项目主要包括以下内容。

①库存管理

包括库存配置分析(单仓或多仓)、ABC 库存管理、整体供应链成本优化等方面。

②渠道分销

包括 FBA 补货(B2B)、其他电商平台及线下渠道发货(B2B)。

③订单履行

包括订单配货、称重质检、包装发货等。

④增值服务

包括定制化货品加工、贴换标，以及二次包装、质检、报价、报废服务，其他定制化增值服务等。

⑤逆向物流

包括库存消除、客户退换货处理、商品质检、重新上架等。

⑥越库作业和拆箱

包括装运、FBA 第一千米配送等。

5. 韵达速递

韵达速递成立于 1999 年，2007 年与淘宝网签约开启电商快递配送服务。随着跨境电商业务的不断增长，上海自贸区内的快件量会辐射到境内普通快递业务，自贸区也是韵达速递拓展境外市场的重要契机之一。自贸区给韵达速递带来了很多的便利。在自贸区，韵达速递和跨境电商合作，通过备货模式，为他们提供专业的货物分拣、集包、转运服务。同时，韵达速递旗下跨境电商平台——优递爱(https://www.udamall.com)网站于 2015 年 2 月 2 日上线，与其他合作伙伴相互配合，实现优势互补。从 2013 年以来，韵达速递逐步采取了一些举措，走进了美国、德国及整个欧洲地区市场。目前，韵达在日本、韩国、澳大利亚、南非、欧洲、美国、新加坡、马来西亚、加拿大和丹麦等地开设了物流业务。

三、操作技巧

(一)工作项目

浙江雅猫跨境综合服务有限公司的物流专员陈阳在认真了解我国跨境电商物流的相关政策后，立即与潜在客户进行联系，对跨境物流产品销售跃跃欲试。公司经理建议陈阳不要着急，应先去了解目前使用较多的国际商业快递有哪些，对国际零售的商品在重量和体积上有哪些要求，如何进行国际商业快递运输的操作等，为有使用国际商业物流需求的客户服务。陈阳的主要工作任务如下。

【工作任务 1】 调研市面上现有的主要商业快递

调研 DHL、UPS、FedEx、顺丰、“四通一达”的跨境物流业务。

【工作任务 2】 计算国际商业快递物流运费

了解国际商业快递运费计算公式，掌握国际商业快递物流运费计算技巧。

【工作任务 3】 操作国际商业快递物流妥投

了解国际商业快递的妥投流程。

(二)操作示范

【工作任务 1】 调研市面上现有的主要商业快递

点击速卖通卖家网站(https://seller.aliexpress.com)，点击“物流解决方案”，选择“线上发货”，即可看到无忧物流定义的三种物流方式(经济类物流方案、标准类物流方案、快速类物流方案)。市场上常见的国际(地区间)商业快递形式被归纳在第三类快速类物流费方案中，包括 DHL、UPS、FedEx、DPEX、顺丰国际标快等，如表 2-14 所示。

表 2-14 无忧物流快速类物流方案

物流线路	运送范围	订单金额限制	重量限制	是否接受带电	物流时效承诺	赔付上限
中俄快递－SPSR	俄罗斯	无	≤31 千克	否	45 天	1200 元
DPEX	澳大利亚、新加坡、马来西亚等 14 国	无	≤45 千克	否	无	无
EMS	全球 98 个国家和地区	无	≤30 千克	否	无	无
e 邮宝	15 个国家和地区	无	≤30 千克	否	无	无
顺丰国际标快	乌克兰	无	≤30 千克	否	无	无
UPS 快捷	全球	无	≤70 千克	否	无	无
UPS 速快	全球	无	≤70 千克	否	无	无
FedEx 经济	全球	无	≤68 千克	否	无	无
FedEx 优先	全球	无	≤68 千克	否	无	无

解读：市面上的商业快递形式多样，快递公司、货运代理公司均为客户提供相关商业快递的收运服务。速卖通“无忧物流”平台上提供了多种商业快递的服务，卖家可以通过线上发货的方式使用“无忧物流”合作方物流公司的运送服务。EMS、UPS、FedEx 旗下均有多种时效不同的商业快递产品。物流专员调研商业物流产品最快的方式就是通过电商平台提供的线上发货物流清单获得。该方式虽然不能完全掌握商业物流的产品，但可以帮助了解市场上较为主流的商业快递类型。

【工作任务 2】 计算国际商业快递物流运费

美国客人在某知名电商网站上购买了一件休闲西装，包装重量为 1.0 千克，包装尺寸为 20 厘米×25 厘米×4 厘米，拟选用 DHL 商业快递邮寄，请计算运费（DHL 的报价表中，中国到美国的报价为 108.0 元/0.5 千克，货物重量每增加 0.5 千克，运费增加 15.6 元）。

解答：（1）先计算货物的体积重量：（20×25×4）/5000＝0.4（千克）

（2）货物的毛重为 1000 克，毛重大于体积重量，所以按照毛重计算运费

运费＝108.0＋（108.0＋15.6）＝231.6（元）

解读：本次运费计算中不包含燃油附加费、报关费等费用，在实际业务中有关费用可以享受一定的折扣。商业快递的运费计算通常需要衡量体积重量与货物的实际重量，两者取其大，DHL 的体积重量计算公式是：长（厘米）×宽（厘米）×高（厘米）/5000。如快件寄到偏远地区需要加收偏远地区附加费、燃油附加费等。

【工作任务 3】 操作国际商业快递物流妥投

陈阳接受了某服装电商公司的业务，请他协助完成一个跨境电商西装订单的妥投业务。客户指定选择 DHL 作为物流方式。陈阳所在公司开通了 DHL 订单运送的渠道，他可以使用公司资源完成国际商业快递的妥投。操作流程如图 2-23 所示。

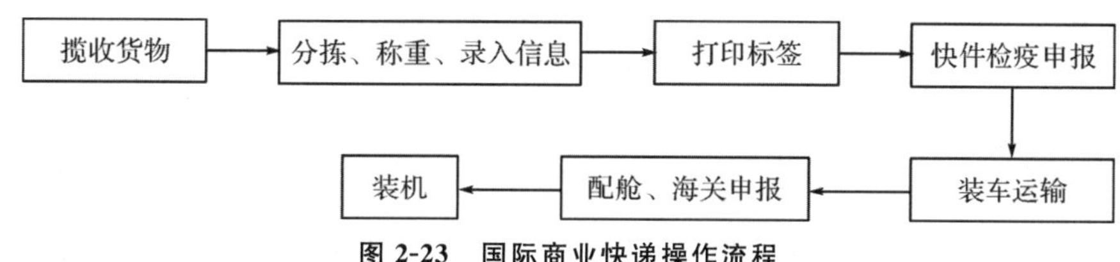

图 2-23　国际商业快递操作流程

解读：商业快递的揽货操作和普通航空货物揽货发运一致，在报检申报上与普通货物有所区别，商业快递的报检申报需要在出入境快件检验检疫部门进行申报。完成申报后可通过电子口岸完成报关操作。

第三节　跨境电商专线物流

跨境电商专线物流

国际（地区间）跨境专线物流一般是将货物通过货运包机的方式运输到境外，再通过合作公司进行目的国（地区）的派送。其优势在于能够集中大批量运往某一特定国家（地区）的货物，通过规模效应降低成本。其价格比邮政包裹高，但比商业快递低，在时效上专线物流虽稍慢于商业快递，但明显比邮政包裹快，如到美国一般只需 5～7 天。市面上最普遍的专线物流产品是美国专线、欧洲专线、澳大利亚专线、俄罗斯专线等。

一、空运＋商业快递组合的专线产品

（一）美国专线

美国专线是美国路向妥投类产品，包括标准类产品和小包产品，提供头程运输、口岸操作、出口交航、进口接收、实物投递等实时跟踪查询信息。美国全程时效 8～12 个工作日，综合妥投率高于 98％，包裹全程可跟踪。

1. 资费构成

在资费构成方面，美国专线的资费主要由处理费和基本资费两块构成，即按件收费和按重量收费。运费根据包裹重量按克计费，1 克起重。

2. 规格限制

在规格限制方面，标准类产品要求单边长≤66 厘米，长＋2×宽＋2×高≤274 厘米，单件包裹不超过 31.5 千克。对于小包产品而言，一般来说产品重量要求在 2 千克以内，不过有些小包产品单件限重在 2～3 千克内，并且 15.5 厘米×7.7 厘米×0.7 厘米≤长（厘米）×宽（厘米）×高（厘米）≤68 厘米×43 厘米×43 厘米。

美国专线部分限制产品

美国专线对产品的运输有一定的限制，如酒精类产品、食品、电池类商品等限制运输，限制产品清单可扫描二维码了解详情。

3. 清关

在目的国（地区）清关方面，不同国家（地区）对清关的要求有所不同。美国政府对于

货物的申报要求是不接受申报价值超过 800 美元的货物;不接受同一收件人名、同一地址且当天累计包裹申报价值超过 800 美元的货物。

4. 燕文航空专线

北京燕文物流有限公司(Yanwen Express,以下简称燕文物流),提供包括美国专线在内的多条专线服务。北京燕文物流有限公司是业内知名的致力于电子商务物流供应链服务的专业化公司,创立于 1998 年,通过代理和引入境内外快递服务,并且组织专业化的服务团队,为境内外卖家提供专业、安全、高效的物流服务,确保卖家的货物顺利到达客人手中,同时以低成本的物流服务产品,协助卖家开拓更多业务、增强竞争优势。主营中国邮政 EMS,中国邮政大、小包,欧洲专线和中国香港小包业务。此外,还代理 DHL、FedEx、TNT 和 UPS 的服务。现在可在北京、上海、广州、深圳、义乌、杭州、宁波同时提供服务。燕文物流是 eBay(中国)、敦煌网、阿里巴巴、PayPal 等知名平台的推荐国际物流服务商。

燕文国际出口专线是燕文物流通过整合全球速递服务资源,利用直飞航班配载,由境外合作伙伴快速清关并进行投递的服务,燕文网站全程追踪。具有时效快、价格低、服务灵活的特点。目前包括美国专线、欧洲专线、南美专线、澳大利亚专线、中东专线,可以发往全世界 40 个国家和地区。

(1)资费与查询

燕文航空挂号小包(航空专线)运费根据包裹重量按克计费,1 克起重,每个单件包裹限重在 2 千克以内。

(2)规格限制

燕文航空挂号小包(航空专线)属于航空小包的一种,包裹限重 2 千克。在体积方面,若是方形包裹则要求长(厘米)+宽(厘米)+高(厘米)≤90 厘米,14 厘米≤单边长度≤60 厘米,宽度≥9 厘米。若是圆筒形包裹,交货地为华东的,体积限制为:2 倍直径及长度之和≤104 厘米,单边长度≤90 厘米;交货地为华南的,体积限制为:单边长度≤60 厘米,德国路向的包裹单边长度≤55 厘米,长(厘米)+宽(厘米)+高(厘米)≤90 厘米,2 倍直径及长度之和≥17 厘米,单边长度≥10 厘米。

(3)时限标准

使用燕文航空挂号小包(航空专线),正常情况下 16~35 天到达目的地,如遇节假日、特殊天气、政策调整、偏远地区等情况,需要 35~60 天到达目的地。

(4)操作注意事项

使用燕文航空挂号小包(航空专线)对电池寄送有限制,不能寄送电子产品,如手机、平板电脑等带电池的物品,或纯电池(含纽扣电池)。若目的国为乌克兰,则面单上的邮箱和电话必填;若目的国为泰国、法国、西班牙、英国、巴西和摩尔多瓦,则面单上的电话必填。

(二)欧洲专线

欧洲专线是欧向专线产品,服务覆盖西班牙、英国、法国、德国、意大利、荷兰等国,一般分为标准类服务和经济类服务。均可提供头程运输、口岸操作、出口交航、进口接收、实物投递等实时跟踪查询信息。全程物流节点可在线实时跟踪查询，标准类产品还可实现境外妥投的查询。

1.规格限制

以中外运相关产品举例，专线产品的资费由配送服务费和挂号服务费两块构成，即按件和按重量收费。运费根据包裹重量按克计费，1克起重，一般每个单件包裹限重在2千克以内。

规格限制方面，根据不同国家(地区)细分，对应的规格限制和重量限制上面略有不同。通常情况下，经济类服务一般要求包裹申报重量和实际重量均不超过2千克。对标准类产品而言，根据不同国家(地区)重量限制上略有不同，西班牙和法国要求货物申报和实际重量均≤30千克；其他国家(地区)目前仍按≤2千克实行。尺寸上，中外运小包要求包裹单边长度≤60厘米，且包裹长(厘米)＋宽(厘米)＋高(厘米)≤90厘米。方形包裹的长度≥14厘米，宽度≥9厘米；圆筒形包裹则要求2倍直径＋长度≥17厘米，单边长度≥10厘米。

2.时限标准

欧洲专线采用国际商业快递干线运输和商业通关，清关速度快。包裹自揽收成功开始起算一般在10～15天完成投递，不同国家(地区)质检略有区别。

3.交寄方式

在北京、深圳、广州、东莞、佛山、杭州、金华、宁波、温州、上海、南京、苏州、无锡、郑州、泉州、武汉、成都、葫芦岛、保定等地，中外运提供上门揽收服务，非揽收区域卖家可自行寄送至揽收仓库。

4.物流追踪

卖家可登录中外运网站https://www.sinoair.com/index.php进行查询。

5.寄送限制

①危险品和违禁品不能发运。

②不接收电池等产品。

③枪形、武器形物品不管实际用途是什么，一旦发现立即罚没。

④非管制类刀具，如剪刀、厨房刀等，需妥善包装，刺破外包装的将退回，尖锐锋利型刀具有退回风险。

⑤物流商有权依据国家法律、法规对明令禁止寄送的物品进行处置，包括但不限于销毁、交予市场监督部门等行政执法机关等方式。

6.赔偿标准

货物在运输过程中丢失或者货物没有在约定的时效内派送，出现延迟配送(各种不可抗力因素等特殊情况除外)、丢失或损毁由物流商提供赔偿。发起投诉后需要商家提供退款凭证或者丢失证明作为索赔依据，以确保赔付顺利完成。物流商会按照订单的实际成交价进行赔偿，设置最高上限。

7.退件处理

退件存在两种类型：境内段退件和境外段退件。若在境内转运仓发现破损而拒收的包裹，或超大、超重包裹且未出货时，不需扣除卖家运费；若境内安检不过被邮政或机场安检退回，运费全部退回，航空安检之后发生的退回，运费及挂号费不退；若被境内海关退回的含限运物品的包裹，不退运费，不赔偿货物损失；若货物运送至境外，但由买家地址错误、邮编错误、无法联系上收件人等原因造成的投递失败的包裹可以安排退回境内或者销毁，卖家选择退回服务的包裹可在境外集货完成后统一退回境内，通过境内快递再安排退回商家，会收取一定的退回服务费，退回承诺时效在订单生成后的 180 天内。

(三)澳大利亚专线

澳大利亚专线是澳向专线产品，覆盖澳大利亚全境。通常情况下，专线提供中国境内多个城市上门揽收、目的地预分拣、出口报关、国际运输、进口清关、终端配送、物流轨迹追踪等端到端的整体服务。

与其他专线产品相对比，澳大利亚专线在操作流程上与其他产品类似，主要的区别在于产品的申报环节有所不同。2018 年中澳两国企业签署了跨越 5 年、总价值近 150 亿澳元（约合人民币 735 亿元）的 11 项协议，覆盖了旅游、资源、基础设施、电子商务和物流服务在内的一系列领域。从 2019 年 1 月 1 日起，所有进入澳大利亚的中国商品将免征关税。但自 2018 年 7 月 1 日起，所有向澳大利亚消费者出售的商品总额在 12 个月内达到 7.5 万澳元（约合人民币 36.8 万元）的境外企业或电商平台，均需在澳税务局 GST（Goods and Services Tax，商品和服务税）系统中进行注册，并且每季度需缴纳商品总价 10％的增值税。而在 2018 年 7 月 1 日以前，销往澳大利亚的产品价值小于或等于 1000 澳元（约合人民币 4900 元）的商品是无税的，只有高于 1000 澳元的商品，以及香烟、酒精饮料才会被征税。因此，税改后，无论货值高低，都要收进口 GST。进口 GST＝［货物价值＋海运费（20 美元/立方米）＋保险＋关税］×10％，如表 2-15 所示。

表 2-15　税改前后澳大利亚进口税对比

货值	2018 年 7 月 1 日之前	2018 年 7 月 1 日起
FOB 货值小于或等于 1000 澳元	无关税 无增值税	无关税 增值税为 FOB 价格的 10％
FOB 货值高于 1000 澳元	绝大多数品类关税税率为 5％，但是如果有中澳自贸协议原产地证（COO，country of origin）可免关税；增值税＝（CIF 价格＋关税）×10％，如果进口主体是企业，则可以在每个季度报税时和再次销售时收取的增值税对冲，多退少补	无变化

(四)俄罗斯专线

俄罗斯专线是指包机直达俄罗斯，支持发往俄罗斯的各个区域的物流方案。

1. 中俄航空专线

以 Ruston（俄速通）中俄航空专线为例。它是由黑龙江俄速通国际物流有限公司提供的中俄航空小包专线服务。境外递送环节全权由俄罗斯邮政承接，因此递送范围覆盖俄罗斯全境。Ruston(俄速通)中俄航空专线专为速卖通平台上的电商设立，是速卖通平台的合作物流商。主要提供跨境电商客户需求的小包航空专线服务，渠道实效快速稳定，并提供全程物流跟踪服务。

2. 资费与查询

Ruston(俄速通)中俄航空专线以克为单位精确计费，无起重费。除了按照货物实际重量的配送服务费之外，Ruston 中俄航空专线还需收取每单 7.5 元的挂号服务费。卖家可以在速卖通后台查询货物物流状态，也可登录俄速通官网(https://www.ruston.cc/customer/xiaojianchaxun_html)进行查询。

3. 规格限制

与其他专线包裹寄运限制相似，Ruston(俄速通)中俄航空专线也根据包裹的形态对相关的尺寸做了规定。若所寄包裹为方形包裹，则要求长(厘米)+宽(厘米)+高(厘米)≤90 厘米，14 厘米≤单边长度≤60 厘米，宽度≥9 厘米；若所寄包裹为圆筒形包裹，则 17 厘米≤2 倍直径及长度之和≤104 厘米，10 厘米≤单边长度≤90 厘米。在重量方面，使用 Ruston(俄速通)中俄航空专线的货物要求重量不超过 2 千克。

4. 时限标准

Ruston(俄速通)中俄航空专线开通了“哈尔滨—叶卡捷琳堡”中俄航空专线货运包机，大大提高了配送时效，使中俄跨境电商物流平均妥投时间从过去的近两个月缩短到最快 13 天可达。80%以上包裹可在 25 天内到达。通常情况下，16～35 天可以到达俄罗斯全境。一些特殊情况下，35～60 天送达。

二、操作技巧

(一)工作项目

浙江雅猫跨境综合服务有限公司的物流专员陈阳在掌握国际商业快递业务操作后开始调研跨境专线物流市场，在发现客户需求较多的情况下，他决定立即与潜在客户进行联系，对跨境物流产品销售跃跃欲试。公司经理建议陈阳不要着急，应先去了解目前使用较多的跨境专线物流有哪些，这些物流专线对国际零售的商品在重量和体积上有哪些要求，如何进行跨境专线物流业务操作等，这样能为客户推荐更好的物流方案。陈阳的主要工作任务如下。

【工作任务 1】 调研市面上现有的主要专线物流方式

调研 Ruston(俄速通)中俄航空专线、燕文航空专线、中外运小包专线线路。

【工作任务 2】 计算跨境专线物流运费

了解跨境专线物流的运费计算技巧。

【工作任务 3】 操作跨境专线物流快递妥投

了解专线物流妥投流程。

(二)操作示范

【工作任务 1】 调研市面上现有的主要专线物流方式

点击速卖通卖家网站(https://seller.aliexpress.com),点击"物流解决方案",选择"线上发货",可看到无忧物流定义的三种物流方式,即经济类物流方案、标准类物流方案和快速类物流方案。市场上常见的跨境物流专线包括邮政的专线产品、Ruston(俄速通)中俄航空专线、燕文航空专线、中东专线等。除此之外,中外运近年来也在不断开发跨境专线的业务,该公司与无忧物流合作了多款为速卖通特制的物流专线方案,给卖家提供了更高质量的物流服务,如表 2-16 所示。

表 2-16 主要专线物流解决方案比较

物流线路	运送范围	订单金额限制	重量限制	是否接受带电	物流时效承诺	赔付上限
中国邮政挂号小包	全球 200 多个国家及地区	无	≤2 千克	否	60 天(巴西 90 天)	300 元
e 邮宝	美国、俄罗斯、加拿大、澳大利亚、意大利等 35 国	无	≤2 千克	否	无	无
中邮 e 邮宝(菜鸟)	美国、俄罗斯、加拿大等 10 国	无	≤2 千克	否	无	无
速优宝芬邮挂号小包	爱沙尼亚、拉脱维亚、立陶宛等 7 国	≤23 美元	≤2 千克	否	35 天	300 元
Ruston(俄速通)中俄航空专线	俄罗斯	无	≤2 千克	否	60 天	700 元
4PX 新邮挂号小包	全球	无	≤2 千克	不接受纯电池;英国、意大利、德国、老挝、埃及 5 个国家不能走任何电池产品	60 天(巴西 90 天)	300 元
燕文航空挂号小包	巴西、墨西哥、智利等	无	≤2 千克	否	60 天(巴西 90 天)	700 元
中东专线	阿联酋、印度、沙特阿拉伯等 20 国	无	≤30 千克	否	无	无

解读:市面上的专线产品非常丰富,跨境专线作为一种兼顾经济和时效的物流方式受到广大卖家的青睐。了解专线产品类型较快的方式就是利用速卖通"无忧物流"掌握市面上较多的专线物流产品,随后再进行深入调研。

【工作任务 2】 计算跨境专线物流运费

俄罗斯客人从"Jike Store"的速卖通店铺购买了一双休闲女式凉鞋,包装重量为 0.36 千克,若使用燕文航空专线进行货物的运送,请计算运费。燕文航空专线运价表如表 2-17 所示。

表 2-17　燕文航空专线运价表

国家/地区列表			包裹重量为 0.001～0.150 千克		包裹重量为 0.151～0.300 千克		包裹重量为 0.301～2.000 千克	
中文名称	英文名称	国家代码	配送服务费（根据包裹重量按克计费，单位是元/千克）	单件服务费/（元/件）	配送服务费（根据包裹重量按克计费，单位是元/件）	单件服务费/（元/件）	配送服务费（根据包裹重量按克计费，单位是元/千克）	单件服务费/（元/件）
爱尔兰	Ireland	IE	58.08	19.19	44.13	21.30	44.13	21.30
爱沙尼亚	Estonia	EE	50.04	16.94	50.04	16.94	50.04	16.94
奥地利	Austria	AT	90.40	14.14	57.99	18.82	53.04	19.81
澳大利亚	Australia	AU	69.87	13.58	54.03	15.85	54.03	15.85
白俄罗斯	Belarus	BY	64.92	13.87	67.00	14.86	47.10	15.85
比利时	Belgium	BE	90.40	14.14	64.92	17.64	55.02	21.10
冰岛	Iceland	IS	99.32	17.04	99.32	17.04	75.25	24.24
波兰	Poland	PL	81.74	9.91	59.97	12.88	52.05	14.37
丹麦	Denmark	DK	81.31	18.18	58.08	19.19	52.05	22.78
德国	Germany	DE	74.24	15.15	53.04	15.85	49.09	16.84
俄罗斯	Russian Federation	RU	66.16	18.18	63.13	18.18	59.09	18.18

（1）若选择速卖通平台在线发货，则运费为

0.36×59.09＋18.18≈39.45（元）

解读：若选择线上发货，可享受平台提供的优惠价格及额外的附加服务（如敢用敢赔、规避客人物流投诉扣分等服务）。

（2）若选择线下发货，与货运代理合作，则运费为

0.36×59.09×0.92＋18.18≈37.75（元）

解读：燕文航空小包的起重为 1 克，2 千克内均可承运。如果选择与国际货运代理公司合作，能够享受一定的折扣（如 9.2 折），但国际货运代理会要求每天提供一定的订单量，发货的订单数决定了折扣的高低。一般挂号费不能打折。

【工作任务 3】　操作跨境专线物流快递妥投

当卖家将跨境商品送至物流运营商仓库或由收件员揽收货物后，跨境商品将被集中送到物流商仓库。在仓库中，仓库操作人员将完成货物的入库、复核称重、安检，并且将货物扫描入库，根据货物的目的地进行分拣、装箱、装车，最终将货物送至海关操作处进行报关申报。完成系统申报后，操作人员需要完成货物的配舱操作，在飞机起飞前货物将在海关监管下送上飞机，运往目的国（地区）。其流程如图 2-24 所示。

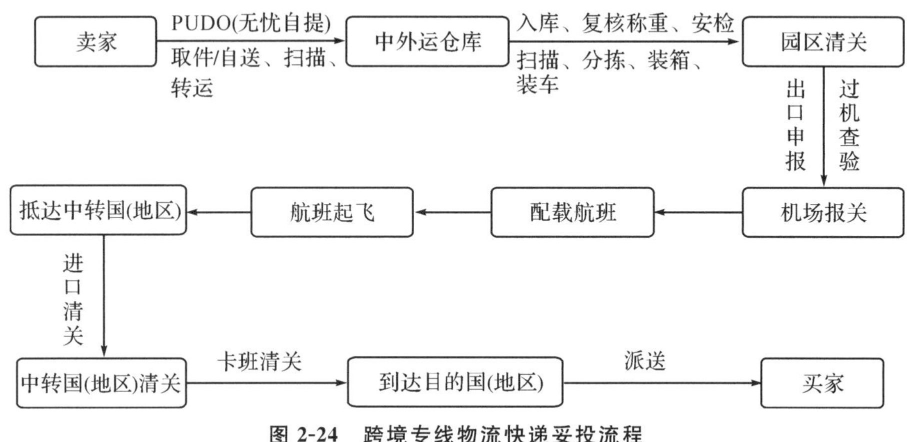

图 2-24 跨境专线物流快递妥投流程

解读：专线货物需要在物流运营商的仓库进行信息录入、分拣等工作，与此同时货物信息将通过"单一窗口"完成报检报关流程，随后送至机场进行运送。当货物到达目的国(地区)机场后，由当地的物流公司(如DHL、UPS等)完成货物派送。

第四节 海外仓

随着跨境电子商务的蓬勃发展，越来越多的企业采用直邮渠道将自己的产品销往全球各地。但是，"高成本、低效率"的物流快递劣势困扰着企业，加上物流方面频频传出爆仓、延误、禁运等消息，在这样的背景下，海外仓应运而生。不少电商平台和出口企业正通过建设"海外仓"布局境外物流体系。"海外仓"的建设可以让出口企业将货物批量发送至境外仓库，实现该国(地区)当地销售、当地配送。自诞生开始，"海外仓"就不单单是在海外建仓库，它更是一种对现有跨境物流运输方案的优化与整合。

跨境电商海外仓

一、海外仓概述

(一)海外仓概念

海外仓是指境内企业将商品通过大宗运输的形式运往目标市场国家(地区)，在当地建立仓库、储存商品，然后再根据当地的销售订单，第一时间做出响应，及时从当地仓库直接进行分拣、包装和配送的物流方式。简单地说，海外仓是指建立在海外的仓储设施，是跨境电商企业按照一般贸易方式，将货物批量出口到境外仓库，实现当地销售、当地配送的跨国物流形式。跨境电商企业按照一般贸易方式，将商品批量出口到境外仓库，电商平台完成销售后，再将商品送达境外消费者手中。

海外仓服务是指为卖家在销售目的地进行货物仓储、分拣、包装和派送的一站式控制与管理服务。海外仓直发服务包括头程运输、仓储管理和当地配送三个部分。头程运输是指中国商家通过海运、空运、陆运、铁运或者联运方式将商品运送至海外仓库的过程。仓储管理是指中国商家通过物流信息系统，远程操作海外仓储货物，实时进行库存管理的管理模式。当地配送是海外仓储中心根据订单信息，通过当地邮政或快递将商品配送给客户的过程。由于本地配送带来的良好买家体验，海外仓越来越受到跨境电商企业的青睐。

(二)海外仓的优点

1.提升了物流时效

海外仓直接本土发货，有效减少了订单响应时间，大大缩短了运输和报关清关所用时间，提升了物流配送时效，消费者可以更快地收到快递包裹。

2.提升了客户消费体验和满意度

本土发货消费者可全程查询物流配送信息；转运流程的减少使得快递破损丢包率大大下降；客户收到的产品如果出现货物破损、短装、发错货物等情况时，海外仓可以提供快速的退换货处理，增值服务既提升了客户满意度，也能为卖家节省运输成本，减少损失。

3.降低物流成本

海外仓的头程运输采用传统的外贸物流方式，批量将商品运至境外，有效降低了卖家的物流成本；按照正常清关流程进口，大大降低了清关障碍，同时也突破了邮政大小包和国际专线物流对运输物品的重量、体积、价值等的限制，扩大了运输品类，降低了物流费用。

4.增加曝光率

通过更改物品所在地，可轻松成为境外卖家，还能增加产品在销售地的曝光率，提升店铺的销量。

5.提升卖价

可根据当地价格水平提高销售物品的定价，实现有竞争力的本土销售。

6.有利于开拓市场

卖家通过海外仓运营和口碑营销更能得到境外买家的认可，便利卖家积累更多的当地资源去拓展产品销售领域与销售范围。

(三)海外仓的不足之处

(1)需要支付海外仓储成本费用，不同的国家(地区)费用也不同。卖家需要对比海外仓发货与其他发货方式所需的成本，两者对比进行选择。

(2)海外仓要求卖家有一定的库存量，一些买家的特别定制产品，就不适合选择海外仓销售。

(3)海外仓库存较大会难以处理，卖家的滞销库存怎样通过分类归纳、集中处理，再以合适的渠道销售是一个大难题。

(4)设立海外仓要面对重重本土化挑战。

(四)海外仓类型

跨境电商企业和海外仓企业合作方式有两种，即通过租用或者与其他企业合作建设的方式，实现企业海外仓仓库的建设与业务完善。租用方式会存在操作费用、物流费用、仓储费用，合作建设则只产生物流费用。

1. 海外仓的类型

从经营的主体划分，海外仓可分为卖家自建海外仓、第三方物流服务商经营的海外仓、电商平台运营商经营的海外仓三种模式，如图 2-25 所示。

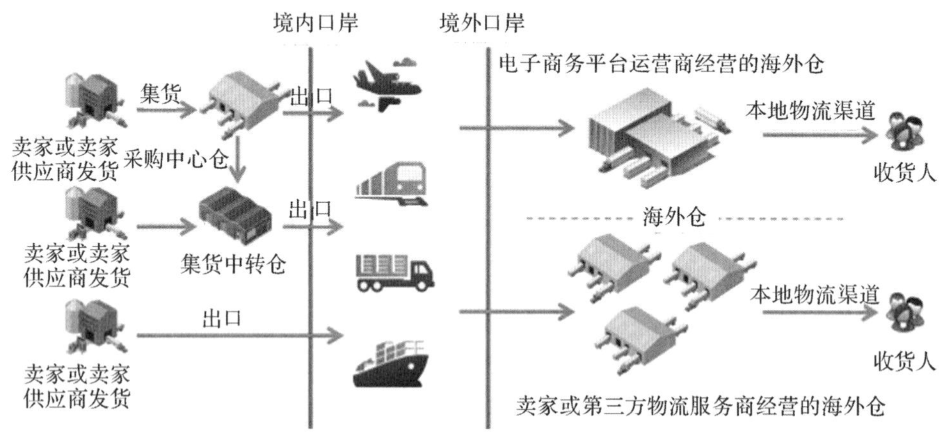

图 2-25 海外仓三种模式示意

(1)卖家自建海外仓模式

这是跨境商家企业自己建立并且运营的海外仓库，仅为本企业的产品提供仓储、配送等服务。整个跨境物流过程都是由跨境商家企业自身控制，换言之，管理权掌握在跨境电商企业自己手中。研究报告显示，个性化服务是大型电商选择自建海外仓的首要原因，此外，第三方服务质量不可靠、降低自身综合成本的需求及销售产品本身的特性也成为商家选择自建海外仓的原因。缺点是在自建海外仓模式中，跨境电商卖家需要面对当地的清关规则、税收制度、劳工政策等壁垒，需要自己解决仓储、报关、物流运输等问题，同时自建海外仓的建造成本、风险等也较大。如果日均订单和运送货量不大的话，在运输方面很难得到有优势的价格。自建海外仓无疑是风险与成本很高的选择。

(2)第三方物流服务商经营的海外仓模式

这是指由第三方企业(多数为物流服务商)建立并运营的海外仓，并且可以提供多家跨境电商企业的清关、入库质检、接受订单、商品分拣、配送等服务，有的第三方海外仓还可提供 FBA 退换货、转仓、重打或代贴标签、产品检测、代缴关税等服务。第三方海外仓管理权由海外仓建设企业掌握。换句话说，第三方海外仓模式就是指由第三方企业掌控整个跨境物流体系。第三方海外仓主要有租用和合作建设两种方式。租用方式费用较高，含租赁费用、物流费用、仓储费用等；合作建设方式仅产生物流费用。

(3)电商平台运营商经营的海外仓模式

FBA 仓是亚马逊平台运营的海外仓，提供包括仓储、拣货打包、派送、收款、客服与退货处理等一条龙式的物流服务。FBA 仓的物流水平是海外仓行业内的标杆，FBA 仓的日发货量、商品种类、消费者数量都远远超过第三方海外仓，FBA 面临巨大的管理难度，但是除了运费贵、退货麻烦外，FBA 物流几乎让卖家无可挑剔。

2.公共海外仓类型

此外，一些地方政府为推动外贸发展，支持企业申报公共海外仓，并给予一定的优惠扶持政策。公共海外仓注重公共性特点，除企业自用外，还为其他外贸经营主体提供通关、仓储、分销、展示等境外综合营销服务。公共海外仓按照政府支持对象，可分为以下三种类型。

(1)物流型公共海外仓

这是指依托固定航线(海运、铁路运输、空运)和固定时间的优势约价，根据客户的需求，为客户提供运输、货物代理、仓储、配送等多种物流服务的海外仓。定时定量集中处理国际发运、仓储、分拣、打包、配送和转运的供应链一体化服务。优势体现在其国际支线运输费用和目的国(地区)末端配送费用低于其他公共海外仓。

(2)贸易型公共海外仓

这是指在固有的贸易活动基础上，依托目的国(地区)本地细分销售渠道和网络关系，在原有的国际贸易背景下，搭建境内卖家的线下销货和线上展示平台，依靠本地海外仓的时效性，实现良好的B端采购体验。

(3)平台型公共海外仓

这是指通过第三方平台下单，物流发货到海外仓分解、再包装、再配送到客户端的海外仓。平台型公共海外仓专注于境内卖家，海外仓和境外买家处于同一系统平台，优势在于方便三方沟通，可统一管理，统一解决问题，专注于系统性开发和国际支付等问题，力求提供良好的C(customer，消费者)端用户体验。

二、海外仓备货BBC模式

(一)第三方海外仓

第三方海外仓企业以国际物流、货代企业为主，其具备强大而专业的国际物流服务能力，专注于经营跨境卖家的物流服务。境内较早涉足海外仓的专业公司有：万邑通、出口易、中邮、递四方、飞鸟国际等。从出口形势来看，海外仓的需求越来越明显，很多卖家呼吁提供更多如加工、金融、客服等海外仓增值服务。

1.第三方海外仓的优势

第三方海外仓的优势主要有以下几点。

(1)有助于提高单件商品利润率，eBay数据显示，存储在海外仓中的商品的平均售价比直邮的同类商品高30%。

(2)稳定的供应链有助于增加商品销量。可以提供包括物流配送、仓储管理和清关等环节在内的全产业链式服务，大大提高竞争力。在同类商品中，从海外仓发货的商品的销售量是从中国本土直接发货的商品销量的3.4倍。

(3)集中运输模式突破了商品重量、体积和价格的限制，有助于扩大销售品类；大幅降低了单件商品的平均运费，尤其在商品重量大于400克时，采用海外仓的价格优势更为明显，这就有效降低了电商的物流管理成本，从而提高单件商品的利润率。

(4)稳定的销量、更多更好的买家反馈将提升卖家的账号表现。eBay 数据显示,使用海外仓可以使卖家的物流好评率提升 30%。

(5)第三方海外仓可以规避法律法规、行业政策、税收及海外人员管理等不确定性环节所带来的风险。

2.第三方海外仓的弊端

第三方海外仓也存在弊端,如存货量预测不准可能会导致货物滞销;货物追踪如果存在差漏会导致物品丢失;海外仓服务商本身的本土化服务和团队管理不佳也会影响到客户的服务体验。

(二)平台海外仓

1.电商自发头程海外仓

头程备货送仓,卖家可以选择自主或备货送仓由海外仓全程负责,前提是海外仓运营商有足够的承运和清关能力,很多海外仓为了规避交叉风险或连带责任,多鼓励卖家委托代理自行送货。海运拼箱货整柜是主要的国际物流方式,空运头程更适合紧急补货。需注意的是,为了物流成本和库存最优,头程频率要科学安排。

如果自主备货送仓,卖家要在提交海外仓入库单时,明确货物明细及运输方式、承运商、运单号等信息,作为 ASN(advanced shipping note,预先发货清单)到货通知,便于仓库验货入库;卖家需要自行安排货物境外清关并支付税费,都要以税后交货 DDP(delivered duty paid)的贸易模式发货。空运、海运的清关文件和装箱单等随货文件,海外仓不能体现为进口商、付税人或货物所有人等角色,只能作为承运商的送货地址。

卖家自行包装时,单包超过 50 磅(约 22.68 千克)要堆码托盘、限重等,否则可能产生整柜散装卸货费。

入库单信息或预约不准确会导致卸货、入库及上架延迟、收货押车、押拒等额外费用。

在口岸拥有公共集货仓的情况下,有些海外仓提供"进出双清"及提货方面的服务,统一进行收货查验、打标、包装打托、产品拍照、复核称重等增值服务,负责进仓入站、订舱、境内港口报关及目的国(地区)清关、托运至目的地等环节的操作,实现一站式跨境运输,并提供含 FBA 在内的送仓服务。

货物上架后,卖家就有了库存,可以去线上销售了。

2.平台集货发海外仓

(1)B2B2C 模式

平台不提前备货,海外用户下单之后,由境内供应商在平台规定的时效内发货到平台在境内的集货仓,平台集货仓负责快递包裹签收、入库质检、上架、订单打印、拣货、扫描核验、包装、称重、集包、货物交接等,再由平台选择合适的跨境物流渠道,将商品运送至境外消费者手中。

(2)FBJ 模式(fulfillment by Jollychic)

FBJ 模式与亚马逊 FBA 模式一致,如图 2-26 所示。

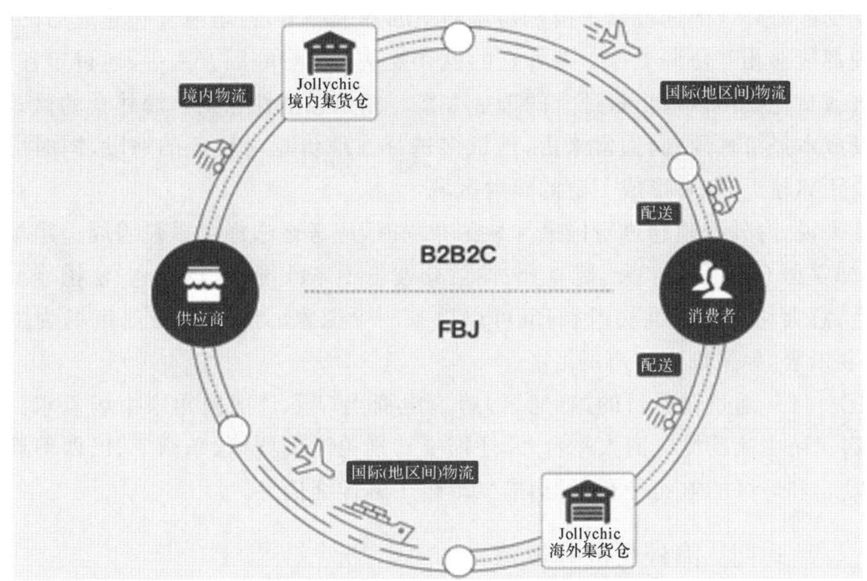

图 2-26　Jollychic 平台海外集货仓模式

三、海外仓选品

(一)海外仓选品定位

哪些产品适合海外仓呢？一般来说，可从跨境电商出口产品运输风险和利润两个维度来考虑。一是体积大/超重等大件产品适合海外仓。这些产品具有高风险、高利润的特点，而境内小包无法运送或运送费用太贵，如大型汽配、户外用品、家具等。二是日用快销品适合海外仓。这些非常符合本地需求、需要快速送达的产品，具有低风险、高利润的特点，如家居必需品、母婴产品、工具类产品等。三是境内小包、快递无法运送的产品适合海外仓。这些产品具有高风险、低利润的特点，如液体类产品、家用化学品等。这些产品通过海外仓储直接向买家发货，可减少压货，不但能加快收货速度，也能加快企业的资金回笼速度，从而进行资金周转。四是季节性产品或节日产品。如服装、鞋类等季节性强的消费品，如美国的感恩节所需要的产品等。卖家需要把握销售周期，做好海外仓库存和配送服务。

低风险、低利润的产品，或 SKU 种类比较多、销售效果未知的产品等，并不适合海外仓。

(二)海外仓选品原则

海外仓选址应遵循原则。一是系统性原则。海外仓的选址要具备长远战略发展的眼光，最大限度地将当下与未来发展需求统筹兼顾，能整合当地物流运输、仓储和系统化物流网络资源，使配送区域基础设施能够为跨境电商企业的发展服务。二是适应性原则。海外仓的选址应该充分调研目的国(地区)和当地的政治、政府政策、法律因素、区域经济、人文因素等，尤其要掌握当地消费人群的特征及市场动态与潜力，结合该地区的物流资源，确保海外配送中心具有极强的适应性，使双方都能够通过海外仓实现最佳受益。三是协调性原则。海外仓的选址要平衡好物流网络的各个环节，力争海外仓建成后的生产、运营和管理都能够相互协调支撑。海外仓的设计要从不同影响因素入手，通过定性、定量的分析方法或量化模型以选出最适宜的选址方案。四是经济性原则。海外仓的微观选址要遵循建设成本经济性原则，通常来讲，地址多选择在地价相对较低的地段，同时应与客户或供应商距离较近，能够形成一定的辐射区域。

具体来说，海外仓建仓进行国家和地区布局时，应考虑选择可以覆盖周边市场的国家（地区），如美国仓覆盖加拿大，捷克仓、波兰仓覆盖中东欧国家，英国仓、法国仓、德国仓、西班牙仓、意大利仓覆盖西欧国家；也可以以某一个国家（地区）的专业市场为主进行布局，如俄罗斯服装/服饰配件市场。

跨境电商出口新平台简介

通过调研目的国（地区）跨境电商出口平台把握卖家市场需求。除了调研主流跨境电商大平台外，还需要特别关注俄罗斯、东南亚、巴西等新兴国家和地区的电商平台，可扫描二维码了解详细信息。

四、海外仓服务规范

不同的平台对于货物的包装运送均有一些不同的要求。若卖家使用的是自建海外仓或第三方公共海外仓，则海外仓货物的包装主要原则就是保持货物安全、有效控制成本。当卖家使用的是平台建设的海外仓，则产品的运输包装需要完全符合平台物流运营的要求。

以速卖通平台的菜鸟海外仓为例，平台要求备货到海外仓的卖家需要事先为每件货物自备物流包装；禁止透明包装、有颜色图片包装或无包装的产品（见图 2-27）；货物的包装需要封口，根据货物的类型做好包装内的货物保护，易碎品，如灯具、玻璃制品、电子屏幕等，需要有适当的填充材料保护。

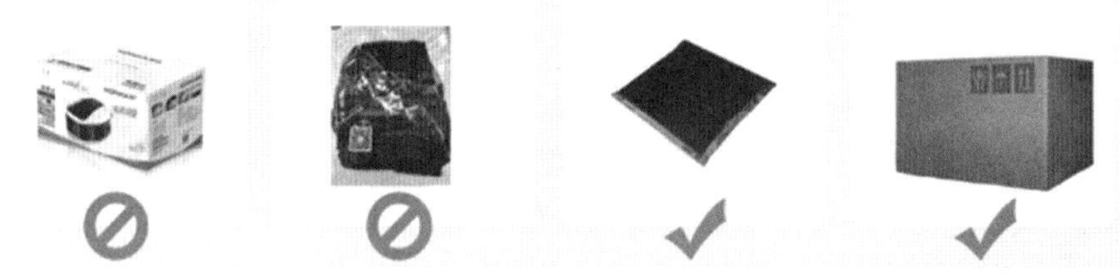

图 2-27　货物包装规范示例

粘贴货品标签时需要检查信息的完整性和清晰度，并且将标签尽量贴在最小面的左上角。货品的装箱尽量保证一箱一个 SKU，原则上只允许混箱混装 SKU，一箱最多允许装 5 个 SKU。每个箱子重量不超过 30 千克。粘贴箱唛标签时选用 A4 纸，需贴警示标示（如易碎标示），箱唛最好贴在箱子的侧面左上角，封箱时不得用胶带遮盖箱唛信息。

对于产品的退货，菜鸟海外仓也有自己的规范。针对无法投递的货物，菜鸟的当地配送商将免费退回仓库，物流商完成线下登记后将由卖家决定该商品的销毁或重新上架，如超过 3 个工作日没有回复，则自动默认上架。针对买家退件的货物，需要卖家在速卖通平台海外退货仓服务模板中设置为自由海外仓，退货地址通过卖家告知买家，收货人填写特定的收货人代码，以便海外仓通过收件人辨别处理收到的不同类型的退件。在买家发起

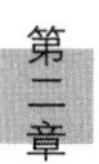

退货后，卖家需要将退货信息告知仓库，包括但不限于：海外仓发货时的出库单号、买家寄出的快递单号、货品信息、处理意见。买家退件包裹到达海外仓后，物流商将进行线下登记，根据商家提供的买家寄回单号、海外仓出库单号定位到相应的包裹后，与卖家协商后续的操作（丢弃或上架二次销售），如果卖家无法提供或提供了错误的买家寄回快递单号，且买家寄回的包裹上没有原始的出库面单，将会导致海外仓无法定位包裹，造成无主件。

另外，海外仓一般是以大货的形式通过海运或者空运的方式将商品发到海外仓，如果这个时候选择的物流服务商不专业，或者涉及一些违禁品导致货物被扣关，这个问题就比较严重了。因此跨境卖家需要选择一个业务能力强的物流服务商为产品做运输服务。

五、海外仓费用核算

(一)头程费用核算

1.空运费用

空运的运费包含空运头程运费、清关费、报关费、其他费（拖车费、文档费等）。其中运费按照重量计算，具有最低起运量限制（通常为 5 千克）。清关费则根据件数来计算。如 4PX 承运的英国空运业务，代理清关费为 300 元/票，提货费为 2 元/千克，若卖家自行进行 VAT（增值税）清关则清关费为 1200 元/票。

空运费用计算公式为

空运费用＝运费＋清关费＋其他费用

海外仓空运运费的计算与头程物流空派运输的计算方式一致。

2.海运费用

海运可分为集装箱拼箱和集装箱整箱业务。

集装箱拼箱业务主要针对小件货物。通常会将多个卖家的货物放置于一个集装箱内，以实际体积计算运费，体积会分层计算，1 立方米起运。

集装箱整箱业务是以集装箱数量作为运费计算依据的。

海外仓海运运费的计算与头程物流海派运输的计算方式一致。

(二)海外仓税金核算

1.海外仓税金

海外仓税金主要是指货物出口到目的国（地区），需按照该国（地区）政府相关进口货物政策而缴纳的一系列费用。关税主要是指进口关税。一些国家（地区）还会收取一些特定的费用，如增值税、消费与服务税等。

进口关税（import duty）是一个国家海关对进口货物所征收的关税。可以说进口关税是进口产品无法逃避的一种税种，它会增加进口产品的成本，提高产品在目的国（地区）市场的售价。

欧洲主要国家远程销售阀值表

增值税（value added tax，VAT）是指在进口国（地区）销售货物或提供服务，或将货物从境外进口到境内，进口商代国家税务局向消费者收取的分税金。是否缴纳增值税需要根据公司注册地、欧洲各国的增值税起征点、是否在当地有库存等条件而定。大多数欧洲国家(地区)允许卖家在当地的税务机构网站上在线注册增值税。这部分的费用将会最终加到售价中。在合法的情况下,任何产品要流入市场,都免不了缴纳增值税。欧盟内部成员之间增值税的情况相对复杂一些,但是依旧可以理解为“不重复征收”。如果卖家将商品储存在任何欧洲国家(地区),或卖家在欧洲国家(地区)的销售超过了当地远程销售阈值,则可能将需要在这一国家(地区)注册增值税。所谓远程销售阈值,是指每个欧洲国家(地区)都为从其他欧洲国家(地区)跨境将商品销售给本国(地区)消费者的公司设置了增值税税号注册远程销售阈值,如果该公司在同一日历年的销售超过了该阈值,则该公司可能需要在销售地当地注册增值税税号。

VAT风险与防范

2. VAT申报

根据欧盟相关法律规定,凡是货物已经在欧盟当地销售,即使是使用第三方物流仓储服务的商家,都需要依法缴纳VAT。不同的国家(地区)的VAT申报需要的资料会有所区别,以下对欧洲几个主要国家(地区)的VAT申报做介绍。

(1)英国VAT申报

①英国VAT概述

根据英国当地最新的增值税法案,如果卖家是非英国企业并且在英国存储商品,那么就必须在英国注册增值税号,否则将被禁止在任何线上商城从事销售活动。

英国主要的优势是低税率。英国税务局要求卖家合规申报,按时缴纳税金。英国低税率是不能够再享受进口VAT的抵扣的,但针对一些按正常税率申报的大卖家来说,卖家如果同时保留C88文件(欧盟统一报关单)和当月海关下发的C79文件(进口增值税明细表),是可以享受进口VAT的抵扣的。很多卖家在拥有了英国VAT税号后,误以为若没有销售产品的情况,则不申报VAT也不会有太大影响。但实际上,在英国无论有没有销售产品,只要没有注销税号就需要申报VAT。如果卖家不及时申报VAT,英国税局是可以通过平台后端提供的数据,直接计算税金的。

②需要在英国申请VAT的情况

第一,公司成立于英国境内,在英国有库存,并且在英国境内销售额超过VAT阈值85000英镑;第二,若公司成立于其他欧盟国家(地区),在英国有库存,或在英国的销售额超出英国的远距离销售阈值70000英镑;第三,若公司成立于欧盟之外的国家(地区),如中国,在英国有库存,或在英国无库存,从其他欧盟国家(地区)远距离销售到英国的产品一年的销售额超出该国远距离销售阈值。

③申请需提交的材料

包括营业执照、法人身份证或法人身份证明(推荐护照)及税务局648文件。

④申报VAT时需提交的资料

包括进口缴纳VAT时获取的C79文件、企业在英国有销售行为时的销售账单及销售收入汇总表。

(2)德国 VAT 申报

①德国 VAT 概述

新的德国增值税法规要求所有销往德国或从德国销售货物的卖家提供税务证书。因此,仅上传德国增值税号码将无法满足德国增值税法规的要求。针对位于欧盟境外卖家的法案于 2019 年 3 月 1 日开始生效。在上传税务副本证书之前,卖家向德国客户销售或从德国销售的权限将受到限制。

德国的 VAT 是正常税率,不存在低税率,德国的税务局在监管方面是很严格的,对进口税金的抵扣方面要求也比较高。德国海关对离岸公司在德国的清关,需要欧盟公司作为担保方的执行力度比较强。只要给离岸公司提供申报都需要承担连带责任并且追诉期为 6 年。按常理而言,德国的清关系统应该能够很好地区分实际进口商跟担保人的关系,但目前现有的德国海关系统及清关公司用的清关软件没有很好地升级,导致实际进口商跟担保方没有被很好地区别开。

②需要在德国申请 VAT 的情况

第一,企业在德国依法设立;第二,在德国有库存并从德国配送商品;第三,从存储库存的其他欧盟国家(地区)向德国客户配送货物,并且从所有销售渠道向德国客户销售商品的销售额超过了 10 万欧元/年;第四,从非欧盟国家发货给德国客户,同时卖家(或代表卖家的承运人)是登记进口商。

③申请需提交的材料

包括营业执照原件、翻译件;法人身份证原件、翻译件;非独资公司,需公司章程翻译件;亚马逊注册时间;亚马逊店铺名称;仓储地址;委托授权书;签订的税务代理协议。

④申报 VAT 时需提交的资料

包括销售报表、清关票据等。若是零申报,则需零申报函。

(3)法国 VAT 申报

①法国 VAT 概述

法国反欺诈法案已经实行,法国税务局在监管方面和德国税务局一样严格。法国的 VAT 是正常税率,不存在低税率。

②需要在法国申请 VAT 的情况

第一,若公司成立于法国境内,在法国有库存,并且在法国境内的销售额超过 VAT 阈值 82200 欧元;第二,若公司成立于其他欧盟国家(地区),在法国有库存或在法国的销售额超出法国的远距离销售阈值 35000 欧元;第三,若公司成立于欧盟之外的国家(地区),如中国,在法国有库存,或在法国无库存,从其他欧盟国家(地区)远距离销售到法国的一年销售额超出该国(地区)远距离销售阈值。

③申请需提交的材料

企业营业执照;股东、法人及董事护照、身份证需翻译;企业最新法人、董事证明(中国内地公司)或者是企业的存续证明书、信誉良好证明书(商事团体登记截图,主要涉及中国香港及欧盟本地公司);欧洲银行账号;法人的住址证明,如水电煤电气单、房产证、结婚证、离婚证、出生证明、房屋按揭单据等,至少提供两种。除了基本的资料以外,卖家还需要提供电商交易平台截图、平台账号,在平台交易所显示的公司名和注册地址。

④申报 VAT 时需提交的资料

包括销售报表、清关票据等。若是零申报,则需零申报函。

(4)意大利 VAT 申报

①意大利 VAT 概述

意大利不存在低税率,意大利税务局针对意大利本土企业有专门的开票系统,开票系统的数据和税务局数据后端是相连接的。虽然欧盟企业 B2B 之间的交易增值税率为 0,但企业需要对 B2B 交易的发票进行收集申报,以便税务局能够对发票进行管辖和比对。

②需要在意大利申请 VAT 的情况

第一,公司成立于意大利境内,在意大利有库存并且在意大利境内销售;第二,若公司成立于其他欧盟国家(地区),在意大利有库存或在意大利的销售额超出意大利的远距离销售阈值 35000 欧元;第三,若公司成立于欧盟之外的国家(地区),如中国,在意大利有库存,或在意大利无库存,从其他欧盟国家(地区)远距离销售到意大利的一年销售额超出该国远距离销售阈值。

③申请需提交的材料

需提交营业执照、法人身份证或法人身份证明(护照)、委托授权书,并签订税务代理协议。

④申报 VAT 时需提交的资料

包括销售报表、清关票据等。若是零申报,则需零申报函。

(5)西班牙 VAT 申报

①西班牙 VAT 概述

西班牙的 VAT 税率由西班牙政府设定,目前为 21%,在医疗、药品、旅客运输、文娱体育活动收费上降低至 10%,食品和报刊则为 4%。

②需要在西班牙申请 VAT 的情况

第一,公司成立于西班牙境内,在西班牙有库存并且在西班牙境内销售;第二,若公司成立于其他欧盟国家,在西班牙有库存或在西班牙的销售额超出西班牙的远距离销售阈值 35000 欧元;第三,若公司成立于欧盟之外的国家(地区),如中国,在西班牙有库存,或在西班牙无库存,从其他欧盟国家(地区)远距离销售到西班牙的一年的销售额超出该国远距离销售阈值。

欧盟要求德国撤销针对跨境电商出台的增值税法案

③申请需提交的材料

需提交营业执照及公司章程(需双认证)、法人身份证或法人身份证明(护照)、电子商务税号、临时绿卡号、委托授权书(需双认证),并签订税务代理协议。

④申报 VAT 时需提交的资料

包括销售报表、清关票据等。若是零申报,则需零申报函。

(6)VAT 核算

增值税是欧盟国家普遍使用的售后增值税,也是指货物售价的利润税。按照欧盟法令,当货物进入欧盟,货物就需要缴纳进口税;当货物完成销售后,商家可以退回进口增值税(import VAT),再按销售额缴纳及其他抵扣项计算出的相应销售税(sales VAT)。因此,进口税包含两部分内容:进口关税和进口增值税。进口增值税可以抵扣,但是进口关税是不可抵扣的。销售税是销售增值税(output VAT),欧洲各国(地区)VAT 申报的时间因国(地区)而异。进口关税、进口增值税、销售增值税的计算公式为

进口关税＝申报货值×关税税率

进口增值税＝(货物货值＋头程运费＋进口关税)×VAT 税率

销售增值税＝市场销售价格/6

当销售增值税＞进口增值税时,卖家需补缴无法抵扣的销售税;当销售增值税＜进口增值税时,卖家将获得退税。即

退税金额＝进口增值税－销售增值税

【例 2-1】 某款鞋子发到法国,数量为 200 双,申报价值为 20 欧元/双,销售价格为 100 欧元/双,已知法国的 VAT 税率为 20%,假设关税税率为 10%,头程运费为 250 欧元。则

进口关税＝20×200×10%＝400(欧元)

进口增值税＝(20×200＋250＋400)×20%＝930(欧元)

申报 VAT 时,已缴纳的关税 400 欧元不可退回或抵扣;进口增值税 930 欧元在季度申报时退回,或者用于抵扣销售增值税。

当鞋子销售数量为 0,即销售额为 0,销售增值税为 0,卖家当期可获得退税(进口增值税)930 欧元。

当鞋子 200 双全部售出。即销售额为 20000 欧元,销售增值税为 20000/6≈3333.3(欧元),当期应缴的 VAT 为 3333.3－930＝2403.3(欧元)。

当鞋子只售出了一部分,比如 100 双,那么销售额为 10000 欧元,销售增值税为 10000/6≈1666.7(欧元),应缴 VAT 为 1666.7－930＝736.7(欧元)。

当鞋子售出 50 双,此时的销售增值税为 50×100/6＝833.3(欧元),此时,销售增值税低于进口增值税 930 欧元,当期应缴 VAT 为 833.3－930＝－96.7(欧元)。此时,抵扣 VAT 后,卖家的增值税账户会有 96.7 欧元的余额。

欧洲主要国家 VAT 税率如表 2-18 所示。

表 2-18 欧洲主要国家 VAT 税率[①]

国家	税率
德国	19%
奥地利	20%
丹麦	25%
法国	20%
爱尔兰	22%
意大利	22%
波兰	23%
瑞士	25%
比利时	21%

续 表

国家	税率
英国	20%
西班牙	21%

(7)VAT 缴纳

通常情况下,卖家除了 VAT 申请之外,VAT 税费还需到相关国家的税务机关官网进行缴纳,十分不便。绝大部分缺乏 VAT 专业指导的卖家往往在申报和缴费流程中耗时、费事,不仅要支付高额电汇手续费,如果不能及时缴纳还会带来连带后果。

VAT 缴纳有两种方式:一种是找指定正规会计师或机构代缴;另一种是使用税务部门的官方在线操作系统自行申报。代缴服务费较高,且卖家通常不愿意透露完整的账户信息给代理机构用于报税。因此,很多卖家会选择自行缴税的方式。以下介绍 Payoneer(派安盈)提供的 VAT 缴费方案,如图 2-28 所示。

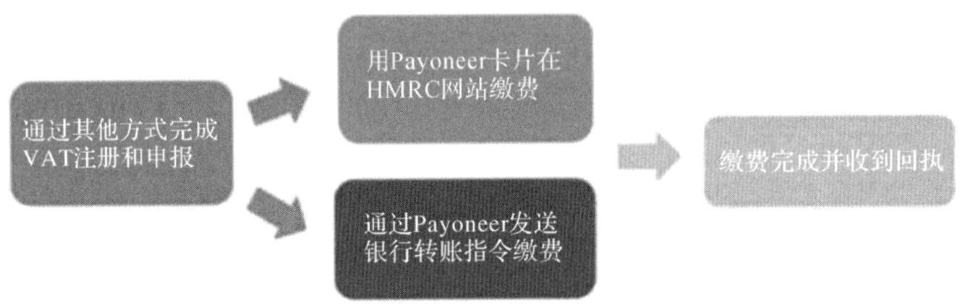

图 2-28　Payoneer 缴纳 VAT 方式

Payoneer 两种快速缴税方案分别是 Payoneer MasterCard 卡片自行缴费和 Payoneer 银行转账代为缴费。两种缴税方案对比如表 2-19 所示。

表 2-19　Payoneer 两种缴纳 VAT 方案对比

对比项目	Payoneer MasterCard	Payoneer 银行转账
详情	5000 英镑以下的小额缴费建议使用银行卡缴费,免费且快速	较大额度且无须当天到账的缴费建议通过银行柜台转账
方法	登录 HMRC(英国海关)页面缴费	将缴费详情发 VAT@Payoneer.com,Payoneer 代为电汇缴费
费用	使用同种币种(如英镑卡支付英国 VAT)免费	免费
时效	4~7 个工作日	3~5 个工作日
缴费查询	登录 Payoneer 账户及 HMRC 账户可查询缴费记录	Payoneer 通过邮件发送缴费回执,可以通过登录 HMRC 账户查询缴费记录

(三)海外仓仓储管理服务费核算

不同的国际物流企业提供的海外仓仓储管理服务费是不同的,但基本都包含客户存储在海外仓库、处理分担和当地配送时产生的入库费用、仓储费用、出库费用、订单处理费用。下面主要介绍仓储费用和订单处理费用。

1. 仓储费用

仓储费用是指货物发至海外仓后，储存商品在仓库产生的费用。一般来说，为了保证产品的动销率，会按照一定实践范围收取相应费用。如亚马逊平台，仓储费包括月度仓储费和长期仓库仓储费。

亚马逊月度仓储费会在开通FBA第二个月的7～15日进行收取，费用按照货物的体积进行收取。1～9月，标准尺寸货物按0.64美元/每立方英尺、超大尺寸货物按0.43美元/每立方英尺收取。10～12月，标准尺寸货物按2.35美元/每立方英尺，超大尺寸货物按1.15美元/每立方英尺收取。月度仓储费的计算公式为

月度仓储费＝应收取6个月长期仓储费的商品数量×单位商品体积×对应月份每立方单位仓储费

在10～12月旺季期间，仓储费是平时的3～4倍。

长期仓储费是当货物存放在亚马逊FBA仓库中超过365天才收取的费用。按每立方英尺及最低长期仓储费(按件)进行计算，以两者中较高的那个费用进行收取，每件最低收取0.15美元。长期仓储的计算公式为

长期仓储费＝应收取时间段长期仓储费的商品数量×单位商品体积×对应时间段每立方单位仓储费

2. 订单处理费用

海外仓的订单处理费用是指买家在平台上对卖家的产品下单后，由第三方人员对其订单拣货打包产生的费用。通常情况下，订单处理费是按件收取的。如FBA的订单处理费(标准件物品)为美国站1.00美元/件，英国站0.82英镑/件，德国、法国、意大利、西班牙四国1.38欧元/件。

六、仓储管理

(一)概述

仓库管理也叫仓储管理，英文为warehouse management，简称WM，指的是对仓储货物的收发、结存等活动的有效控制，其目的是为企业保证仓储货物的完好无损，确保生产经营活动的正常进行，并在此基础上对各类货物的活动状况进行分类记录，以明确的图表方式表达仓储货物在数量、品质方面的状况，及其所在的地理位置、部门、订单归属和仓储分散程度等情况。

仓储管理可以用三个字来概括：收、管、发。仓储管理看似简单，其实有大学问，其复杂程度决定管理方法。仓储管理包括场地及人、财、物的多维度管理，并以货物这一流动资产为管理中心，其涉及“效率、质量、成本”三个目标，追求三者的平衡和效益最大化。

(二)仓储管理作业流程

仓储管理作业流程主要分为如下几个环节。

(1)验收:根据 ASN(advanced shipping note,预先发货清单)检查收货商品数量及质量。

(2)上架:将验收的商品货架储位。

(3)拣货:根据订单需求取下商品。

(4)复核:核对订单、商品、种类等信息。

(5)包装:将商品打包或装箱打托。

(6)发运:按路向或承运商等规则分堆交运。

(7)盘点:核对库房内商品数量。

(8)移库:商品在不同货架间移动整理或补货。

(9)转仓:将商品在不同仓库间调拨。

(三)仓储管理目标

仓储管理目标一般可以概括为"多、快、好、省"。

(1)多

这是指仓储的规模方面,主要指仓库吞吐量大,收入规模大;货品多,存量多,单位面积利用率高或容积利用率高。

(2)快

这是指仓储管理的效率方面,主要指物货的交期短,库存周转快,收货/拣货/包装及发货环节时效快,人均劳动生产率高。

(3)好

这是指仓储管理的质量方面,主要指收货质量、存储质量完好,作业准确,库存无误差。

(4)省

这是指仓储管理的成本方面,主要指货物库存的资金占用成本、仓储成本、呆滞成本、脱销成本低,配送成功率高等。

仓储管理的目标即复杂的事情简单化、简单的事情标准化、标准的事情流程化、流程的事情自动化。

七、当地配送

海外仓最大的优势之一就是可以当地发货,小到贴纸、手机壳,大到钢琴、家具都可以以不同的当地派送方式发货。当地配送的优势是能够快速送货和退货,良好的客户体验会使销量迅速增加。从很多卖家的反馈来看,欧洲人非常注重递送时效,大部分人希望 1~2 天到货,超过 3 天就会考虑其他的替代商品。所以当地派送所带来的销量增长是十分明显的。

目前美国及欧洲国家的派送方式主要有以下几种。

(一)邮政方式

各国(地区)邮政系统是海外仓当地配送的物流方式之一,主要有信件和包裹两类。可以使用签收也可以不使用签收。对于货值很低的商品使用非签收会大大降低成本。货物一般不超过 2 千克。

(二)快递公司

当地有很多专业的快递公司,如 UPS,FedEx,TNT,DHL 等。货物一般不超过 30 千克,可实现次日达。

(三)卡车公司(托盘配送)

大型的家具和商品是电商卖家新的销售增长点,由于体积和重量大,无法使用小包发货,只能使用海外仓。对超过 30 千克的货物,可以通过托盘配送。目前英国及其他欧洲国家(地区)的托盘运输很普及,一般 1～2 天可送达。

八、退换货、退货贴标、坏货及滞销商品处理

跨境电商卖家一般都可能会遇到本来 2～4 天可妥投却因各种原因而导致的账号被关、产品无法上架、客户退货等问题,使货物积压在海外仓库不能销售。在跨境电商业务中,会存在大量的退换货需求,直邮条件下基本只能重发,但使用海外仓就方便多了,它可以帮助卖家处理很多售后问题,每个环节都可以提供很多增值服务。

造成产品不能销售的主要原因有:运输过程中商品包装损坏,不能作为新品登记入仓;listing(商品详情页)审核不合格或无效;商品被告侵权、账号被封等。而这些积压滞销的商品,95%都是可以经过处理重新销售的,例如,包装损坏的商品,其实物品本身并没有损坏,买家可能只是因为个人对外包装的喜好退货,可以重新包装后再次销售;listing 审核不合格或无效,可以通过创建新的 listing,或者跟卖同样的产品来解决;一个账号被关了,商品还在,可以换个账号,还可以发到另外的账号销售。但是,由于多数卖家在境内,没办法处理这些物品,因此,随着时间的推移,海外仓积压的滞销商品越来越多,平台会对此类滞销商品加收仓储费和销毁费,卖家还要承担货款积压、滞留在海外仓的贴标费、头程运费、关税、平台海外仓储费及商品预期收益等损失。处理积压货品成了中国卖家的痛点。因此,海外仓能否提供重新包装、换标、转运及二次销售等服务,让产品重新获得价值、避免货物损失,成为海外仓增值服务的重要内容。

(一)退换货

退换货需要逐件验收,比较耗费人力。退回的商品需要重新整理、清洁、包装、贴标、检测维修,有的组装和识别难度较大,会降低处理效率;当吊牌或标识丢失,还要从 SKU 图库中查找或等待境外卖家反馈;如果被退回的货物已经残次,无法二次销售则只能放到坏货区待销毁;若还可以进行二次销售,则进行二次上架,并优先匹配销售订单发货。退货的隐性成本太高,要尽可能降低退货率,当遇到顾客反馈产品问题时,客服应首先使用优惠券等方式安抚消费者。

(二)退货换标

协助客户退货并根据指令在对货物进行重新包装的同时,按照相关条码标准打印相应产品标签,按照平台入仓要求,将标签粘贴于标准区域,再发货到 FBA 仓或指定地址。

退货换标一般要经过 13 个工序，如图 2-29 所示。

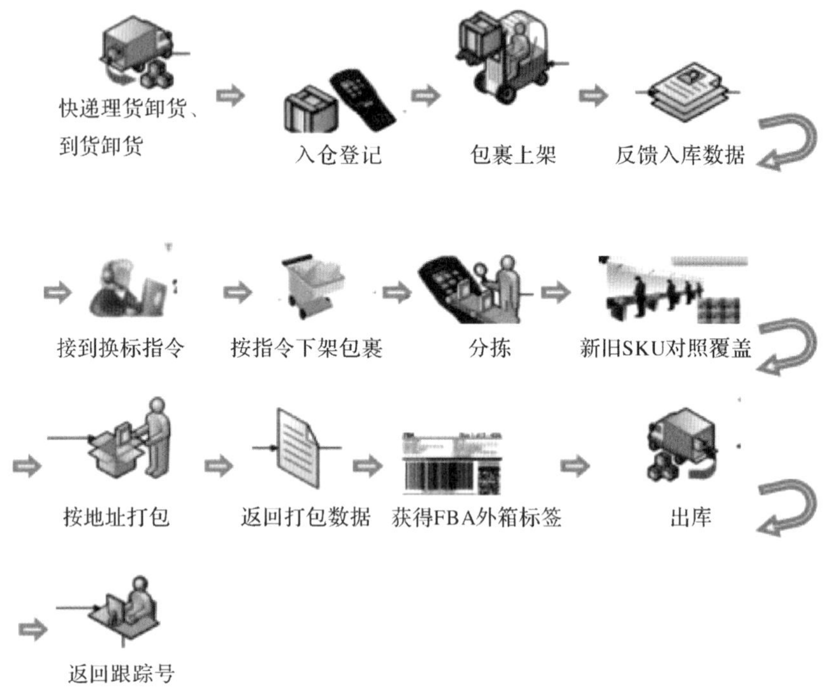

图 2-29　退货换标工序示意

(三)坏货及滞销品

运费高、手续烦，坏货及滞销品基本没必要运回境内。若滞销的货物还能清仓处理，则要及时“割肉止损”；过季、过质保货物，残值不抵仓租时，可能成为废品，只能予以销毁；在 FBA 中，有瑕疵的退货都会被归类到 unfulfillable(无法履行)库存中，无法再以 FBA 的方式销售。欧美有比较严格的治污法律，手机、3C 电子类产品的回收处理、销毁也要付一笔环境保护费。针对这种情况，境外市场上还衍生了专门处理卖家“存货报废”及滞销品“死货”的服务商。因此，使用海外仓，商家要注意集中销售资源，促成产品热卖，及时销售，加快流转，现金流比利润更重要。如今 FBA 对在库久的商品都要加收超期仓租。

九、海外仓库存

库存是零售业及电商的利润黑洞，甚至成为压死企业的大山。库存如同进餐，多了少了都无益。海外仓备货考验的是企业自身对于市场的判断力和销售经验，库存量往往很难把控，无论是直销还是脱销对于卖家来说都很不利。很多跨境电商之前都是采取现买现卖的模式，库存很少，也就形成了忽略库存管理的习惯。但是，当企业使用海外仓，或销售规模大起来时，会发现退货、备货库存不准，库存超龄等问题，造成了大量的资金占用。库存周转、销售、毛利、资金链本质上是相关的，高效的库存周转能带来更好的资金利用率。

海外仓库存管理，包括盘点、对账、批次跟踪、库存调拨、补货、下架等功能。对于卖家而言，应重点关注库存的准确性、滞销及缺货等情况。如发现库位不足或达临界值，海外

仓可从存储区自动补货；但如果库存短缺，则要从境内备货补发。

财务报表上的存货金额，通常会计只考虑库存价值对应的资金占用，没有考虑资金的利息支付，由于资金周转的收益＝库存额×毛利率，可见隐形成本之大。

库存数据具有实时性，分为采购在途、发货在途、在库库存、冻结等类型，要分类合计，尤其要注意“可销售库存的监控”。库存周期是衡量产品销售是否健康的一项重要指标，即单位库存售出所需时间，要了解行业相关基准指标，定时盘点统计滞销率。盘点及盘库通过清点、过称、对账等环节，检查仓库实际存货的数量和质量，可以查明存货盈亏的原因，发现超期或损毁的存货。库存差异，多由错漏的“收、放、发”引起，海外仓要及时查账调平，避免超期商品形成坏账，引起双方赔付争议。

SKU 越多，库存管理挑战越大，可以借助 ABC 分类控制法来协助管理。通过分析，将关键的少数品种找出来，并确定与之适应的管理方法，抓重点，事半功倍。通常，A 类库存货值高，占库存空间及 SKU 不多；C 类库存相对货值占比小但数量不小，可压缩总库存量，释放被占压的资金，使库存结构合理化，避免好货没库存，差货库存多的情况。库内拣货也适用 ABC 分类控制法，畅销但品种不多的商品应被上架在离包装台较近的区域，尽量减少拣货的步行距离。

要保持销售连续性。健康库存需要及时补货，但盲目补货也是库存积压的一个原因，畅销周期是短暂的，需要有两种补货模型：一是经济货量，根据单位产品支付费用最小原则确定订货；二是再订货点，由于需求货量小，周期不确定，可使用合适的“安全库存”来缓冲或补偿不确定因素。安全库存也只是参考，不要成为实际运作的教条限制，线上销售的波动性大，可预见性差，市场判断的偏差要及时调整，绝不能拘泥于某种优化模型，模型都是建立在较为成熟的市场模式和假设条件下的。理想库存基于对需求的预测，通过模拟产品未来的一个时间点，做出提早备货、降价、退货等预判。但这也是最难的，再多的销售数据也只能呈现事实和趋势，在月均价格、市场需求回归等模型的干扰下，决策并不易。

总之，库存管理是供应链里的顶级技能。跨境电商企业要做到两个基本点：一是爆款销量大，就不能断货，必须设一个库存预警值；二是动态补货，基于销售情况做库存分析及补货周期分析，保证库存处于合理的值，要谨记没有永远的热销品，要及时调整、控制库存。

十、海外仓技术

要做好海外仓业务，必须要有一套好的海外仓信息技术系统，提高海外仓服务智能化水平，提升效率。境内京东、菜鸟、苏宁物流等都在研发与建立仓储自动化、智能化技术系统，亚马逊早已布局了完整而强大的仓储物流体系。大卖家 FBA 占比很高，自建仓的发货占比不断降低，物流和人工成本也急剧增高，从物流角度看，不少卖家自营仓库是亏损的；而开放服务型的第三方海外仓，必须面临不断拓展市场、扩大业务范围，争取解决更多客户的难题。在跨境电商整个业务链条中，承接的服务越多，对系统能力的要求就越高。本地化诉求所需要的服务，必须以降低海外仓成本为前提，这必须依赖于技术。自动化立体仓库，投入资金成本相对较大，长远看仍有必要。现代仓储技术包括装卸、搬运、计量、输送、单元容器等设备技术，条码、传感、射频识别等数据采集与识别技术，软件系统、电子数据交换、优化模拟等信息与仿真技术，自动分拣、辅助搬运、存储等自动化技术，以及更为宽泛的物联网技术。

海外仓仓配物流管理系统解决方案专门为海外仓的仓储与配送物流运营管理提供的全面信息化解决方案，可以帮助各种业务模式的海外仓经营者实现高效而精细化的物流运营管理，并实现电子商务平台与海外当地物流服务渠道之间信息的互联互通。

(一)海外仓系统

掌握海外仓业务最好的方式就是学习海外仓的系统。物流偏重流程执行的过程管理，"无系统不流程"，系统是物流业的中枢，与信息流不同步的物流是失控的物流。云仓储的概念源自云计算，通过集约化计算能力提高仓储管理效率。云仓储是以多仓为据点的、通过信息和运输贯通的物流网络，同时建构网络内的库存分布逻辑。在这一模式下，多分仓或平行仓，可充分运用全社会的资源，提供迅速快捷经济的仓储配送服务。智能分仓和智能调拨以需求分布特征进行合理的库存决策。如果在欧美，不同地区设有多个分仓，那么在备货策略上就不得不考虑订单分布与物流时效等因素，而不同仓的相同备货，也必须靠系统来计算最优成本与时效，决策订单履行方。亚马逊全球云仓平台，在精准的供应链计划的驱动下，多库联动，管理就近备货和预测式调拨。在供应链领域，软件主要分计划、执行和管理几类，仓储管理系统(warehouse management system，WMS)是典型的 SCE(supply chain execution)供应链执行系统。市面上的 WMS 软件虽然价格不同，但很多功能看起来差别不大，其实系统的价值不是由其价格决定的，而是由该软件与流程的匹配程度决定的。面对规模性作业，性能和可靠性也很关键。

海外仓 WMS 要适应海外本土员工使用，获取上游电商平台、订单系统、外贸 ERP (enterprise resource planning，企业资源计划)的计划指令，控制并跟踪库内作业过程，与外部自动化及设备集成。企业依据海外仓系统提供的数据，建立计件、追溯和质量保证等统计数据库，通过系统规范流程，设立绩效指标，保证流程执行的规范性，实现精细化运营。ERP 仓储模块面向财务核算，主要提供采购辅助及库存成本的归集计算等功能，强调结果管理，WMS 则专注于过程控制及结果输出。不像 CRM(customer relationship management，客户关系管理)、HR(human resource，人力资源管理)等管理系统，WMS 没有大量"云化"，高频交易且实时性要求高的系统放到云端，可能影响内部作业稳定。但在海外仓的开放服务模式下，外围与电商的订单衔接需要 SaaS(software as a service，软件即服务)的应用，跨境电商企业不关心海外仓的内部流程，只在意服务结果，WMS 本身不需要个性化。如今，也有对 WMS 拆分后的云化，如标签打印、WCS(warehouse control service，仓库控制服务)、自动化及硬件集成等技术，其他应用则放到公共平台。

(二)仓储自动化

1. 概述

人工作业的效率有极限，商品在拣选、清点、运输和装卸过程中易产生缺损等质量问题，智能化物流终究是未来趋势，高度自动化的"无人仓"已经接近现实。欧美发达市场的劳动力成本高、效率低，自动化仓储将是海外仓规模化发展的必由之路。围绕 WMS 和 WCS，集成存储容器、搬运输送、拣选、条码检测、控制系统组成的高度自动化的作业系统

将是未来趋势，成套系统则包括自动存取系统 AS/RS（automated storage/retrieval system）、高密度立体存储技术、高速分拣系统及 AGV（automated guided vehicle，自动导引运输车）等，可有效提高仓储利用率、拣选准确率和效率，降低货物破损率。传统的灯光拣选、RF（radio frequency，射频）手持拣选、语音拣选等，都还是“人找货”模式，机器人 AGV 作业颠覆了传统电商物流中心的作业模式，通过作业计划调动 AGV 实现“货找人”。亚马逊的智能机器人 Kiva 技术，实现了库区的无人化，各个库位，AGV 自动排序到作业岗位，作业效率、行动里程是传统人工作业的 2～4 倍；DHL 也在其仓库提供 EffBOT 自动手推车机器人；2016 年京东的“无人仓”首度曝光，AGV 搬运机器人、Shuttle 货架穿梭车、DELTA 分拣机器人、六轴机器人等黑科技悉数亮相。

亚马逊仓储技术还有很多值得研究的地方，其大数据应用炉火纯青，在精准预测库存、智能拣货算法、包装分拨、配货规划、运力调配及末端配送等方面，数据驱动贯穿始终；亚马逊的 Cubi Scan 仪器会对新入库的中小体积商品测量体积，随机存储和混放，实现见缝插针的最佳空间利用；独特发货的“八爪鱼”分拣工作台，能快速区分包裹路向；AWS（Amazon web services，亚马逊云服务）技术能力输出之后，亚马逊输出其物流服务，如为网易考拉海购的宁波保税仓提供仓储运营服务，为其设计并搭建系统和全流程的运营体系。

2. 举例

以深圳市前海四方网络科技有限公司 4PNT 海外仓仓配物流管理系统解决方案为例，对仓储自动化加以说明，如图2-30所示。

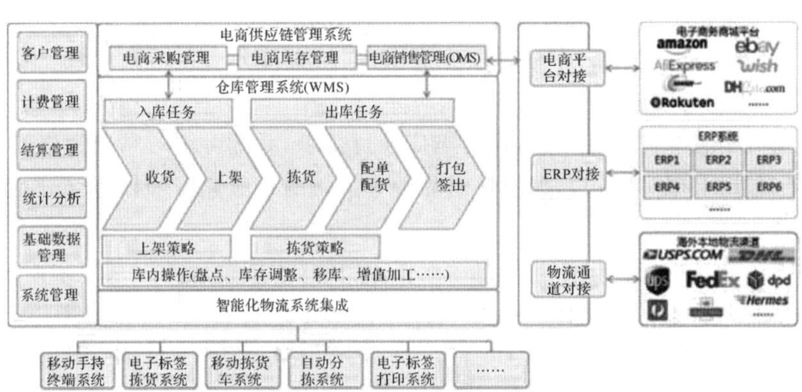

图 2-30　海外仓仓配物流管理系统解决方案

一般来说，海外仓仓配物流管理系统主要包括以下几方面。

(1)电商销售管理

电商销售管理即订单管理系统，包括全渠道订单对接管理、销售订单管理、套餐管理、拆单合单管理、分仓管理、物流渠道分配管理、退货管理、换货管理、售后跟单管理等功能。

(2)仓库管理系统

包括货位管理、出入库策略管理、库存归并策略管理、收货管理、上架管理、波次拣货管理、配单配货管理、打包管理、出库管理、盘点管理、库存调整管理、移库管理等功能。

(3)核算与结算管理系统

包括标准价格管理、合同管理、计费方案管理、应收应付账款管理、充值管理、对账单管理、总账管理等功能。

(4)客户关系管理系统

包括客户档案管理、店铺管理、客户货品管理、收发货地址管理、客户服务管理等功能。

(5)统计分析系统

包括业务数据、作业数据、财务数据等统计分析功能。

(6)应用系统集成平台

系统通过统一 API(application programming interface,应用程序接口)平台与电子商务商城平台、电子商务 ERP、物流渠道对接,实现商流、物流、信息流互联互通。

(7)物流作业辅助系统集成

系统可集成移动手持终端系统、电子标签拣货系统、移动拣货车系统、自动化拣货系统、电子标签打印系统等物流作业辅助系统。

3. 系统功能

该系统具备多种功能。

(1)可满足不同经营模式的海外仓物流运营管理系统,也可满足电子商务卖家、电子商务平台运营商、物流服务商的海外仓仓配物流运营管理需要,支持多电子商务商城平台、多电子商务卖家、多店铺、多仓库管理。

(2)可同时支持 B2C 与 B2B 业务操作管理系统,支持 B2C 精细化仓配物流运营管理,可通过流程和功能配置,满足 B2B 大进大出业务管理需要,实现 B2C 与 B2B 业务同系统管理。

(3)系统可支持全球多仓集中管控分布运营系统,支持对分布在全球的海外仓进行资源集中、业务跟踪、作业监控、库存管理等操作,同时支持分布在不同地域、不同时区的各个海外仓 7×24 小时独立作业。

(4)系统可实时掌握库存动态,及时响应补货需求,系统可实时掌控销售动态,通过设置安全库存(包括上限和下限),加快畅销品补货追单的反应速度,同时降低库存积压导致的库存成本。

(5)系统还可支持流程化作业与自动纠错,实现仓库规范运营。系统采用标准化流程设计,指导作业人员流程化操作。系统在各流程节点进行自动纠错,对操作人员预警提示,实现仓库规范运营。

(6)系统可支持多样化策略配置,满足智能化作业需要。系统还可支持多种智能化策略配置,在策略算法驱动下,系统可进行订单分仓、渠道分配、上架货位分配、拣货作业等智能化操作,极大地提高仓库作业效率。

(7)系统可灵活定义计费方案,满足多样化的个性计费与核算需要。系统可根据实际运营管理需要自定义计费方案,支持海外仓经营者根据客户不同需求进行个性化服务收费。

(8)系统支持多语种,满足全球海外仓运营管理系统。可统一使用中英文操作,也可在特定海外仓使用专属语言操作。

十一、海外仓趋势

早期做海外仓的企业都在经历扩展后的调整阶段,高昂成本与前端卖家营销、订单规模的匹配有个优化的过程,如今,伴随亚马逊全球开店及 FBA 的火爆,海外仓又开启了新一轮的扩张，直邮转移当地发货的趋势不可逆转。海外仓并非“万金油”，也有些市场不适合海外仓。海外仓是跨境电商行业发展的一个重要里程碑，不能仅仅把海外仓作为一种物流的提升行为，而应该全方位地评估海外仓可能带来的各种潜在机会和挑战。

（一）本地化服务升级

海外仓是对跨境电商企业在供应、服务、成本、客户体验、精准销售等环节的全方位整合，这也成为跨境电商展示品牌，进行售后、咨询服务的窗口。海外仓的这种整合属性，决定了它服务的不断优化升级，能提升客户体验，实现产品的升级换代及品牌效应的提升。海外仓让许多厂家可以直接把货发到目的国（地区），进行直销，把货落到当地，与当地公司“贴身肉搏”，从而倒逼境内厂商树立真正的服务意识、品牌意识和质量意识。

（二）低价竞争、免仓租成为竞争常态

除少数大型海外仓外，很多新兴中小型海外仓开启了免费模式，这就意味着第三方海外仓只能通过运费、操作费及增值服务来赚钱。部分海外仓巨头资金雄厚，仓库多、平台渠道和货源广，经营境外市场多年，有较大的优势。中小型第三方海外仓为了争取客户，在前期往往会免收仓租，通过提供更快的发货和回复速度、退货服务、便利的退款和保险服务及其他个性服务等来填补收益。

（三）电商平台推动海外建仓，将带动第三方海外仓发展

海外仓促进了平台向B2C的转化，繁荣了大卖家的独立站点。亚马逊平台将继续走向大卖家占领的主力人群市场，特殊的小众的市场卖家将使用直邮补位。小卖家在外围游走，生存下来的都具备独特的产品特色或营销特色。因此，全球布仓首先要满足主流消费区，优势产品将是品牌化的畅销品，明显的地域区分将会弱化。具有优势的海外仓将直接成为平台的推荐物流渠道，绑定更加紧密。目前的海外仓，要么单打独斗，要么过于分散，因此，急需大型物流企业加以整合。

（四）在欧美等地设立跨境物流园承接境内业务，在新兴市场建设保税仓，与大型外贸企业和品牌企业合作，建设全链条海外运营中心

国际快递、邮政包裹、专线物流等产品将作为海外仓的互补物流渠道，继续在跨境电商物流行业生存，这类产品将更多地为C（customer，个人消费者）端服务。很多海外仓商家将参与全程物流及头程专线运输，而中间商则将成为大物流企业的收货点。

知识与技能训练

第二章知识与技能训练

第三章

跨境电商进口物流方式

【知识目标】

- 掌握跨境电商进口模式。
- 熟悉集货与转运特点。
- 熟悉保税仓含义。
- 掌握保税仓特点。

【能力目标】

- 能开展跨境电商进口业务。
- 能完成集货与转运操作。
- 能完成保税仓业务操作。

案例导入

2018年度中国进口跨境电商发展

2019年6月,网经社旗下社会智库电子商务研究中心发布了《2018年度中国进口跨境电商发展报告》(以下简称《报告》)。《报告》显示,2018年包括B2B、B2C、C2C和O2O等模式在内的中国进口跨境电商交易规模达19000亿元,同比增长26.7%。随着移动互联网的普及与全球消费观念的兴起,用户对高品质跨境电商的需求将进一步增加。《报告》指出,作为各大电商平台的"狂欢日",结束不久的"618"阵地火药味十足,战火也延伸到全球品类。跨境电商,不再只是垂直电商,也成为各大商家们全球战略的一部分,归为综合电商平台的重要分支。

进口跨境电商形成了"三个梯队"。第一梯队为网易考拉、海囤全球、天猫国际等"头部平台",规模大、流量大、品牌多。第二梯队为洋码头、唯品国际、小红书、聚美极速免税店等。第三梯队大多为蜜芽、贝贝、宝宝树、宝贝格子等母婴类产品平台。《报告》还显示,截至2018年12月底,我国经常进行跨境网购的用户达8850万人,同比增长34%。用户基数日趋庞大,增长率将会逐渐降低然后趋于缓和。

进口跨境电商平台逐渐出现,跨境网购用户也逐年增加,我国进口跨境电商市场规模增速迅猛,2015年由于进口税收政策的规范及部分进口商品关税的降低,进口跨境电商呈爆发式增长态势。在进口跨境电商爆发式增长的过程中,市场消费主力群体逐渐过渡到"80"后、"90"后群体。网经社监测数据显示,2018年我国跨境网购用户为25~35岁的青年群体,占网购总人数为56.3%,19~24岁的跨境网购用户占比达20.2%,36~40岁的跨境网购用户占比达17.8%。他们的消费能力强、需求大,是跨境网购用户的"主力军"。而18岁及以下和41岁及以上的跨境网购用户只占总人数的5.7%。

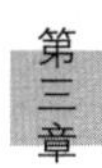

第一节　直邮进口

跨境电商进口

一、直邮进口的概念

直邮进口模式是指符合条件的电子商务企业或平台与海关联网，境内个人跨境网购后，电子商务企业或平台将电子订单、支付凭证、电子运单等传输给海关，电子商务企业或其代理人向海关提交清单，商品以邮件、快件方式运送，通过海关邮件、快件监管场所入境，按照跨境电子商务零售进口商品征收税款的进口模式。

直邮进口模式更适合消费者个性化、多元化的海淘需求，具有低时效、高稳定、低风险等特点，主要包含邮政直邮、快件直邮和集货直邮。

邮政直邮、快件直邮进模式用行邮清关模式，对入境行李物品包裹征收行邮税。在行邮清关模式下，消费者需要以个人名义向海关报关，向境外提供收件人的身份信息，必须满足自用合理原则。

集货直邮模式是跨境直邮模式的升级版，指消费者购买境外商品之后，供货商集中发货到海外仓，货物被包装后由国际物流公司转运发货，然后在完成境内清关后配送到消费者手中。

二、直邮进口的特点

(一)邮政直邮和快件直邮

1. 邮政直邮和快件直邮模式物流时效低

直邮需要经过如下环节：境外商家选择快递公司发货—国际空运—境内快递/EMS清关—境内配送等。消费者从下单到收到货物，通常要经过1个月左右的时间，但如果消费者的商品价值超过税收上限，则商品会被海关暂扣，待完成海关税费补缴后获取包裹。

2. 邮政直邮和快件直邮模式的清关通常由境内快递或邮政完成

消费者需提供身份证扫描件及详细收货信息，卖方需提前向海关备案邮寄的商品，不在备案范围的商品将被退回。

3. 邮政直邮和快件直邮进口的模式退货困难

因货物是由境外商家选择物流公司进行运送，每个货运环节都存在货物损坏或丢失的风险，且消费者无法通过相关渠道完成追责或退货。

(二)集货直邮

1. 物流时效快

通常情况，集货直邮的物流时效在两周以内。商家通常会将货物集中放在海外仓，当获得订单时，商品会在海外仓完成拣货、打包工作。通过国际包机运输的方式将货物送抵境内，这个过程只需要一周时间。货物到达境内后，完成清关、运输操作可以送至消费者手中。集货模式相比于邮政直邮模式物流时效更优，也能提升消费者的满意度。

2. 跨境电商平台提供清关服务

消费者在完成付款操作后需要在网上提供身份证扫描件及详细收货信息报关。在集货模式下，相关商品将全部报关、100%缴纳税款。

3. 集货模式物流可靠、丢包率低，平台可提供退货服务

集货直邮模式由有海外仓资源和干线运输能力的跨境电子商务平台提供，因此包裹在运输过程中出现的丢包、损坏等售后问题都可以通过跨境电商平台解决。消费者收到货物后，因质量、包装、与描述不符等问题需要退货时，电子商务平台支持消费者“本土退货”，由电子商务平台境外团队帮助消费者进行境外维权。

4. 具有一定的海外仓和国际运输资源

集货模式对海外仓、清关、多元化干线运输的要求较高，因此要求电商平台可以解决从海外仓集货、空运、清关到境内运输的全部环节。

三、直邮进口业务操作

（一）邮政直邮和快件直邮

1. 邮政直邮和快件直邮业务流程

邮政直邮和快件直邮业务流程如图 3-1 所示。

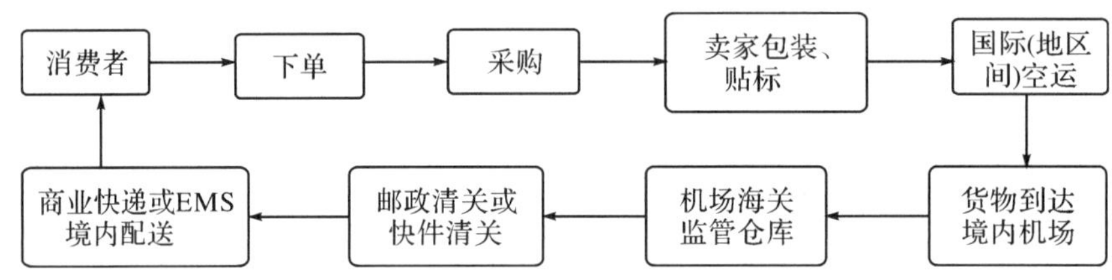

图 3-1 邮政直邮和快件直邮业务流程

(1)消费者下单，提交收货人身份信息及收货地址。

(2)在境外电商网站完成商品采购。

(3)卖家对商品进行包装并装入货物装箱单，贴快递面单。

(4)通过邮政清关或快件清关的方式进行快速通关，并通过国际(地区间)空运运输。

(5)货物到达境内机场。

(6)包裹到达境内后进入机场海关监管仓，检查偷税及违禁品。

(7)更换货物物流面单，由境内商业快递或邮政公司完成货物的清关操作。

(8)海关确认放行，物流公司寄送货物到消费者。

2. 行邮清关模式

行邮清关模式如图 3-2 所示。

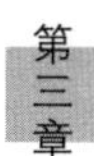

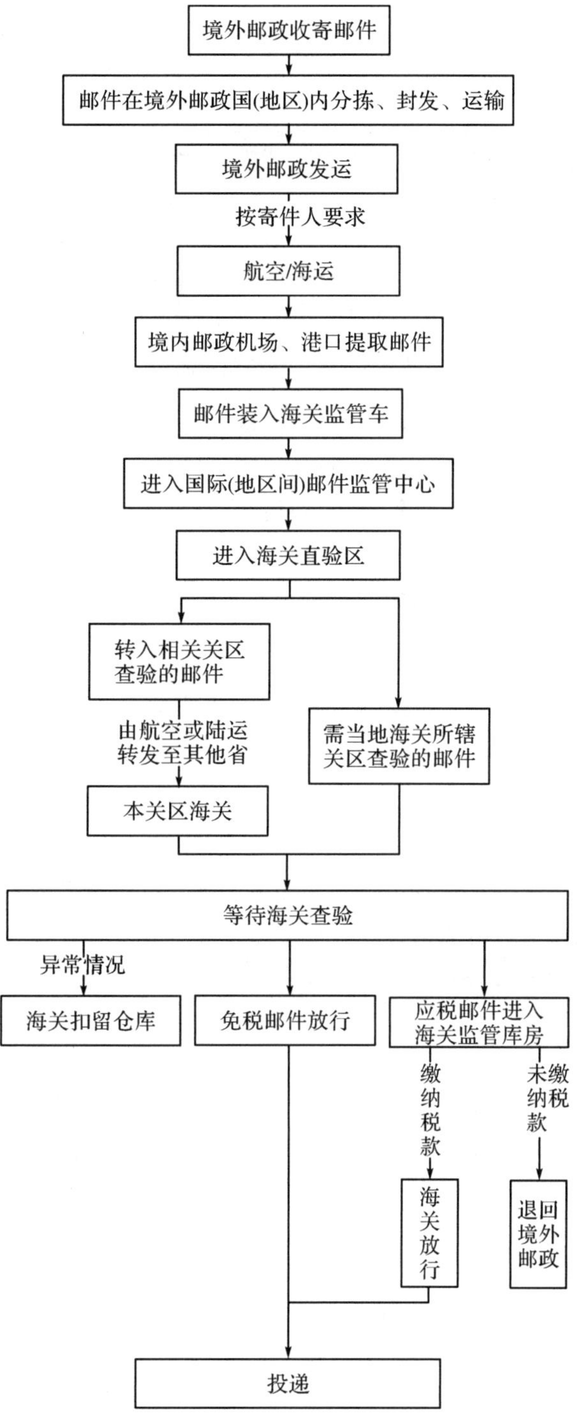

注：海关认为超出个人自用范围或带有商业性的邮件，要根据海关要求提供相应证明或材料进行正式报关。

图 3-2　行邮清关模式

(二)集货直邮

集货直邮业务流程如图 3-3 所示。

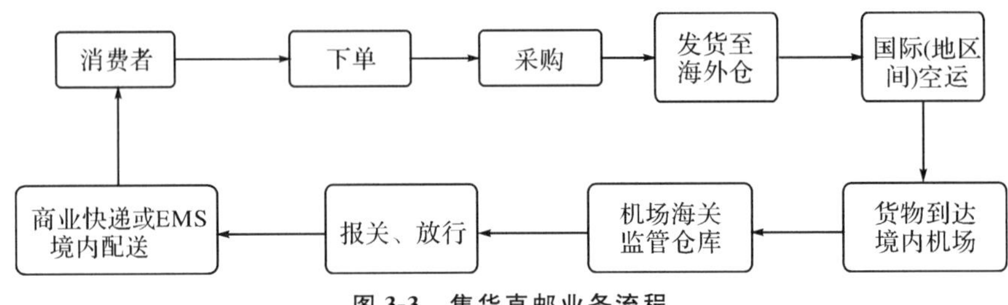

图 3-3　集货直邮业务流程

(1)消费者下单,提交收货人身份信息及收货地址。

(2)跨境电商平台的境外团队完成销售商品的采购。

(3)发货到跨境电商平台的海外仓,收到用户订单后,进行拣货、包装、装箱、贴国际物流快递面单等操作。

(4)通过国际空运送至境内机场。

(5)包裹到达境内后进入机场海关监管仓,待查。

(6)海关检查包裹,检查偷税及违禁品。

(7)跨境电商平台统一完成货物的报关程序,海关放行。

(8)通过商业快递或 EMS 配送到消费者手中。

四、模式对比

邮政直邮、快件直邮和集货直邮模式均要求业务在有订单后才能进行,业务本身不在境内备货,当包裹入境后才需要清关。

但两种模式也存在着区别,主要区别如下。

(一)抽查模式

在邮政直邮、快件直邮模式下,对于单个快件,如果抽检到就要开包检查,抽检不通过将被退运。

在集货直邮模式下,部分口岸不进行出入境检验检疫,如郑州口岸。

(二)清关模式

在邮政直邮、快件直邮模式下,确认订单后,境外供应商使用国际快递将商品直接从境外邮寄到消费者手里。如果商家使用机场快递清关,则商业快递自行报关;如果商家使用 EMS 清关,则可使用邮政的渠道完成邮政清关。整个过程无海关单据。

在集货直邮模式下,商家将多个订单商品集货后运送到境内海关监管仓,办理正规海关通关手续,并经过海关查验后放行。每个订单均附有海关单据。

(三)售后服务

在邮政直邮、快件直邮模式下,因商品在流通环节中存在经多个主体才能到达消费者手中的情况，如果出现售后问题，将难以定责，因此一般不支持退换货。

在集货直邮模式下，商品提前进入海外仓，根据平台反馈的情况进行商品的退换货、补货服务，可进一步满足消费者的售后需求。

第二节 保税进口

保税模式先从境外将货物大批量送至保税区存放，当接收到订单时及时完成清关发货操作，到货时效快，支持退换货。一般销量较大的货物会选择保税模式。

一、保税加工的相关概念

(一)保税加工

保税加工，即加工贸易，是指经营企业进口全部或者部分原辅材料、零部件、元器件、包装物料(统称料件)，经过加工或者装配后，将制成品复出口的经营活动。

(二)保税加工货物

保税加工货物，即加工贸易货物，是指加工贸易项下的进口料件、加工成品及加工过程中产生的边角料、残次品、副产品等。

(三)保税加工企业

保税加工企业，即加工贸易企业，包括经海关注册登记的经营企业和加工企业。

经营企业，是指负责对外签订加工贸易进出口合同的各项进出口企业和外商投资企业，以及经批准活动来料加工经营许可的对外加工装配服务公司。

加工企业，是指接受经营企业委托，负责对进口料件进行加工或装配，并且具有法人资格的生产企业，以及由经营企业设立的虽不具有法人资格，但是实行相对独立核算并已经办理工商营业执照的工厂。

二、保税进口

保税进口是指符合条件的电子商务企业或平台与海关联网，电子商务企业将整批商品运入海关特殊监管区域或保税物流中心(B型)内并向海关报关，海关实施账册管理的进口方式。境内个人网购区内商品后，电子商务企业或平台将电子订单、支付凭证、电子运单等传输给海关，电子商务企业或其代理人向海关提交清单，海关按照跨境电子商务零售进口商品征收税款，验放后账册自动核销。

(一)保税备货模式的含义与特点

“网购保税进口”模式也称保税“备货模式”，是指将境外商品以批量运输方式进口至保税区，在保税区存储并且建立进境备案清单，消费者在网上购买之后，由保税区域内储备货源直接从境内保税仓发货同时进行进口清关，利用境内快递送到消费者手中的进口方式，时效较快。

保税备货模式，适用于品类相对专注、备货量大的电商平台，特点是“先海外发货到保税仓再有订单”，利用大数据分析货物需求，提前订单备货。商品储存在保税区仓库，存放在海关监管场所，可以实现快速通关。对消费者而言，保税备货模式产品种类相对较少但价格相对较低，运费低运达速度快。消费者若对购买产品提出退货申请，海关总署对跨境电子商务零售进口模式下的退货方式进行了明确规定：退回的商品应当在海关放行之日起30日内原状运抵原监管场所，相应税款不予征收，并调整个人年度交易累计金额。保税备货解决了直邮进口“批次多，单次货量小，关务监管严”的痛点，订单履行速度也有很大提高。

目前保税备货方式下，进口商品按照综合税税率征收。但是保税备货模式存在一定的供应链风险，若选品不当造成库存积压，企业就要承担很大的库存成本，这对企业的选品能力提出了很大要求。也正是出于对货品积压风险的规避，目前，在中国保税备货模式被限定只能在海关批准的“海关特殊监管区域”及“保税物流中心（B型）”中采取保税进口模式。

（二）保税备货模式业务流程

保税备货模式业务流程如图3-4所示。

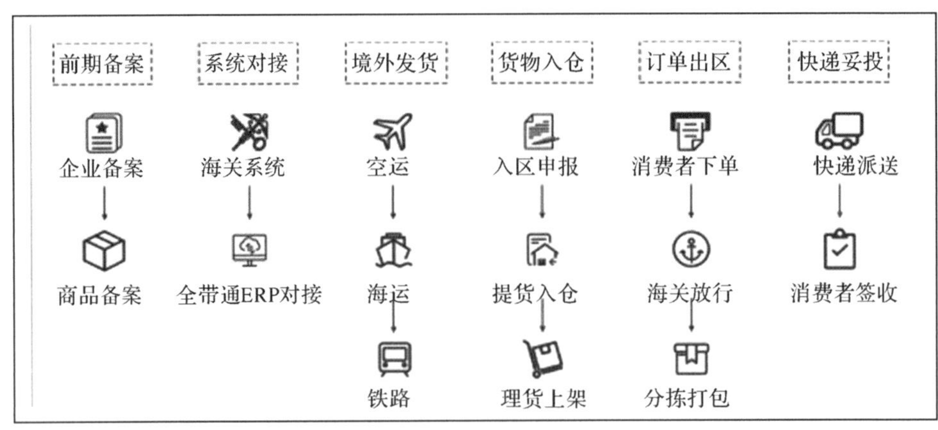

图3-4 保税备货模式业务流程

（1）跨境电商企业通过前期备案，根据“正面清单”的要求备货。

（2）跨境电商企业主动进行报检。

（3）报检通过后进行保管，品类在“正面清单”内的商品，海关予以放行。

（4）货物进入保税物流中心后，仓库收货质检、上架。

（5）当消费者在跨境电商平台上下单，跨境电商企业负责主动保税缴税。消费者付款后在平台上提交个人身份证信息。国检进行布控抽检，符合要求的商品国检、海关放行，保税物流中心拣货、出口。

（6）商品通过境内的物流公司完成产品的妥投。

保税进口清关流程如图3-5所示。

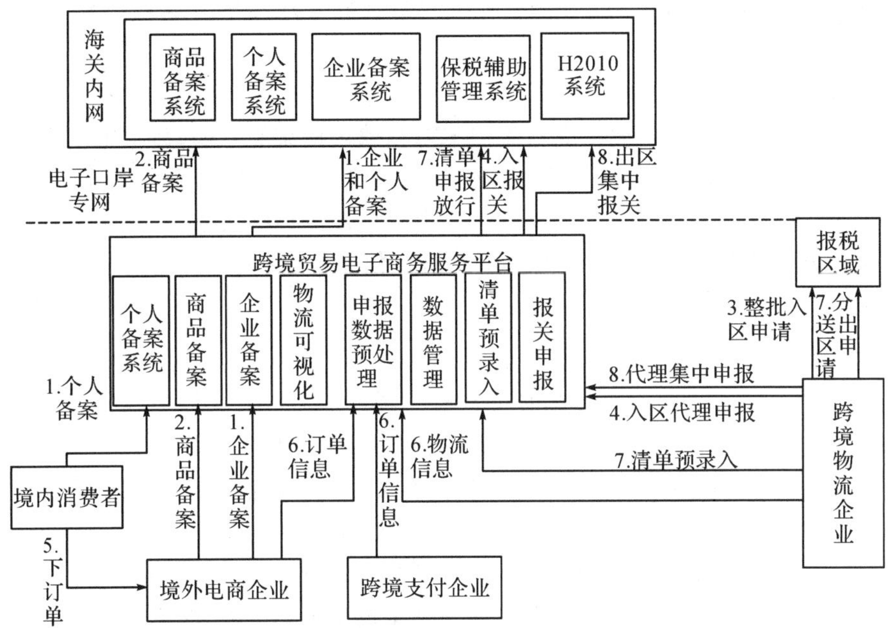

注：相同序号表示同时进行的步骤。

图 3-5　保税进口清关流程

(三)保税物流中心

保税物流是指保税业务经营者经海关批准将货物在税收保全状态(暂缓缴纳关税)下从供应地运到需求地的有效流动，包括采购、运输、存储、简单加工、增值服务、检测、分销、配送、流转、挑拨等环节，以及为实现这一流动而进行的技术、管理、控制过程。

1. 保税物流的特点

保税物流是物流分类的一种，具有以下特点。

(1)系统边界交叉

保税物流在地理上是指在一国(地区)的国(地区)境之内，从移动的范围来看属于境内但又具备“境内关外”性质的物流。

(2)物流要素扩大化

物流的要素一般包括运输、仓储、信息服务、配送等，而保税物流除了具有这些功能物流要素外，还包括海关监管、口岸、保税、报关、退税等关键要素。

(3)线性管理

一般贸易货物的通关基本程序包括申报、查验、征税、放行等环节，是“点式”的管理；保税货物是从入境、存储或加工到复运出口的全过程，货物入关是起点，核销结案是重点，是线性的管理过程。

(4)效率瓶颈性

在海关的监管下进行物理运作是保税物流不同于其他物流的本质所在。海关为了达到监管的效力，严格的流程、复杂的手续、较高的抽查率必不可少，但这与现代物流追求便捷、高效率、低成本的运作要求相违背。物流效率和海关监管效率之间存在“二律悖反”的矛盾。在保税需求日益增长的情况下,海关的监管效率成为提升保税物流系统效率的瓶颈。

(5)平台性

保税物流是加工贸易企业供应物流的末端和销售物流的发端,甚至生产物流也会涉及。保税物流的运作效率直接关系到企业的正常生产与供应链的正常运作。构建通畅、高效率的保税物流系统是海关、物流企业、口岸等高效协作的结果。完善的政策体系、一体化的综合物流服务平台必不可少,集成商品流、信息流、资金流的物流中心是保税物流的主要模式之一。

2.保税物流中心的类型

保税物流中心包含两种类型:A 型和 B 型。

A 型保税物流中心是指经海关批准,由境内企业法人经营、专门从事保税仓储物流业务的海关监管场所。B 型保税物流中心是指经海关批准,由境内一家企业法人经营,多家企业进入并从事保税仓储物流业务的海关集中监管场所。

保税物流中心的功能包含保税仓储、转口贸易、入园退税、转厂服务、国际(地区间)配送、国际(地区间)采购服务、集装箱服务、简单加工及附加值服务、物流信息处理。

在保税物流中心实行的是“境内关外”的政策,中心内有较为宽松的保税政策,园区内的货物视同出口关外,起到了保税仓储的作用。当货物进入物流中心后,就需要办理出口报关手续,企业按照国家税务总局有关税收管理办法完成退税手续,按照国家外汇管理局有关外汇管理办法办理收付汇手续。在保税物流中心,转口贸易商利用价格差异,从买卖双方处获取利益,不仅是中介,也是货主。

保税物流中心还有利于一切企业办理转厂业务。以手册报关方式进口的企业,其货物需要在上下游企业之间转厂。但企业管理等多方面原因导致相关环节很难达到海关对账册管理的要求。而企业若将其货物先运入保税物流中心,再进入境内,则转给下游企业就变得相对容易。从国际物流配送的角度来看,保税物流中心可利用海关赋予的特殊政策,开展对进口保税货物分拣、分配、分销、分送等业务,或在进行邻港增值加工后向境内外配送,进而逐步发展成为国际(地区间)物流配送中心。同时中心还可以通过引入跨境电子商务采购商建立全球化的采购系统,组织采购周边区域的货物出口,依托核心城市的制造能力及相应的全球物流供应链,促进商品出口,为制造业的商品走向世界市场开辟一条绿色通道。为了为园区中的企业提供服务,园区内也提供集装箱服务,包括临时堆场和拆拼箱服务。保税物流中心内可提供流通性的简单加工和增值服务,包括对货物进行分级分类、分拆分拣、分装、计量、组合包装、打膜、刷贴标志、改换包装、拼装等辅助性的简单作业。在保税物流中心内,第三方物流业务也有进驻,为客户提供个性化的增值服务,配合相关项目提供的业务平台、信息平台及政策平台,开发针对本地区企业物流需求的配套方案。

相比直邮模式,保税进口模式借助了保税港区等特殊海关监管区域的政策优势,采取“整批入区、B2C 邮快件缴纳行邮税出区”的方式,商品进口后存储在海关监管场所,消费者下单后直接从仓库发送到个人,既降低了商家进口货品的成本,也缩短了消费者从下单到收货的时间。

知识与技能训练

第三章知识与技能训练

第四章

国际货运头程物流业务

【知识目标】

- 掌握海运头程运输知识。
- 熟悉海卡运输方式。
- 熟悉海派运输方式。
- 掌握空运头程运输知识。
- 熟悉空派运输方式。
- 熟悉中欧班列运输方式。

【能力目标】

- 能分析头程运输方式的优劣势。
- 能提供头程运输方式选择方案。
- 能开展头程运输操作业务。
- 能提供中欧班列运输方式选择方案。

案例导入

国际货运头程的发展现状

跨境电商目前的主要形式依然是B2B,但B2C订单的占比正在不断提高,已经从2011年的2.5%提高至2018年的15%。2016年"海外仓"第一次出现。2017年国务院明确要求扩大跨境电子商务,建设一批出口产品"海外仓"。这些条件为海外仓带来了一个高速发展的契机,海外仓的发展方向仍是以满足电商商家的需求为主。随着中国制造更多地走向世界,海外仓的布局也要紧跟市场的消费需求及消费渠道的改变,进入更多的国家及地区。跨境电商布局海外仓大多为缓解跨境业务物流费用高企的局面,目前我国规模较大的出口跨境电商企业大多选择在境外建设海外仓,且每个海外仓面积均在3万～5万平方米,规模较大。

海外仓的发展促使了很多从事传统货运的企业转型开辟跨境电商物流服务的疆土。运用自身在货运方面的资源为中国卖家提供符合跨境电商行业特点的特色货运物流服务。如运往美国的货物,不少货运公司选择使用美森快船出口,帮助企业完成货物的货运出口相关业务。

根据2017年的《中国国际货运代理行业报告》,2016年中国国际货运代理百强企业分榜单中,海运、空运、陆运、仓储企业的营业收入较2015年分别上涨了0.44%、5.23%、18.23%、41.81%,空运、陆运增长快速。合同物流、跨境电商物流及高附加值产品对仓储资源的需求极其旺盛，使得仓储行业收入强势增长。

跨境出口型物流服务包括头程物流和尾程物流。头程物流主要提供境内中转发境外的物流的解决方案。从平台卖家把货物运输至物流服务商，直至货物正常报关跨境发出，这个过程涉及商家发货预约、预警报关、验收、验货、集货、按报关发货单装箱或快递、发货、海关验货、装箱或航空、信息追踪等环节。

头程物流的形式种类多样，包括海运、空运、铁路运输和多式联运。而头程物流服务则包括货物的运输、报检、报关、信息追踪、物流方案设计等内容。

第一节　国际海运头程物流

一、 国际海上货运主要当事人

（一）国际海上货运代理企业

目前，国际上尚无一个被各国（地区）接受的、统一的关于“国际货运代理”的定义。货运代理既扮演“代理”角色，同时又扮演“当事人”角色；在“当事人”角色中，大部分情况下为“承运人”角色。

货运代理的服务范围不断扩大，它们为客户所提供的服务也从传统的基础性服务，扩展至全方位的系统性服务，包括货物的全程运输和配送服务。

国际海上货运代理企业需要为托运人安排运输路线、选择合适的承运人、接受委托、订舱、包装、储存、签发单证、代理报检、代理报关、安排境内运输、提货等；为收货人完成海关代理报关清关业务；为海关负责审核申报货物确切的金额、数量、品名；为承运人商谈公平合理的运价，进行交货。

（二）班轮公司

班轮公司是指运用自己拥有或自己经营的船舶，提供国际港口之间班轮运输服务，并依据法律规定设立的船舶运输企业。每个班轮公司都有自有的船期表、运价本及运输单据。

（三）船舶代理人

船舶代理人是指接受船舶所有人、船舶经营人或者船舶承租人的委托，为船舶所有人、船舶经营人或者船舶承租人的船舶及其所载货物或集装箱提供办理船舶进出港口手续、安排港口作业、接受订舱、代签提单、代收运费等服务，并依据法律规定设立的船舶运输辅助性企业。

（四）无船承运人

无船承运人也称无船公共承运人，是指以承运人身份接受托运人的货载，签发自己的提单或者其他运输单证，向托运人收取运费，通过班轮运输公司完成国际海上货物运输，承担承运人责任，并依据法律规定设立的提供国际海上货物运输服务的企业。

（五）托运人

托运人是指将货物托付承运人按照合同约定的时间运送到指定地点，向承运人支付相应报酬的一方当事人。在跨境电商海运头程业务中，托运人即跨境电商卖家。

（六）收货人

收货人也称货主，是托运人在货物运单上指定的在货物到达地提取货物的单位或个人。收货人在货物到达目的地后，凭到货通知单和货运单（或提单）在指定港、站办理相关手续，付清应付费用后，验收并提取货物。在跨境电商的海派业务中，收货人可以是托运人在目的地的物流合作商、跨境电商平台商或实际买家。

二、海派运输

（一）含义

经济全球化促进了我国国际贸易总量的增加，海运物流行业也随之进入高速发展阶段，近年来，我国的货物吞吐量一直处于全球首位。国际海运是国际贸易的主要物流方式之一。随着跨境电商的发展，海外仓应用的普及，海运依然是国际货物运输的重要手段之一。

对于发展初期的跨境电商企业而言，国际海运头程物流并不是首选的物流方式，原因在于国际海运物流较商业快递、专线物流、小包产品而言时效性较差，无法满足终端消费者对产品时效的要求。对于具备一定规模的跨境电商企业而言，频繁发送货物包裹在时效上不如在目的国（地区）内直接进行派送。

海派运输是传统海运运输和商业快递派送的结合，是承运人按照海上货物运输合同的约定，以海运船舶作为运载工具，以收取运费作为报酬，将托运人托运的货物经海路由一国（地区）港口运送至另一国（地区）港口，经由另一国（地区）快递公司将货物送到买方手中的一种运输方式。

（二）出口操作流程

1. 接受订单

订舱委托书是进出口商为了完成订舱任务，通过船公司或货代公司进行预订舱位的申请书（见表 4-1）。

订舱委托书没有统一的格式，主要包含以下内容：托运人名称、托运货物名称、件数、毛重、体积、装运事项、提单所记载内容、集装箱运输的相关信息和其他特殊货物的说明等。

表 4-1 订舱委托书

<table>
<tr><td colspan="8">订舱委托书</td></tr>
<tr><td colspan="8">年 月 日</td></tr>
<tr><td rowspan="4">托运人</td><td colspan="4" rowspan="4"></td><td colspan="2">合同号</td><td></td></tr>
<tr><td colspan="2">发票号</td><td></td></tr>
<tr><td colspan="2">信用证号</td><td></td></tr>
<tr><td colspan="2">运输方式</td><td></td></tr>
<tr><td rowspan="3">收货人</td><td colspan="4" rowspan="3"></td><td colspan="2">起运港</td><td></td></tr>
<tr><td colspan="2">目的港</td><td></td></tr>
<tr><td colspan="2">装运期</td><td></td></tr>
<tr><td rowspan="4">通知人</td><td colspan="4" rowspan="4"></td><td colspan="2">可否转运</td><td></td></tr>
<tr><td colspan="2">可否分批</td><td></td></tr>
<tr><td colspan="2">运费支付方式</td><td></td></tr>
<tr><td colspan="2">正本提单</td><td></td></tr>
<tr><td colspan="2">唛头</td><td>货名</td><td>包装件数</td><td colspan="2">总毛重</td><td colspan="2">总体积</td></tr>
<tr><td colspan="2"></td><td></td><td></td><td colspan="2"></td><td colspan="2"></td></tr>
<tr><td>注意事项</td><td colspan="7"></td></tr>
<tr><td colspan="4">受托人</td><td colspan="4">委托人</td></tr>
<tr><td colspan="4"></td><td colspan="4"></td></tr>
<tr><td>电话</td><td></td><td>传真</td><td></td><td>电话</td><td></td><td>传真</td><td></td></tr>
<tr><td>联系人</td><td colspan="3"></td><td>联系人</td><td colspan="3"></td></tr>
</table>

完成委托书填写后，物流业务员需对委托书信息进行核对，确认产品的品名是否存在不符海关监管条件或属于危险物的情况；确认货物的重量体积是否在仓库的装载能力范围内；确认托书信息是否完善、准确。完成对委托书的审核后，业务员需要针对委托书中的信息完成港口、航线的确认与舱位预定工作。

2. 订舱操作

物流公司接受跨境电商客户委托后，填制托运单交至船公司提出订舱申请。船公司若同意承运，则将装货单、配舱回单等退还给物流公司，要求相关企业将货物在规定时间内送至指定仓库。货代申请用箱，取得 EIR(equipment interchange receipt，设备交接单)后就可以凭此到空箱堆场提取所需的集装箱。

集装箱货物托运单是由国际货运代理企业缮制送交船公司或其代理人处订舱使用的单据。该单据共包含十联，又称"场站收据"，主要信息如下。

第一联：货主留底(早先托运单由货主缮制后将此联留存，故列第一联)。

第二联：船代留底。

第三联：运费通知(1)。

第四联：运费通知(2)。

第五联：装货单。

第五联(附页)：缴纳出口货物港务申请书(由港区核算应收的港务费用)。

第六联(浅红色)：场站收据副本大副联。

第七联(黄色)：场站收据正本。

第八联：货代公司留底。

第九联：配舱回单(1)。

第十联：配舱回单(2)。

第一联由货主留存，第二联至第四联由船公司或其代理在接受订舱后留存，第五联由船公司或其代理加盖公章交还给跨境物流公司，跨境物流公司保留第五联、第五联附页、第六联、第七联共四联作为报关单证之用，第八联由货代公司留底，将第九或第十联交托运人(货主)做配舱回执。

场站收据中最重要的就是第五联至第七联(见图 4-1 至图 4-3)，其中第五联是装货单，盖有船公司或其代理人的公章，是船公司发给船上负责人员和集装箱装卸作业区接受装货的指令，报关时海关核查后在此联盖放行章，船方(集装箱装卸作业区)凭此收货装船。第六联供港区在货物装船前交外轮理货公司，当货物装船时与船上大副交接。第七联场站收据俗称黄联(黄色纸张，便于辨认)，在货物装船后由船上大副签字(通常由集装箱码头堆场签章)，退回船公司或其代理人，据以签发提单。

▽

Shipper(发货人)

Consignee（收货人）

Notify Party（通知人）

Pre-carriage by（前程运输） Place of Receipt（收货地点）

Ocean Vessel（船名） Voy. No.（航次） Port of Loading（装货港）

装货单

场站收据副本

Received by the Carrier the Total number of container or other packages of units stated below to be transported subject to the terms and conditions of the Carrier's regular form of Bill of Lading(for Combined Transport of Port to Port Shipment)which shall be deemed to be incorporated herein.

Date（日期）：

场站章

第五联

Port of Discharge（卸货港） Place of Delivery（交货地点）	Final Destination for the Merchant's Reference（目的地）

Container No.（集装箱号）	Seal No.（封志号） Marks & Nos.（标记与号码）	No. of Containers or Packages（箱数或件数）	Kind of Packages: Description of Goods（包装种类与货名）	Gross Weight 毛重（千克）	Measurement 尺码（立方米）

TOTOAL NUMBER OF CONTAINERS OR PACKAGES (IN WORDS) 集装箱数或件数合计（大写）	

Container No.（箱号）Seal No.（封志号）Packages（件数）Container No.（箱号）Seal No.（封志号）Packages（件数）

Received（实收） By Terminals Clerk（场站员签字）

FREIGHT & CHARGES（运输&费用）	Prepaid at（预付地点）	Payable at（到付地点）	Place of Issue（签发地点）
	Total Prepaid（预付总额）	No. of Original B(s)/L（正本提单份数）	BOOKING APPROVED BY（订舱确认）

Service Type on Receiving ☐-CY, ☐-CFS, ☐-DOOR	Service Type on Delivery ☐-CY, ☐-CFS, ☐-DOOR	Reefer Temperatures' Required（冷藏温度）	℉	℃

TYPE OF GOODS（种类）	☐ Ordinary（普通） ☐ Reefer（冷藏） ☐ Dangerous（危险品） ☐ Auto（裸装车辆）	危险品	Class: Property: IMDG Code Page: UN No.
	☐ Liquid（液体） ☐ Live Animal（活动物） ☐ Bulk（散装）		

图 4-1 场站收据副本第五联

▽

Shipper（发货人）

Consignee（收货人）

Notify Party（通知人）

Pre-carriage by（前程运输）Place of Receipt（收货地点）

Ocean Vessel（船名）Voy. No.（航次）Port of Loading（装货港）

D/R No.（编号）

COPY OF DOCK RECEIPT

(FOR CHIEF OFFICER)

场站收据副本

（大副联）

Received by the Carrier the Total number of container or other packages of units stated below to be transported subject to the terms and conditions of the Carrier's regular form of Bill of Lading (for Combined Transport of Port to Port Shipment) which shall be deemed to be incorporated herein.

Date（日期）：

第六联

Port of Discharge（卸货港）Place of Delivery（交货地点）	Final Destination for the Merchant's Reference（目的地）

Container No.（集装箱号）	Seal No.（封志号）Marks & Nos.（标记与号码）	No. of containers or Packages（箱数或件数）	Kind of Packages: Description of Goods（包装种类与货名）	Gross Weight 毛重（千克）	Measurement 尺码（立方米）

TOTOAL NUMBER OF CONTAINERS OR PACKAGES (IN WORDS) 集装箱数或件数合计（大写）	

Container No.（箱号） Seal No.（封志号）Packages（件数） Container No.（箱号） Seal No.（封志号） Packages（件数）

Received（实收） By Terminals Clerk（场站员签字）

FREIGHT & CHARGES（运输&费用）	Prepaid at（预付地点）	Payable at（到付地点）	Place of Issue（签发地点）
	Total Prepaid（预付总额）	No.of Original B(s)/L（正本提单份数）	BOOKING APPROVED BY（订舱确认）

Service Type on Receiving ☐-CY, ☐-CFS, ☐-DOOR	Service Type on Delivery ☐-CY, ☐-CFS, ☐-DOOR	Reefer Temperatures' Required（冷藏温度）	°F	°C

TYPE OF GOODS（种类）	☐ Ordinary（普通） ☐ Reefer（冷藏） ☐ Dangerous（危险品） ☐ Auto（裸装车辆）	危险品	Class: Property: IMDG Code Page: UN No.
	☐ Liquid（液体） ☐ Live Animal（活动物） ☐ Bluk（散装）		

图 4-2　场站收据副本第六联

▽

Shipper（发货人）	D/R No.（编号）
Consignee（收货人）	场站收据 DOCK RECEIPT
Notify Party（通知人）	Received by the Carrier the Total number of container or other packages of units stated below to be transported subject to the terms and conditions of the Carrier's regular form of Bill of Lading (for Combined Transport of Port to Port Shipment) which shall be deemed to be incorporated herein. Date（日期）:
Pre-carriage by（前程运输） Place of Receipt（收货地点）	
Ocean Vessel（船名） Voy. No.（航次） Port of Loading（装货港）	

第七联

Port of Discharge（卸货港）	Place of Delivery（交货地点）	Final Destination for the Merchant's Reference（目的地）

Container No.（集装箱号）	Seal No.（封志号） Marks & Nos.（标记与号码）	No. of containers or Packages（箱数或件数）	Kind of Packages: Description of Goods（包装种类与货名）	Gross Weight 毛重（千克）	Measurement 尺码（立方米）

TOTOAL NUMBER OF CONTAINERS OR PACKAGES (IN WORDS) 集装箱数或件数合计（大写）

Container No.（箱号） Seal No.（封志号） Packages（件数） Container No.（箱号） Seal No.（封志号） Packages（件数）

Received（实收） By Terminals Clerk（场站员签字）

FREIGHT & CHARGES（运输&费用）	Prepaid at（预付地点）	Payable at（到付地点）	Place of Issue（签发地点）
	Total Prepaid（预付总额）	No. of Original B(s)/L（正本提单份数）	BOOKING APPROVED BY（订舱确认）

Service Type on Receiving □-CY, □-CFS,, □-DOOR	Service Type on Delivery □-CY, □-CFS,, □-DOOR	Reefer Temperatures' Required（冷藏温度）	°F	°C

TYPE OF GOODS（种类）	□ Ordinary（普通） □ Reefer（冷藏） □ Dangerous（危险品） □ Auto（裸装车辆） □ Liquid（液体） □ Live Animal（活动物） □ Bulk（散装）	危险品	Class: Property: IMDG Code Page: UN No.

图 4-3　场站收据第七联

3. 装箱操作

跨境电商海运头程的货物基本使用的是集装箱运输。集装箱运输是一种以标准规格金属箱作为容器,装运一定数量的货物,以金属箱作为运输单位的运输方式。

(1)集装箱的种类

集装箱按箱型可分为普通箱(GP)、油罐箱(TK)、冷藏箱(RF)、平板箱(PF)、开顶箱(OT)、高箱(HC)、框架箱(FR)、挂衣箱(HT)等。集装箱货物可分为整箱货和拼箱货。整箱货是指由托运人负责装箱和计数,填写装箱单,并加封志的集装箱货物,通常只有一个发货人和一个收货人。装货量达到每个集装箱容积75%或达到每个集装箱负荷量95%的可以为一个整箱。拼箱货是指由承运人的集装箱货运站负责装箱和计数,填写装箱单,并加封志的集装箱货物,通常每一票货物的数量较少,因此装载拼箱货的集装箱内的货物会涉及多个发货人和多个收货人。若装货量达不到整箱的标准则为拼箱。

(2)集装箱的交接地点

集装箱的交接地点有:①船边或吊钩(ship's rail or hook/tackle),②集装箱堆场(container yard,CY),③集装箱货运站(container freight station,CFS),④双方约定的地点(door)。

在跨境电商海运头程业务中,货物的交接地点包含集装箱堆场(CY)、集装箱货运站(CFS)和双方约定的地点(door)。其中,集装箱堆场是交接、保管空箱和重箱的场所,所以也是交接整箱货的地点。集装箱货运站是拼箱货交接和保管的场地,也可以进行拼箱货的装箱和拆箱。

(3)集装箱的交接方式

根据交接地点的不同,集装箱的交接可以分为多种交接方式,如图4-4所示。

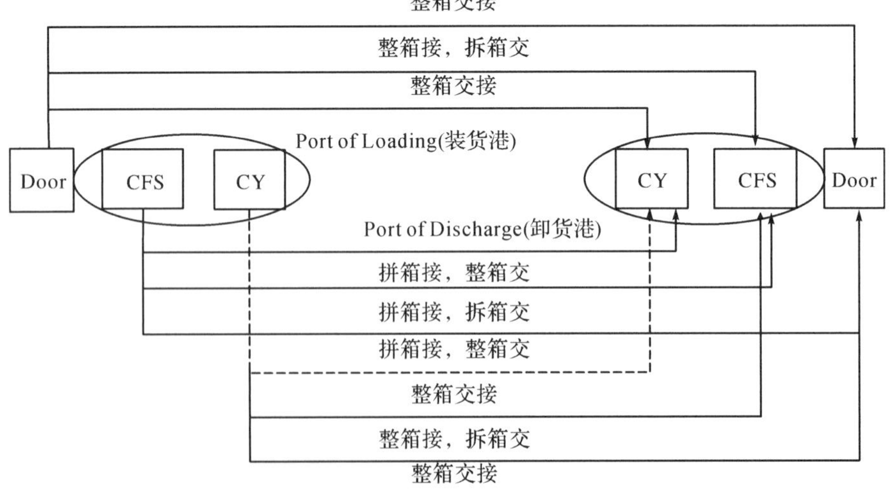

图4-4 集装箱的交接方式

(4)集装箱的装箱方式

集装箱货物的装箱方式可以分为门到门、内装箱和自拉自送三种方式。门到门是指货代为客户提供货物运输的门到门服务,即货运代理公司从承运人处提取空箱,送至客户所在地将货物装箱、封存,再由货运代理公司将重箱自客户所在地运至港区集港,安排货物装船运输至目的地,由货运代理公司在进口地的代理或分支机构负责将货物送至进口商仓库或进口商指定的其他地方,实现货物运输的门到门方式。内装箱是指货运代理公司将空箱提回自己的货运站,向客户发出“发货通知书”或“进仓通知书”,要求客户在指定期限内将指定货物送至指定货运站,在货运站内完成货物装箱并封存,然后向客户出具“货物进仓接受单”或“入库单”,再由货运代理公司安排重箱送至港区的方式。自拉自送是指货运代理公司完成订舱,并向承运人提出用箱申请后,由客户自己派车队提取空箱,送至客户货物存储地,并在货物装箱后,由客户将货物按港区要求集港。对跨境电商头程物流而言,跨境货物集装箱交接方式与门到门最为相似。

(5)集装箱的选择

对集装箱的选择需要考虑所运输货物的种类、包装、性质和运输要求。因单个集装箱的承载能力有上限,在选择集装箱时,需要考虑货物的积载因素,确定货物为重货还是泡货。积载因素的计算公式为

积载因素=货物体积/货物重量

积载因素小于 1 为重货,积载因素大于 1 为泡货。另外,集装箱必须使用正牌箱,即要符合 ISO 标准;四柱、六面、八角完好无损;箱子各焊接部位牢固;箱子内部清洁、干燥、无味、无尘;不漏水、漏光;具有合格检验证书。

(6)集装箱设备交接单的填写

集装箱设备交接单是跨境电商卖家(物流公司)领取空箱出场及运送重箱装船的交接凭证,包含“三进三出”六联,分别标记有“出场 OUT”“进场 IN”。其中上面三联用于出场,第一联印有船公司或集装箱代理公司的公章,是集装箱空箱出场的凭证,第一、二两联由集装箱堆场报关,第三联由提箱人留存;下面三联用于进场,在装箱后的货物进入港口堆场时交接使用,第一联由船方报关,第二联由港区保管,第三联由送货人留存。

设备交接单使用时,要求做到一箱一单、箱单相符、箱单同行。用箱人、运箱人凭设备交接单进出港区、场站,到设备交接单指定的提箱地点提箱,并在规定的地点还箱。用箱人须如期归还集装箱,超出时间应支付超时费用,若集装箱损坏也需要给予赔偿。

空箱交接标准为:箱体完好、水密、不漏光、清洁、干燥、无味,箱号及装载规范清晰;特种集装箱的机械、电器装置正常。

重箱交接标准为:箱体完好、箱号清晰、封志完整无损,特种集装箱机械、电器装置运转正常,并符合出口文件记载要求。

(7)集装箱装箱单的填制

装箱单详细记载集装箱内货物的名称、数量等内容,是发货人、集装箱货运站与集装箱码头堆场之间货物交接的单证,也是向船方通知箱内所装货物的明细表,如图 4-5 所示。该单据一式五联,其中码头、船代、承运人各一联,发货人、装箱人各一联。

CONTAINER LOAD PLAN

装箱单

SHANGHAI COMPANY
上海中外运船务代理有限公司
(6) Motorcade's Copy
车队联

Class 等级	IMDG Page 危规页码	UN No. 联合国编号	Flashpoint 闪点

Ship's Name/Voy No. 船名/航次	Port of Loading 装港	Port of Discharge 卸港	Place of Delivery 交货地	SHIPPER'S/PACKER'S DECLARATIONS
TRIDENT 12 **	SHANGHAI	JPKIJ	NIIGATA	We hereby declare that the container has been thoroughly cleaned without any evidence of cargoes of previous shipment prior to vanning and cargoes has been properly stuffed and secured.

Container No. 箱号: KMBU907****

Seal No. 封号: KKCS22 ****

Cont. Size 箱型: 20' 40' 45'

Cont. Type 箱类: GP= TK= RF= PF= OT= HC= FR= HT=

ISO Code For Container Size/Type 箱型/箱类ISO标准代码: 40HC

Packer's Name/Address 装箱人名称/地址: ***号 0572-8286 *** 1386726 ***

TEL NO. 电话号码

Bill of Lading No. 提单号	Packages & Packing 件数与包装	Gross Weight 毛重	Measurements 尺码	Description of Goods 货名	Marks & Numbers 唛头
SHNITR121F***		8900	65		

Front 前 / Door

Packing Date. 装箱日期	Received By Drayman 驾驶员签收及车号	Total Packages 总件数	Total Cargo Wt 总货重	Total Meas 总尺码	Remarks: 备注
3/19 8:00					

Packed BY. 装箱人签名	Received By Terminals/Date Of Receipt 码头收箱签收和收箱日期	Cont. Tare Wt 集装箱皮重	Cgo/Cont Total Wt 货/箱总重量

车队留存　　驾驶员带回

图 4-5 集装箱装箱单

它是集装箱货运站与集装箱码头堆场货物交接的单证；是集装箱内所装货物的明细表；是计算船舶吃水差、稳性的重要数据；是办理集装箱保税运输的单据之一；当发生货损时，是处理索赔事故的原始单据之一；也是卸货港集装箱货运站安排拆箱、理货的单据之一。

4. 报检报关操作

跨境电商的报关报检统一在"单一窗口"进行申报，针对不同的目的国(地区)，产品需要符合不同国家(地区)的要求。报检报关具体操作流程与一般贸易操作方式一致。

货物出境时，应填制和提供"出境货物报检单"，并提供外贸合同、销售确认书或订单；信用证或有关函电；生产单位出具的厂检结果单原件；检验检疫机构签发的"出境货物运输包装性能检验结果单"正本。

一般进出口货物的报关只需履行进出境报关程序即可，主要包括进出口申报、陪同查验、缴纳税费、提取或装运货物等。

5. 提单确认与签发操作

《中华人民共和国海商法》第七十一条规定："提单，是指用以证明海上货物运输合同和货物已经由承运人接收或者装船，以及承运人保证据以交付货物的单证。提单中载明的向记名人交付货物，或者按照指示人的指示交付货物，或者向提单持有人交付货物的条款，构成承运人据以交付货物的保证。"

提单(bill of lading，B/L)在国际班轮运输中既是一份非常重要的业务单据，又是一份非常重要的法律文件。提单是交付货物的物权凭证。承运人或其代理人在目的港交付货物时，必须向提单持有人交货。提单是承运人接管货物的收据。承运人签发提单，就表明他已按提单上所列内容收到货物。提单是运输合同的证明。对托运人而言，提单是在履行运输合同过程中出现的单据，承运人或其代理人在托运人填制的托运单上盖章时，承、托之间的合同就已成立。

(1)提单的分类

提单可以分为多种类型，如按签发提单的时间分类，按提单收货人抬头标准分类，按对货物外表状况有无批注分类，按不同的运输过程分类，按提单签发人的不同分类。

①按照签发提单的时间，可分为预借提单、倒签提单、顺签提单。预借提单是指由于信用证规定的装运期或交单结汇期已到，而货物尚未装船或货物尚未装船完毕时，应托运人要求而由承运人或其代理人提前签发的已装船提单，以及托运人未能及时结汇而从承运人处借用的已装船提单。倒签提单指在货物装船完毕后，应托运人的要求，由承运人或其代理人签发的提单，但是该提单上记载的签发日期早于货物实际装船完毕的日期，采用此类方式承运人需要承担由此产生的风险。顺签提单是指在货物装船完毕后，承运人或其代理人应托运人的要求而签发的提单，但是该提单上记载的签发日期晚于货物实际装船完毕的日期。

②按提单收货人抬头标准，可分为记名提单、不记名提单、指示提单。记名提单是指在"收货人"那一栏明确写明收货人的提单。不记名提单是指在"收货人"一栏不填任何信息或填写 to the bearer 或 to the holder(表明由提单持有人提货)的提单。而指示提单则是指在提单"收货人"一栏内只填写"凭指示"(to order)或"凭某人指示"(to the order of ＊＊＊)字样的提单。注意，指示提单经过记名背书或空白背书可转让。

③按对货物外表状况有无批注，可分为清洁提单和不清洁提单。清洁提单是指没有任何货物破损、包装问题或其他影响结汇的提单。通常情况，交给银行办理结汇的提单均为清洁提单。不清洁提单是指提单上标有货物及包装状况不良或存在缺陷，如水湿、油渍、污损、锈蚀等批注的提单。

④按不同的运输过程，可分为直达提单、转船提单、多式联运提单。直达提单是指由承运人签发的，货物从装货港装船后，中途不经过转船而直接运抵卸货港的提单。转船提单是指不直接驶达货物的目的港的船舶，且要在中途港换装其他船舶运抵目的港，由承运人为这种货物运输所签发的提单。多式联运提单是指货物由海运、内河、铁路、公路和空运等两种以上不同运输工具共同完成全程运输时所签发的提单。

⑤按提单签发人的不同，可分为班轮公司所签提单、无船承运人所签提单。班轮公司所签提单是班轮公司或其代理人所签发的。无船承运人所签提单是无船承运人或其代理人所签发的提单。

除此之外，提单根据签发时间、货物类型等各类特殊因素又可分为预借提单、顺签提单、倒签提单、舱面货提单、并提单等。

(2)提单的作用

①提单具有物权凭证的作用。这一作用是用法律的形式予以确定的，提单的转移意味着提单上记载的货物转移给提单的合法受让人或持有人。提单转移的过程不需要经过承运人的同意。随着提单的转移，提单上记载的有关于提单的权利和义务也随之变更。

②提单是承运人接管货物的依据。对承运人而言，提单是接收货物的初步依据。对收货人而言，提单是承运人运送货物的依据，承运人不可提出与提单相反的证据拒绝提单中所记载的内容。

提单确认书如图 4-6 所示。

<table>
<tr><td colspan="2">Shipper</td><td colspan="2" rowspan="3">B/L NO: 提单确认书
TO:
开航日期:
请务必于开航前两天内将此提单确认件回传，因逾期确认而产生的提单更改费用将由贵司承担，敬请配合及谅解。如需电放，请提供电放保函。</td></tr>
<tr><td colspan="2">Consignee</td></tr>
<tr><td colspan="2">Notify Party</td></tr>
<tr><td>Vessel and Voyage Number</td><td colspan="2">Port of Loading</td><td>Port of Discharge</td></tr>
<tr><td>Place of Receipt</td><td colspan="2">Place of Delivery</td><td>Number of Original B/L</td></tr>
<tr><td colspan="4">PARTICULARS AS DECLARED BY SHIPPER – CARRIER NOT RESPONSIBLE</td></tr>
<tr><td>Container Nos./Seal Nos.
Marks /Numbers</td><td>No. of Container / Packages /
Description of Goods</td><td>Gross Weight
(Kilos)</td><td>Measurement
(cu.metres)</td></tr>
<tr><td></td><td></td><td></td><td></td></tr>
<tr><td colspan="2" rowspan="4">FREIGHT & CHARGES</td><td colspan="2">Number of Containers/Packages (in words)</td></tr>
<tr><td colspan="2">Shipped on Board Date:</td></tr>
<tr><td colspan="2">Place and Date of Issue:</td></tr>
<tr><td colspan="2">In Witness Whereof this number of Original Bills of Lading stated
Above all of the tenor and date one of which being accomplished
the others to stand void.

for PACIFIC INTERNATIONAL LINES (PTE) LTD
as Carrier</td></tr>
</table>

图 4-6 提单确认书

③提单是运输合同的证明。根据《中华人民共和国海商法》第七十八条第一款的规定："承运人同收货人、提单持有人之间的权利、义务关系，依据提单的规定确定。"

在实际操作中，提单正式签发后进行修改需要支付一定的修改费用且程序较为复杂。因此，在签发正本提单之前，必须要对提单的内容和签发形式进行确认，所以在实践中，就产生了提单确认书这一非标准格式的单据。

(3)提单的签发

经过托运人、货代及船代对提单中的托运人、收货人、通知人、货物的名称、包装、标志、数量、重量、体积及外表状况等内容进行确认，可由承运人、经承运人授权的代理人或者载货船船长签署正式提单。其中承运人(ABC)本人签发提单显示：ABC AS CARRIER。经承运人授权的代理人(XYZ)代签提单显示：XYZ AS AGENT FOR ABC AS CARRIER。载货船船长(OPQ)签发提单显示：CAPTAIN OPQ AS MASTER。

提单有正本提单和副本提单之分，通常所说的提单都是指正本提单。副本提单只用于日常业务，不具有法律效力。正本提单应标注“Original”字样，副本提单标注“Copy”字样。

为了防止提单遗失、被窃或在转递过程中发生意外事故造成灭失，各国海商法和航运习惯都允许为一票货物签发一套多份正本提单。签发正本提单的份数应分别记载于所签发的各份正本提单上。在提单上注明为一票货物所签发的正本提单份数，可以使提单的合法受让人了解全套正本提单的份数，以减少提单流失在外而引起的纠纷，保护提单受让人的利益；也可以使接受提单结汇的银行，或者使变更卸货港交付货物的承运人的代理人，了解用以办理结汇或者提取货物的提单是否齐全。

提单上记载的提单签发日期应是提单上所列货物实际装船完毕的日期。集装箱班轮运输中，为了给承运人签发提单提供方便，实践中大多以船舶开航之日(sailing date)作为提单签发日期。但是，应该注意的是，sailing date 并不一定是 on board date(装船日期)。

(4)提单的更正与背书

提单在签发后如发生任何修改需要收取一定的修改费用，因此为了避免费用的产生，提单的修改应在船舶开航前完成。

提单的补发要求提供担保或保证金，并且按照法定程序完成提单声明作废操作。

根据提单转让的规定：记名提单，不得转让；不记名提单，无须背书，即可转让；指示提单，经过记名背书或者空白背书转让。通常提到的提单背书是指“指示提单”在转让时所需要进行的背书。背书是指转让人(背书人)在提单的背面写明或者不写明受让人，并签名的手续。

实践中，背书有记名背书、指示背书和不记名背书等几种方式。

记名背书，也称完全背书，是指背书人在提单背面写明被背书人(受让人)的名称，并由背书人签名的背书形式。经过记名背书的指示提单将成为记名提单性质的指示提单。

指示背书是指背书人在提单背面写明“凭×××指示”的字样，同时由背书人签名的背书形式。经过指示背书的指示提单还可以继续进行背书，但背书必须连续。

不记名背书，也称空白背书，是指背书人在提单背面由自己签名，但不记载任何受益人的背书形式。经过不记名背书的指示提单将成为不记名提单性质的指示提单。

当提单持有人凭提单提货后，需要向承运人提交提单，由承运人在提单上做作废标注。提单的缴还和注销表明承运人已完成交货义务，运输合同已完成，提单下的债权债务也因而得以解除。提单没有缴还给承运人时，承运人就必须继续承担运输合同和提单下的义务。

(三)进口操作流程

1. 交接进口单据

由收货人提交整套进口单据，包括正本提单或电放副本、装箱单、发票及合同。

2. 换单

收货人凭背书齐全的正本提单换取提货单。

3. 报检报关

根据海关检验检疫要求完成商检操作，进行报关业务的操作。

4. 设备交接单申请

凭借已背书的正本提单可以去船公司或船代的箱管部办理设备交接单。

5. 提箱

提箱的操作在进口放箱岗完成，需要领取集装箱设备交接单，并核对内容是否正确。当产品提取后，将空箱归还至回箱地点。

6. 提货

进口商安排车队，结清港口相关费用即可提取货物，将货物放进仓库则进口业务完成。

海运进口业务流程如图 4-7 所示。

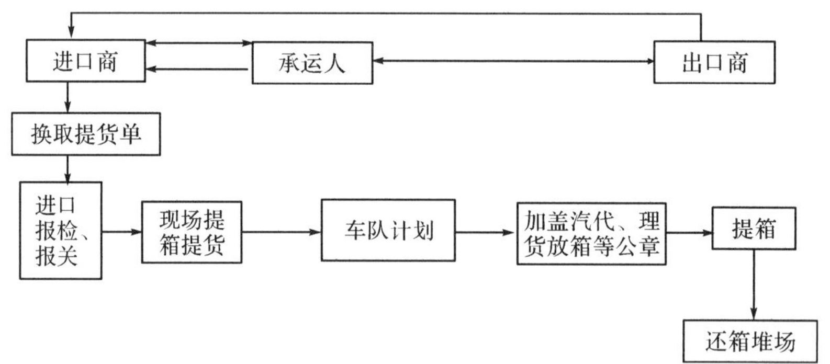

图 4-7　海运进口业务流程

（四）运费计算

跨境电商海运头程运输使用的运输工具均为集装箱班轮，因此在运费计算方面，海派的头程运费计算与集装箱班轮运费计算方式一致，计算公式为

集装箱班轮运费＝运价×集装箱个数＋附加费

整箱货在实践中的报价通常是 all in rate（包干费率）。包干费率是指基本运费率和各项附加运费率之和。

无论是拼箱货的运费还是整箱货的运费，均包含了海上运输的费用和装卸船的费用。

海运费的附加费包含燃油附加费、货币贬值附加费、港口拥挤附加费、战争险附加费、选港附加费等。具体根据目的港的性质（基本港或非基本港）、运输期间的港口情况、目的港政府政策要求等决定。其中，附加费一般为运费的一定百分比。

在实际操作中，使用海派运输单件货物的重量需在 100 千克以上，若不满 100 千克的货物，按 100 千克计算。

燃油附加费多数为远洋航线旺季临时使用，主要是因国际市场燃油价格上涨而征收的附加费。

货币贬值附加费是指船公司为了弥补因收取运费的货币贬值造成的经济损失而向托运人收取的费用。

港口拥挤附加费俗称码头拥挤费，凡是塞港的码头都有可能收取。北非、以色列等一些国家（地区）的港口常年收取。

战争险附加费是指在战争地区收取的费用，如在战火纷飞的中东巴以边境地区，常年收取。

选港附加费是整箱货需收取的费用，以箱（20 英尺/40 英尺）为单位收取。

此外还有转船附加费、旺季附加费、码头操作费等，由不同港口根据实际情况收取。

（五）海派运输与传统海运的区别

跨境电商海派运输与传统贸易海运运输在货物运输出口的整个流程中使用的单据是一致的，业务操作流程也是一样的。跨境电商卖家与普通贸易商均需要物流公司先提供订单箱单、发票、托运书等资料，物流公司根据客户提供的信息，完成订舱、做箱、装箱、报检报关、签发提单等一系列的出口操作。

海派运输和传统海运运输间也存在一些区别。传统海运运输通常包含门到门、内装箱和自拉自送三种货物交接方式。这其中门到门的方式与海派运输的货物交接方式最为相似。但海派运输货物的流转路径更长，传统的门到门货物运输是指从贸易商仓库将货物送至目的国（地区）进口商仓库，而海派运输则是将目的国（地区）的运输路线做了拓展。当货物到达目的国（地区）的海运堆场后，将由当地的工作人员根据订单情况对货物进行分拣，再由当地商业物流公司（如 UPS、DHL）对货物进行派送，最终送至终端消费者手中。从收货人的角度上看，一般贸易的货物一般一个集装箱包的货物是 1 个收货人且具备的单品数量很少，但对于海派或者 FBA 货物而言，一个集装箱内可能包含 7～8 个货物对应 7～8 个收货人。

三、操作技巧

（一）工作项目

浙江雅猫跨境综合服务有限公司的物流专员陈阳洽谈到一家出口美国的电商公司货物海派出口的订单。跨境电商公司要求浙江雅猫跨境综合服务有限公司将货物通过海运的方式于 2019 年 3 月 20 日前派送到美国洛杉矶消费者手中。通过对公司产品的调研，陈阳了解到公司近期开设了海派的相关业务。故公司可以接受该跨境电商公司的业务委托。陈阳的主要工作任务如下。

【工作任务 1】　完成订舱操作

与客户签订订舱委托书，确认订单信息完成订舱操作。

【工作任务 2】　完成业务出口流程操作

填写相关单据，完成产品的报检报关出运。

【工作任务 3】 计算海派运费

计算海运头程运费和海外商业快递派送运费。

(二)操作示范

【工作任务 1】 完成订舱操作

陈阳在公司领取订舱委托书，根据订舱委托书(见表 4-2)相关要素完成向船公司的订舱操作。通过对船公司的调研，最终陈阳选择美国美森轮船宁波分公司作为承运方并完成了订舱委托书的填写。美森船公司每周有固定的航班前往美国，采用“5 截 2 开”(周五截关周二开船)方式，每周六进行装船。填写发货人为“浙江雅猫跨境综合服务有限公司”，填写收货人为“美国洛杉矶目的港的联络人”。订舱委托书中的信息根据客户要求进行填写，但需要注意的是单据中所有填写的信息必须和客户进行核对，当客户对船公司、航线、时间、货物重量等内容核对无误后才能将单据交至船公司处，等待船公司发还装箱通知。

表 4-2 浙江雅猫跨境综合服务有限公司订舱委托书

浙江雅猫跨境综合服务有限公司

ZHEJIANG YAMAO INTERNATIONAL LOGISTICS CO. , LTD.

ADD: ROOM 1801 NO. 6 WEST ZHENXING RD, HANGZHOU, ZHEJIANG, CHINA

TEL: 0086 - 571 - 86738 * * *   FAX: 0086 - 571 - 86738 * * *

订舱委托书

编号 No. ZJYM20190 * * *   时间:2019 年 1 月 20 日

发货人 Shipper:

收货人 Consignee:

通知人 Notify Party:

TO:美国美森轮船宁波分公司

兹委托贵公司承运下列货物，请于出运后将费用清单传于我司，以便我司确认费用及开票抬头。

装运港	目的港	预配航班	预配箱量	L/C 装期	L/C 有效期
标记及号码	件数及包装	货物描述		毛重/千克	尺寸/立方米
B/L 份数:			分批装运:		转运:
L/C 特别条款					
运费:			联系人:陈阳	电话:86 - 0571 - 86738 * * *	
危险品:否					
注意事项	1. 2. 3. 4.				

解读:美国美森轮船宁波分公司采取“5 截 2 开”的方式,对于跨境电商头程物流而言订舱操作与传统海运订舱操作完全一致。

【工作任务 2】 完成业务出口操作

当船公司统一承运后,会将装货单、配舱回单等退还给浙江雅猫跨境综合服务有限公司,提供规定时间,要求将货物送达指定码头仓库。陈阳凭借集装箱设备交接单到空箱堆场领取空箱。待跨境电商货物装箱完毕后,陈阳组织填写装箱单,并交至码头堆场。与此同时,浙江雅猫跨境综合服务有限公司报关部门协助跨境电商企业完成商品报检报关操作。完成操作后码头堆场接收货物签发场站收据,公司在“单一窗口”完成海关申报,系统生成报关单据,货物可装船。随后陈阳打印海运提单确认书,跨境电商公司确认无误后,船公司将正本海运提单寄给跨境电商公司。

当货物到达目的地港口后,目的地联系人凭借提单前往目的地堆场提货,并且直接对集装箱货物进行分拣,由当地物流公司工作人员提货并配送至终端消费者手中。

海派出口流程如图 4-8 所示。

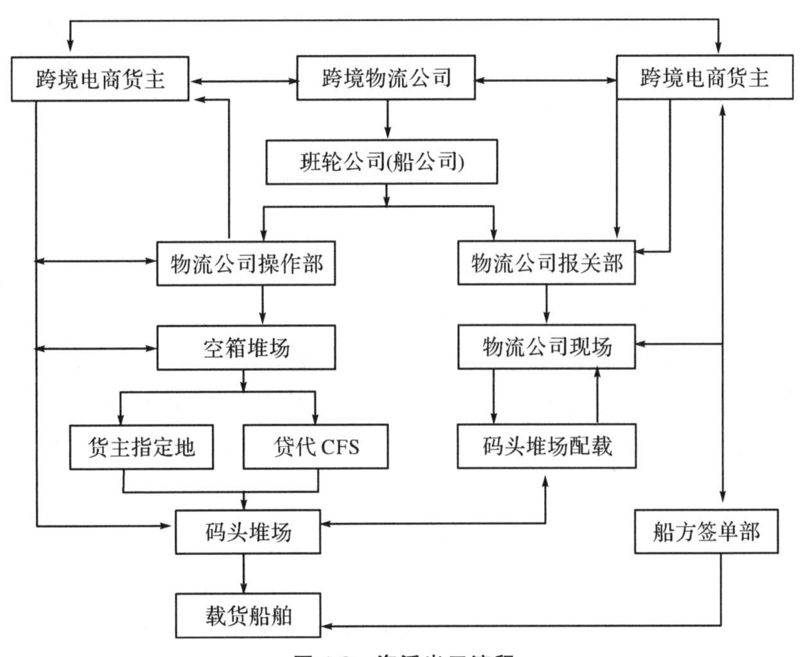

图 4-8 海派出口流程

解读:海派操作与传统海运操作在前端派送阶段业务操作完全一致,在目的地的派送方式上有所区别。传统海运通常只将货物运送到集装箱堆场或送至境外买家仓库。海派运输则是将境内卖家货物送至终端消费者手中。因此海派运输是传统海运和商业快递联合的运输模式。在集装箱使用方面,传统海运集装箱通常是整箱或者 2 种左右的货物拼箱,且收件人很少;但海派运输中一个集装箱包含多种多个产品且对应多个收货人。

【工作任务 3】 计算海派运费

某跨境电商卖家要出口一批小五金产品,共 2 个 20GP(general purpose container,通用集装箱),从宁波港运往洛杉矶港,基本运费为 980 美元/20GP,燃油附加费是 75 美元/

20GP,海外派送费用为1800美元。请计算运费。

解答:海运运费=运价×集装箱个数+附加费

海运运费=980×2+75×2=2110(美元)

总运费=2110+1800=3910(美元)

解读:海派运费由两个部分构成,传统海运运费加海外商业快递配送费用。

第二节 国际空运头程物流

一、国际航空运输基础知识

(一)国际航空货物运输组织

1. 国际民用航空组织

国际民用航空组织(International Civil Aviation Organization,ICAO)是由各国(地区)政府组成的国际航空运输组织,是联合国系统中负责处理国际民航事务的专门机构。1944年12月7日,52个国家(地区)在芝加哥签订了《国际民用航空公约》(通称《芝加哥公约》),按照公约规定成立了临时国际民航组织(PICAO)。1947年5月13日,国际民航组织正式成为联合国的一个专门机构,至2019年已有193个会员,总部设在加拿大蒙特利尔。国际民航组织由大会、理事会和秘书处三级框架组成,最高权力机构每三年举行一次大会,理事会是向大会负责的常设机构,由大会选出的36个会员的代表组成,我国1974年恢复参加国际民航组织的主要活动,是理事成员之一。理事会下设航空运输委员会、联营导航委员会、财务委员会、非法干扰委员会、技术合作委员会、人力资源委员会等。国际民用航空组织主要制定民用航空的国际标准和规章,制订并刷新关于航行的国际技术标准和建议措施,鼓励使用安全措施、统一业务规章和简化国际边界手续。

2. 国际航空运输协会

国际航空运输协会(International Air Transport Association,IATA,以下简称国际航协)是各国航空运输企业的联合组织,会员必须是持有国际民用航空的成员颁发的定期航班运输许可证的航空公司。其前身是国际航空业务协会(International Air Traffic Association),1945年4月,各国航空公司在哈瓦那审议了协会章程,58家航空公司签署了文件。1945年12月8日,加拿大议会通过特别法令,同意给予其法人地位。协会总部设在加拿大蒙特利尔,执行总部设在日内瓦,同时在日内瓦还设有清算所,方便各会员之间及会员与非会员之间进行财务上的结算。国际航空运输协会在全球7个地区设有办事处。

(二)航空运输地理与时区

1. 国际航协交通协议区

为保证国际航行运营安全和各国航空运输企业在技术规范、航行程序和操作规则上的一致性,便于各国及地区航空公司间的合作和业务联系,国际航协将全球划分为三个航空运

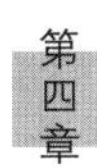

输业务区域，称为“国际航协交通协议区”（IATA traffic conference areas），简称航协区，即 ARETC1、ARETC2、ARETC3 三个大区，简称 TC1 区、TC2 区、TC3 区，而每个大区下又划分了多个次区，各航协区组成可扫描二维码了解。

国际航协区划分

TC1 区东临 TC2 区、西接 TC3 区，北起格陵兰岛，南至南极洲。主要包括北美洲、拉丁美洲及附近岛屿与海洋。

TC2 区东临 TC3 区，西接 TC1 区，北起北冰洋诸岛，南至南极洲，包括欧洲、非洲、中东及附近岛屿。

TC3 区东临 TC1 区，西接 TC2 区，北起北冰洋，南至南极洲，包括亚洲（除中东包括的亚洲部分国家）、大洋洲及太平洋岛屿的广大地区。

2. 飞行时间与时差计算

（1）飞行小时

飞行小时，是指自始发地机场至目的地机场之间的运输时间，包括中转时间。航班时刻表上的出发和到达时间都是以当地时间（local time）为准的，计算航班飞行小时要换算时差。

（2）时差

由地球的自转造成经度不同地区的地方时刻出现的差异，被称为时差。飞机跨越经度时，就产生了时刻上的不统一。进行时差换算，对于安排航班，更好地进行航空运输非常重要。1884 年在华盛顿召开国际经度会议时，为克服各国（地区）时间上的不同，规定以英国伦敦格林尼治天文台原址为 0°经线的起点（亦称为本初子午线），0°经线向东、向西各 7.5°构成零时区，也叫作中央时区，中央时区的区时被称为世界标准时（Greenwich Mean Time，GMT），再以 180°经线为中央经线各划出东西 12 时区，将全球划分为 24 个时区。每个时区横跨经度 15 度，时间正好是 1 小时。

（3）飞行时间换算

飞行时间、两地时差的换算，可以格林尼治时间作为标准加以比较，换算成世界标准时间。在航班时刻表中各城市时间都是当地标准时间。全球航班数据提供商 OAG 公布了国际时间换算表（international time calculator），列出了各国（地区）当地标准时间与世界标准时的时间差距。可扫描二维码了解详情。

国际时间换算表

（4）飞行时间计算

某旅客乘国航班机从北京首都机场（PEK）启程飞往洛杉矶机场（LAX），出发时间是北京时间 7 月 8 日 10:30，到达洛杉矶的时间为当地时间 7 月 8 日 16:50。计算该旅客的飞行时间。

计算步骤如下。

①从国际时间换算表中找出始发站和目的站的标准时间。

PEK＝GMT＋8（当地标准时）

LAX＝GMT－5（当地标准时）

②将起飞和到达的当地时间换算成世界标准时（GMT）。

PEK10:30＝GMT1＋8（当地标准时）

LAX16:50＝GMT2－5（当地标准时）

则

GMT1＝10 时 30 分－8 时＝2 时 30 分

GMT2＝16 时 50 分＋5 时＝21 时 50 分

③用到达时间减去起飞时间，即飞行时间。

GMT2－GMT1＝21 时 50 分－2 时 30 分＝19 小时 20 分

(三)航线与航空港

1. 航线

世界主要航空线

民航运输飞行按照规定的线路运行，包括方向、起讫点、经停点、航路宽度、飞行高度层。国际航线的走向总趋势呈东西向，集中分布在北半球的中纬度地区，大致形成一个环绕圈的航空带。国际航线最密集的国家和地区是欧洲、北美及东亚，最繁忙的海域是北大西洋和北太平洋。在纬向航空带的基础上，由航线密集区向南辐射，形成一定经向航线分布。世界上最繁忙的航空线与航空枢纽如下。

(1)西欧—北美间的北大西洋航线，是历史最悠久、世界上最繁忙的国际航线之一。该条航线包括的范围是欧洲、北美东岸之间，该航线主要连接巴黎、伦敦、法兰克福、纽约、芝加哥、蒙特利尔等航空枢纽。

(2)北美—亚洲间的北太平洋航线，介于北美和亚洲之间太平洋上空，从北美西海岸到亚洲东部，是世界上最长的越洋航线。这是北京、香港、东京等机场经北太平洋上空至北美西海岸的温哥华、西雅图、旧金山、洛杉矶等机场的航空线，并可延伸至北美东海岸的机场。太平洋中部的火奴鲁鲁是该航线的主要中继加油站。

2018 年全球机场吞吐量 Top 20

(3)南大西洋航线，在南大西洋地区(南美洲)和东南亚之间，经过大西洋和中非、南非、印度洋岛屿或者直飞的航线。如毛里求斯、南非、圣保罗航线。

(4)西欧—中东—远东航空线。该航线连接西欧各主要机场至香港、北京、东京等机场，并途经雅典、开罗、德黑兰、卡拉奇、新德里、曼谷、新加坡等重要航空站。

此外，拉美航线、极地航线、澳新航线等，也是比较主要的航线。

2. 航空港

世界主要航空港

航空港是航空运输的经停点，又称航空站或机场。供飞机起飞、降落、停放，以及组织、保障飞机活动的场所。目前全世界约有机场 49000 个，主要分布在美洲和欧洲，2018 年全球吞吐量前 20 名的机场可扫描二维码了解。

(四)航空货运操作代码

1. 国家的两字代码

国际航协用 2 个大写英文字母表示国家代号，由国际标准组织制定。常见的国家代码如表 4-3 所示。

表 4-3 常见的国家代码

英文	中文	代码
China	中国	CN

续 表

英文	中文	代码
the United States of America	美国	US
the United Kingdom	英国	GB
Germany	德国	DE
France	法国	FR
Japan	日本	JP
Korea	韩国	KR
Singapore	新加坡	SG
Canada	加拿大	CA
Australia	澳大利亚	AU

2. 机场代码

每个机场都有独一无二的代码，机场代码有两种，国际民用航空组织机场代码(ICAO)和国际航空运输协会机场代码(IATA)。IATA的代码通常为机场名或是服务城市的缩写，常见的航空公司代码可扫描二维码了解。

常见的航空公司代码

二、空派运输

(一)含义

跨境电商是“互联网＋外贸”的新零售模式，对产品运输时效、产品更替速度要求较高。传统海运需要花费较长的时间，对于跨境电商而言，“最后一公里”的时效性极其重要，不仅关系到客户的用户体验，也关系到企业发展的延续性。

从跨境电商的行业特征来看，空运包裹运输一直是跨境电商的首选运输方式。随着跨境电商行业发展日趋规范，单个多次的空运包裹已经很难满足部分企业高速发展的势头，因此，不少企业选择使用海外仓作为海外备货模式。这种方式的运用使得空派运输被广泛运用。

空派运输是指使用飞机、直升机及其他航空器运送人员、货物、邮件从一个国家或地区到达另外一个国家或地区的仓库并且再由当地商业快递公司将货物送至消费者手中的运输方式。与海派运输相比，空派运输的时效性更高，成本也相对比较高昂。

(二)出口业务操作流程

1. 接受订单

物流业务员与客户达成合作意向后应与客户签订代理协议，但日常操作中客户可通过寄送委托书或出口货物明细单来确认委托关系。随后，物流公司与客户签订“国际货物托运书”。

空运托运书是托运人用于委托承运人或其代理人填制航空货运单的一种表单，表单上列有填制货运单所需各项内容，并应印有授权于承运人或其代理人代其在货运单上签字的文字说明。

作为填开航空货运单的依据，货运单应由托运人填写，而且托运人必须在上面签字并盖章，作为货主委托代理承办航空货运出口货物的依据。实践中货运单一般由承运人或其代理人代为填写。航空货运代理公司根据委托书要求办理出口手续，并据以结算费用。因此，"国际货物托运书"是一份重要的法律文件，如图 4-9 所示。

<table>
<tr><td rowspan="3">托运人姓名及地址
SHIPPER'S NAME AND ADDRESS</td><td>托运人账号
SHIPPER'S ACCOUNT NUMBER</td><td colspan="2">供承运人用
FOR CARRIER USE ONLY</td></tr>
<tr><td rowspan="2"></td><td>航班/日期
FLIGHT/DAY</td><td>航班/日期
FLIGHT/DAY</td></tr>
<tr><td colspan="2"></td></tr>
<tr><td rowspan="2">收货人姓名及地址
CONSIGNEE'S NAME AND ADDRESS</td><td>收货人账号
CONSIGNEE'S ACCOUNT NUMBER</td><td colspan="2">已预留吨位
BOOKED</td></tr>
<tr><td></td><td colspan="2">运费
CHARGES</td></tr>
<tr><td colspan="2">代理人的名称和城市
ISSUING CARRIER'S AGENT NAME AND CITY</td><td colspan="2" rowspan="3">ALSO NOTIFY:</td></tr>
<tr><td colspan="2">始发站
AIRPORT OF DEPARTURE</td></tr>
<tr><td colspan="2">到达站
AIRPORT OF DESTINATION</td></tr>
</table>

<table>
<tr><td colspan="2">托运人声明的价值
SHIPPER'S DECLARED VALUE</td><td rowspan="2">保险金额
AMOUNT OF INSURANCE</td><td rowspan="2">所附文件
DOCUMENT TO ACCOMPANY AIR WAYBILL</td></tr>
<tr><td>供运输用
FOR CARRIAGE</td><td>供海关用
FOR CUSTOMS</td></tr>
<tr><td colspan="4">处理情况（包括包装方式、货物标志及号码等）
HANDLING INFORMATION（INCL METHOD OF PACKING，IDENTIFYING MARKS AND NUMBERS）</td></tr>
</table>

件数 NO. OF PACKAGES	实际毛重（千克） ACTUAL GROSS WEIGHT（KG）	运价类别 RATE CLASS	收费重量（千克） CHARGEABLE WEIGHT (KG)	费率 RATE/CHARGE	货物品名及数量（包括体积或尺寸） NATURE AND QUANTITY OF GOODS（INCL. DIMENNSIONS OF VOLUME）

电话： 传真： 联系人： 地址： 托运人签字：	★如改配航空公司请提前通知我司 （公章） 制单日期：　年　月　日

图 4-9　国际货物托运书

2. 预配订舱操作

物流业务人员根据跨境电商客户提供资料在操作系统上完成预报工作，对每票货物配上运单号，匹配航线的要求和客户的要求，制订预配舱计划。随后业务员需要至少在装运一周前完成预订舱操作，此事需要从重量限制、容积限制、舱门限制、飞机货舱地板承受力等方面考虑适合的机型。垫板面积计算公式为

垫板面积＝货物的重量/地板承受力限额

(1) 飞机的分类

飞机按机身的宽窄分为宽体飞机和窄体飞机；按飞机使用用途可分为全货机，全客机和客货混用机。窄体飞机的机身宽约 3 米，旅客座位之间有一个走廊，这类飞机往往只在其下货舱装运散货。宽体飞机的机身较宽，客舱内有两条走廊，三排座椅，机身宽一般在 4.72 米以上，这类飞机可以装运集装货物和散货。全货机的主舱和下舱均用于载货，全客机仅下舱可以载货，客货混用机在主舱前部设有旅客座椅，后部可装载货物，下舱内也可以装载货物。

(2)集装器和集装箱

航空集装器按照注册与否可分为注册的飞机集装器、非注册的集装船，按照用途可分为集装板和网套、结构与非结构集装棚。集装箱则包含空陆联运集装箱、主货舱集装箱、下货舱集装箱。

(3)接货操作

航空公司向物流公司或货主发送“送货通知书”，物流公司或货主将货物发送至航空公司海关监管仓库。

(4)制作航空货运单

收到发货人的发货预报后，向航空公司吨控部门领取并填写“订舱单”，提供相应信息：货物名称、体积(必要时提供单件尺寸)、重量、件数、目的地、要求出运时间、其他运输要求(温度、装卸要求、货物到目的地时限等)。货物入库以后，根据实际接收的发运货物，与之确认委托书中各项栏目订舱细节，向航空公司确认订舱。

航空运输包括集中托运和直接运输两种，航空货运单也包含了主运单和分运单。航空货运单是发货人收结汇的主要有效凭证，因此运单的填写必须详细、准确、严格符合单货一致、单单一致的要求。

代理人在收取货物之后，进行集中托运，需要把来自不同托运人的货物集中到一起，交给航空公司，代理人和航空公司需要签发一个航空运单作为凭证，这就是主运单。通常情况下，一份主运单对应多份分运单。一票集中托运货物的所有分运单都要装在结实的信封内附在主货运单后，并在货运单“Nature and Quantity”(性质和数量)栏内注明：“Consolidation as per attached manifest”，意为“集中托运货物的相关信息附在随带的舱单中”。

分运单是指在进行集中托运货物时，从各个托运人处收取货物时，集运商需要签发给各个实际托运人的一个航空运单凭证。因此在分运单中填写的托运人和收货人为货物真正的相关联系人。

(5)报检报关操作

跨境电商的报检报关操作需要在“单一窗口”完成，具体操作步骤与传统货物出口一致。

(6)货物出运操作

货物出仓单的制作是在物流业务员完成配舱后进行的,有业务员在系统中编制出仓单,交出口仓库以此完成后续出运操作。出仓单包含的信息包括出仓单的日期、承运航班的日期、装载箱板形式及数量、货物进仓顺序编号、主运单号、件数、重量、体积、目的地代码和备注。

货物的出运除了要准备好货物本身外,还需要准备好装载货物的板箱。板箱由航空公司有关部门管理,物流业务员向相关部门提出申请,领取相应的集装箱、板。对于装箱、装板的地点,大宗商品可以在物流公司或者跨境电商商家仓库完成装货操作,也可以在航空公司指定场地完成装板、装箱。如条件允许,航空公司会派出卡车前往商家仓库提取需要运输的货物运至海关监管仓库。

物流公司将盖有海关放行章的航空货运单交各航空公司,确认航空货运单上的各类信息无误后,航空公司完成签单操作。至此,跨境物流公司可将航空货运单和货物交给航空公司安排运输。

(三)进口业务操作

1.代理预报

在境外公司发货前,由境外代理公司将运单、航班、件数、重量、品名、实际收货人及其地址、联系电话等内容预发给目的地代理公司,委托办理接货手续。

2.交接单、货

完成交接清单与总运单的核对及交接清单与货物核对。航空货物入境时,与货物相关的单据也随机到达,运输工具及货物处于海关监管之下。航空公司或其地面服务公司将货物从飞机卸货后,将货物存入航空公司或机场的海关监管仓库内;地面服务公司进行进口货物舱单录入,将舱单上总运单号、收货人、始发站、目的站、件数、重量、货物品名、航班号等信息通过电脑传输给海关留存,供报关用。

3.理货、进仓

航空代理公司与航空公司或其地面服务公司的单货交接手续办理完毕,即根据货量安排运输工具,将货物驳运至自己的海关监管仓库内,组织理货及仓储。逐一核对每票件数,核对交接单上的货物是否已全部入库。检查每票货物外包装是否破损、货物是否破损,破损是否有“破损事故记录单”;破损货物和分批货物必须区分到分运单,便于客户报关(报关以分运单为最小报关单位)。确有接货时未发现的问题,将协助收货人向民航进行追查或索赔。如发生货物损坏事件,应在 14 天内向承运人提出异议,以保护货主的利益。按大货、小货,重货、轻货,单票货、混载货,危险品、贵重品,冷冻品、冷藏品分别堆存、进仓。

4.理单与到货通知

完成单据的录入和分类。集中托运进口货物需要对总运单项下的分运单分理出来,分类理单、编号,编制种类单证。随后还需制作到货通知单,到货通知单一般发给实际收货人,告知其货物已到空港,催促其速办报关、提货手续。到货通知单需要填写的项目有:

公司名称、运单号、到货日期、应到件数及重量、实到件数及重量、合同号、货物名称、是否为特种货物、货运代理公司业务联系人及其电话等。应早、快、妥通知货主到货情况。超过 14 天报关,会收取滞报金;超过 3 个月报关,货物将上交海关处理。

5.进口制单与预录入、报验、报关

制单的依据是运单、发票及证明货物合法进口的有关批准文件。制单一般在收到客户的回复及确认,并获得必备的批文和证明之后方可进行。制单、报检、报关的形式包括货代公司代办、货主自行办理和货主自办。

报检报验一般发生在报关前,即“先报检报验、后报关”。报检报验时,一般需经海关认可,凭报关单、发票、装箱单(正本或复印件),向当地的海关进行报验,海关核查无误后,或当即盖章放行,或加盖“待检章”。

进口报关,就是向海关申报办理货物进口手续的过程,是进口程序中最关键的环节,任何货物都必须在向海关申报并经海关放行后才能提出海关监管仓库或场所。进口报关可分为初审、审单、征税、验放四个阶段。

6.收费与发货

货代公司在发放货物前会要求结清费用。费用主要包含到付运费及垫付佣金,单证、报关费,仓储费,装卸、铲车费,航空公司到港仓储费,海关预录入、动植检、卫检、报检等代收代付费用,关税及垫付佣金。

7.送货与转运

(1)送货上门业务

主要指进口清关后货物直接运送至货主单位,运输工具一般为汽车。

(2)转运业务

主要指将进口清关后的货物转运至内地的货运代理公司,运输方式主要为飞机、汽车、火车、水运、邮政。

(3)进口货物转关及监管运输

主要指货物入境后不在进境地海关办理进口报关手续,而运往另一设关地点办理进口海关手续,在办理进口报关手续前,货物一直处于海关监管之下,转关运输亦称监管运输,意谓此运输过程置于海关监管之中。

部分货主要求异地清关时,在符合海关规定的情况下,制作“转关运输申报单”办理转关手续,报送单上需由报关人填报的项目有:进口口岸、收货单位、经营单位、合同号、批准机关及文号、外汇来源、进口日期、提单或运单号、运杂费、件数、毛重、海关统计商品编号、货品规格及货号、数量、成交价格、价格条件、货币名称、申报单位、申报日期等,转关运输申报单内容少于报关单,亦需按要求详细填列。

(四)运费计算

1.基本概念

(1)实际毛重:货物净重与包装件重量之和。

(2)体积重量:货物体积按一定比例折合成重量,以 0.5 千克为计算单位。体积重量

计算公式为

体积重量=货物体积/6000

(3)计费重量:以重量为基础计算货物的航空运费。实际情况中,航空货物需要考虑货物是重货还是泡货,因此,需要先对货物的体积重量进行计算,根据货物的高低密度,选择用以计算运费的重量作为计费重量。

(4)较高重量分界点:实际计费重量的运费若超过较高重量分界点的运费时,航空公司可同意按较低者收取运费,则此较高重量分界点的货物起始重量作为货物的计费重量。

【例 4-1】重 30 千克货物运往韩国,运价等级为 45 千克以下 37.15 元/千克,45 千克及以上 18.28 元/千克。请设计合适的物流方案。

30×37.15=1114.50(元)>45×18.28=822.60(元),航空公司同意物流公司上报货物重量为 45 千克,核算运费为 822.60 元。

(5)计费重量单位:国际货物的计费重量以 0.5 千克为最小单位,重量尾数不足 0.5 千克的,按 0.5 千克计算;0.5 千克以上不足 1 千克的,按 1 千克计算。

(6)最低运费:这是指航空公司承运一票货物自始发地机场至目的地机场的航空运费最低收费额。对小量货物运送,承运人仍会产生一定的作业成本,因此报价为每票货的最低运费,代码为“M”。

(7)协议运价:这是指航空公司与托运人签订协议,托运人保证每年向航空公司交运一定数量的货物,航空公司则向托运人提供一定数量的运价折扣。

(8)国际航协运价:国际航协通过运价手册——*Tact Rates Book* 公布的运价。按照 IATA 货物运价公布的形式划分,国际货物运价可分为公布直达运价和非公布直达运价。

2. 普通货物运价核算

(1)普通货物运价的含义

普通货物运价是指除了等级货物运价和指定商品运价以外的适合于普通货物运输的运价。其中,“N”表示标准普通货物运价,是指 45 千克以下的普通货物运价。对于 45 千克以上(含 45 千克)的不同重量分界点的普通货物运价均用“Q”表示。普通货物运费的计算需要运输的最低运费和较高重量分界点运费与货物的实际重量运费做比较。

(2)普通货物运价的计算步骤

普通货物运价的计算步骤具体如下。

①计算货物的体积重量。

②比较毛重与货物的体积重量,选择较大的数值作为货物的计费重量。

③根据普通货物运价表中的运价和计费重量计算运费。

④使用较高重量分界点的重量和运价计算运费,并与步骤(3)得出数值进行比较,取低者。

⑤用步骤(4)得出数值与货运的最低运费 M 做比较,取高者。

3. 指定商品运价核算

(1)指定商品运价含义

指定商品运价是承运人根据在某一航线上经常运输某一种类货物的托运人的请求,或为促进地区间某一种类货物的运输,经国际航空运输协会同意所提供的优惠运价。用字母“C”表示。

国际航空运输协会公布的指定商品货物的分组及品名编号如下。

0001—0999　食用动物和植物产品。

1000—1999　活动物和非食用动物及植物产品。

2000—2999　纺织品、纤维及其制品。

3000—3999　金属及其制品，但不包括机械、车辆和电器设备。

4000—4999　机械、车辆和电器设备。

5000—5999　非金属矿物质及其制品。

6000—6999　化工品及相关产品。

7000—7999　纸张、芦苇、橡胶和木材制品。

8000—8999　科学、精密仪器、器械及配件。

9000—9999　其他货物。

(2)指定商品运价使用需满足的要求

指定商品运价的使用需要同时满足三点要求：第一，运输始发地至目的地之间有公布的指定商品运价；第二，托运人所交运的货物，其品名与有关指定商品运价的货物品名相吻合；第三，货物的计费重量满足指定商品运价使用时的最低重量要求。

(3)指定商品运费计算步骤

①先查询运价表，如在运输的航线内存在指定商品代号，则可考虑使用指定商品运价进行计算。

②查找 *Tact Rates Books* 品名表，找出与运输货物品名相对应的指定商品代号。

③如果货物的计费重量超过指定商品运价的最低重量，则优先使用指定商品运价。

④如果货物的计费重量没有达到指定商品运价的最低重量，则需要使用普通货物运价方式和指定商品最低重量运价方式进行对比，选择运费较低者。

4. 等级货物运价核算

等级货物运价是指在规定的业务区内或业务区之间运输特别指定的等级货物的运价。适用等级货物运价的货物有活动物、活动物的集装箱和笼子、贵重货物、尸体或骨灰、报纸、杂志、书籍、商品目录、盲人和聋哑人专用设备与书籍等出版物、作为货物托运的行李。

等级货物运价采取在普通货物运价基础上附加或附减一定百分比的形式，附加或附减规则公布在 *Tact Rules* 中，运价的使用须结合 *Tact Rate Books* 一同使用。附加、不附加或不附减的等级货物用代号“S”表示；附减的等级货物用代号“R”表示。活动物、贵重物品、尸体、骨灰等适用于附加的等级货物运价计算，报纸、杂志、书籍等出版物、作为货物托运的行李适用于附减的等级货物运价计算。

5. 运价核算规律

第一，如果航线始发地和目的地之间存在协议运价，优先使用协议运价。

第二，同等条件下的公布直达运价优先使用指定商品运价。如果指定商品运价条件不完全满足，则可以使用等级货物运价和普通货物运价。

第三，当无法使用指定商品运价时优先使用等级货物运价。

第四，当货物不满足以上几种核算方式时，使用普通货物运价核算。

航空货运其他运费表

第五，如果当运输两地间无公布直达运价，则应使用非公布直达运价。非公布直达运价可以根据比例运价进行计算，也可以分段计算运费。

6.其他费用

国际航空货物运输中，除自运输始发地至运输目的地之间整个运输过程发生的航空运费外，在运输始发站、中转站、目的站还会经常发生与航空运输有关的其他费用，比如货运单费、垫付费、地面运输手续费、报关费、报检费、运费到付手续费、燃油费、战险费、危险品处理费等。

(五)传统空运运输与空派运输的区别

传统空运运输与空派运输在境内段的出口流程、单据流转及业务操作流程上均相同，但传统空运业务货物仅停留在空港码头或境外买家仓库，空派运输则将物流服务链延伸至终端消费者手中。当货物到达海外机场仓库或跨境电商卖家指定仓库后，仓库操作人员完成货物的分拣工作(可按照不同物流公司区分)，海外商业快递工作人员在仓库取货后根据销售平台提供的客户信息，将货物直接送到终端消费者手中。

三、操作技巧

(一)工作项目

浙江雅猫跨境综合服务有限公司的物流专员陈阳洽谈到一家出口美国的电商公司货物空派出口的订单。跨境电商公司要求浙江雅猫跨境综合服务有限公司将货物通过空运的方式于 2019 年 3 月 25 日前派送到美国洛杉矶消费者手中。通过对公司产品的调研，陈阳了解到公司近期开设了空派的相关业务。故公司可以接受该跨境电商公司的业务委托。陈阳的主要工作任务如下。

【工作任务 1】 完成订舱操作

与客户签订托运书，确认订单信息完成订舱操作。

【工作任务 2】 完成业务出口流程操作

填写相关单据，完成产品的报检报关出运。

【工作任务 3】 计算空派运费

计算空运头程运费和海外商业快递派送运费。

(二)操作示范

【工作任务 1】 完成订舱操作

陈阳告知客户“国际货物托运书”必须由托运人自己填写，并在托运书上签字加盖公章，传真给浙江雅猫跨境综合服务有限公司。客户需要保证以下内容的真实性：发货人、收货人、通知人(联络方式)、起运港、卸货港、最终目的地、运输方式(整箱/拼箱/空运)、品名、唛头、货物描述、件数、毛重、体积、运费付费方式、装运期限、订舱要求、拼箱要求等。

完成对托运书的审核确认后，陈阳针对客户的要求做预配舱和预定舱操作。陈阳与航空公司确认舱位，完成预定舱操作；与航空公司确认预定舱信息后，需将预计运输货物的运价单制作完毕，供跨境电商出口企业审核。预定舱操作完成后，公司报关部门介入进行空运货物出口报关操作。业务员收集出口商品所需佐证的资料，如发票、装箱单、检验检疫单据、报关单等，凭借系列单据在"单一窗口"完成产品的出口报关业务。

航空公司提供"送货通知书"，陈阳联系跨境电商出口商备货并送至指定监管仓库。货物到达货站后，将进行对货物的过磅和丈量，确认无误后工作人员填写"国际货物入库交接单"，陈阳签字。货物正式入库后，陈阳可向航空公司订舱，缮制"国际货物空运委托书"。航空公司则会提供一份航空货运舱单，至此陈阳可去领取集装箱。

解读：*航空公司舱位预定工作需要提前进行预配舱和预定舱，业务操作员需要为预定舱和后续的正式订舱预留充足的时间，确保货物可以按时送至目的地。*

【工作任务 2】 完成业务出口流程操作

当陈阳完成货物的预配舱、预定舱、订舱操作后，跨境电商货物正式走出口流程。陈阳所在的公司需要协助跨境电商出口商完成货物的报检报关操作，与此同时陈阳需要填制航空货运单。根据货物是整箱货或拼箱货，陈阳需要对货运单类型做选择。若是整箱货，陈阳可填写主运单，可用跨境电商出口商和收货人作为单据的托运人和收件人；若该货物是拼箱货，则需要填写以浙江雅猫跨境综合服务有限公司为托运人的主运单，并且制作以跨境电商出口商为托运人的分运单。

订舱后，航空公司吨控部门根据货量发放"航空集装箱、板"凭证，陈阳协助跨境电商出口商完成货物的装箱、装板操作。货运单在盖好海关放行章后还需到航空公司签单。签单确认后陈阳可向航空公司交单交货，等待航空公司出运。

陈阳作为物流专员，在单、货交给航空公司后就需对航班、货物进行跟踪。当货物到达目的地后，需要完成货物的清关与分拣操作，随后由目的地商业快递业务员上门提货，将货物送至终端消费者手中。

【工作任务 3】 计算空派运价

【例 4-2】 计算普通货物运价。

航空托运一票货物，信息如下，如表 4-4 所示。

Routing（线路）：SHANGHAI（SHA，上海），CHINA（CN，中国） to LOS ANGELES（LAX，洛杉矶），USA（US，美国）

Commodity（产品）：Bags（包）

Gross weight（毛重）：39.7 千克

Dimensions（规格）：100 厘米×55 厘米×26 厘米

表 4-4 货运信息【例 4-2】

SHANGHAI	CN	SHA	KGS		CNY
LOS ANGELES	US	LAX			
			N	45.0	30.57
			Q	45.0	22.49

解读:N表示重量在45千克以下的运价,Q表示重量在45千克及以上的运价

解答:(1)按实际重量计算

体积:100×55×26=143000(立方厘米)

体积重:143000÷6000≈23.8(千克)

根据体积重量以0.5千克为单位,23.8千克取24.0千克

毛重:39.7千克

计费重量:40.0千克

适用税率:GCR N为30.57元/千克(GCR为普通货物运价)

运费:40.0×30.57=1228.80(元)

(2)按较高重量分界点的较低运价计算

计费重量:45.0千克

适用税率:GCR Q为22.49元/千克

运费:45.0×22.49=1012.05(元)

(1)与(2)比较,1228.80>1012.05,取运费较低者。

此票货物的航空运费为1012.05元。

航空货运单运费计算栏填制如表4-5所示。

表4-5 运费信息(【例4-2】)

No. of Pieces Rcp (件数)	Gross Weight/KG (毛重/千克)	Rate Class (运费等级) Q	Chargeable Weight/KG (计费重量/千克)	Rate/Charge/CNY (运价/元)	Total/CNY (运费总额/元)	Nature and Quantity of Goods (Incl. Dimension or Volume) (货物的品名和数量,含规格和体积)
		Commodity Item No. (商品代码)				Bags Dimensions:100cm×55cm×26cm
1	39.7		45.0	22.49	1012.05	

解读:国际货物的计费重量以0.5千克为最小单位,重量尾数不足0.5千克的,按0.5千克计算;0.5千克以上不足1千克的,按1千克计算,如23.3千克取23.5千克,29.8千克取30千克。

【例4-3】 计算指定商品运价,货运信息如表4-6所示。

Routing(线路):BEIJING(BJS,北京),CHINA(CN,中国) to NAGOYA(NGO,名古屋),JAPAN(JP,日本)

Commodity(产品):Fresh Apple(新鲜苹果)

Goss weight(毛重):38.2千克/件,共6件

Dimensions(规格):115厘米×42厘米×31厘米×6

表 4-6　货运信息(【例 4-3】)

BEIJING	CN	BJS	KGS			CNY
NAGOYA	JP	NGO				
			M			250.00
			N		45.0	38.51
			Q		45.0	28.16
			C	0008	300.0	18.60
			C	0300	500.0	20.61

解答:体积：115×42×31×6＝898380(立方厘米)

体积重：898380÷6000＝149.73(千克)≈150.0(千克)

毛重：38.2×6＝229.2(千克)

计费重量：229.5 千克

计费重量没有满足指定商品代码“0008”的最低重量要求 300.0 千克,因此先用普通货物运价计费方式计算。

(1)按普通货物运价使用规则计算

适用费率：GCR Q 为 28.16 元/千克

运费：229.5×28.16＝6462.72(元)

(2)按指定商品运价使用规则计算

适用费率：SCR C 0008 为 18.60 元/千克(SCR 为指定商品运价)

运费：300.0×18.60＝5580.00(元)

对比(1)与(2),取运费较低者。

此票货物的航空运费为 5580.00 元。

航空货运单运费计算栏填制如表 4-7 所示。

表 4-7　运费信息【例 4-3】

No. of Pieces Rcp (件数)	Gross Weight/KG (毛重/千克)	Rate Class (运价等级) C	Chargeable Weight/ KG (计费重量/千克)	Rate/ Charge/ CNY (运价/元)	Total/ CNY (运费总额/元)	Nature and Quantity of Goods (Incl. Dimension or Volume) (货物的品名和数量,含规格和体积)
		Commodity Item No. (商品代码)				Fresh Apple Dimensions：115cm × 42cm × 31cm×6
6	229.2		300.0	18.60	5580.00	

解读:当空运货物可以使用指定商品运价进行计算时,需要按照运算步骤对运费进行比较。使用普通商品运价得出的运费,Rate Class(费率等级)填写“N”或“Q”,具体需根据使用的运价标准而定。若使用指定商品运价得出运费,则 Rate Class(费率等级)填写“C”。

【例 4-4】 计算附加的等级货物运价，货运信息如表 4-8 所示。

Routing(线路)：BEIJING(BJS，北京)，CHINA(CN，中国) to LONDON(LHR，伦敦)，UK(UK，英国)

Commodity(产品)：Gold Coin(金币)

Gross Weight(毛重)：26.7 千克

Dimensions(规格)：53 厘米×44 厘米×45 厘米

表 4-8 货运信息(【例 4-4】)

BEIJING LONDON	CN UK	BJS LHR	KGS		CNY
			M		630.00
			N	45.0	67.43
			Q	45.0	60.20
			Q	100.0	51.19
			Q	300.0	45.80
Area		Rate			
ALL IATA Area		200% of the Normal GCR			

解答：体积：53×44×45=104940(立方厘米)

体积重：104940÷6000=17.49(千克)≈17.5(千克)

毛重：26.7 千克

计费重量：27.0 千克

适用费率：S 200% of the Normal GCR

运费：200%×67.43=134.86(元/千克)

27.0×134.86=3641.22(元)

此票货物的航空运费为 3641.22 元。

航空货运单运费计算栏填制如表 4-9 所示。

表 4-9 运费信息(【例 4-4】)

No. of Pieces Rcp (件数)	Gross Weight/KG (毛重/千克)	Rate Class (运价等级) S	Chargeable Weight/KG (计费重量/千克)	Rate/Charge/CNY (运价/元)	Total/CNY (运费总额/元)	Nature and Quantity of Goods (Incl. Dimension or Volume) (货物的品名和数量，含规格和体积)
		Commodity Item No. (商品代码)				Gold Coin Dimensions：53cm×44cm×45cm
1	26.7		27.0	134.86	3641.22	

解读：IATA 针对不同种类的等级商品在不同航区的运输运价有不同的标准，在等级商品运价计算的时候需要根据不同商品查找适合的运价表。其次，找到对应的航区运价

标准，完成运费计算。【例 4-4】中金币属于贵重商品，适用附加的等级运费计算，再查找运价表中的运价标准可知金币在三个航区的运送均是“the Normal GCR”(正常普通货物运价)的 200%。

【例 4-5】 计算附减的等级货物运价，货运信息如表 4-10 所示。

Routing(线路)：BEIJING(BJS，北京)，CHINA(CN，中国) to LONDON(LHR，伦敦)，UK(UK，英国)

Commodity(产品)：Books(书)

Gross weight(毛重)：650.0 千克

Dimensions(规格)：70 厘米×50 厘米×40 厘米/件，共 20 件

表 4-10 货运信息(【例 4-5】)

BEIJING	CN	BJS	KGS		CNY
LONDON	UK	LHR			
			M		320.00
			N	45.0	63.19
			Q	45.0	45.22
			Q	100.0	41.22
			Q	500.0	33.42
			Q	1000.0	30.71

Area	Rate
Within IATA Area 1	67% of the GCR
Between IATA Area 1 and Area 2	
All other Areas	50% of the GCR

解答：

(1)按查找的构成形式来计算

体积：70×50×40×20=2800000(立方厘米)

体积重：2800000÷6000≈467.0(千克)

毛重：650.0 千克

计费重量：650.0 千克

适用费率：R 50% of the Normal GCR

50%×63.19=31.595(元/千克)

运费：650.0×31.595=20536.75(元)

(2)计费重量已经接近下一个较高重量点 1000.0 千克，因此用较高重量点的较低运价

计费重量：1000.0 千克

运费：1000.0×30.71=30710.00(元)

由于 20536.75 元<30710.00 元

此票货物的航空运费为 20536.75 元。

航空货运单运费计算栏填制如表 4-11 所示。

表 4-11　运费信息(【例 4-5】)

No. of Pieces Rcp (件数)	Gross Weight/KG (毛重/千克)	Rate Class (运价等级) R	Chargeable Weight/KG (计费重量/千克)	Rate/ Charge/ CNY (运价/元)	Total/ CNY (运费总额/元)	Nature and Quantity of Goods (Incl. Dimension or Volume) (货物的品名和数量,含规格和体积)
		Commodity Item No. (商品代码)				Books Dimensions: 70cm × 50cm × 40cm×20
20	650.0	N50	650.0	31.595	20536.75	

解读:图书属于附减的等级商品,查看 IATA 的运价表后可知,从中国到日本的航线飞行属于从三区飞往三区,因此符合运价表中"All other area"的"the Normal GCR"(正常普通货物运价)的 50%。

第三节　中欧班列高铁物流

中欧班列义乌一列日 eWTP 菜鸟号正式开通

中欧班列作为往来于中国与欧洲国家间的集装箱国际铁路联运班列,已成为国际物流中亚欧大陆陆路运输的骨干方式。亚欧大陆拥有世界人口的 75% 左右,地区生产总值约占世界生产总值的 60%。为促进我国与中亚、中东欧沿线国家经贸往来,我国充分利用多、双边机制,推动与沿线国家在铁路、海关、检验检疫等方面合作,简化国际铁路运输过境手续,为中欧班列开行创造有利条件。

伴随"一带一路"建设的推进,中欧班列发展迅速。我国中欧班列始于 2011 年 3 月 19 日重庆至杜伊斯堡的惠普班列,至 2018 年底,成都、郑州、武汉、苏州、义乌等 56 个城市陆续开通了去往欧洲的集装箱班列,到达欧洲(中亚)的 15 个国家 49 个城市,累计开行超过 13000 列,其中,2018 年开行 6363 列,超过 2011—2017 年运行列数的总和,发展规模如图4-10所示。中欧班列充分发挥其在时效、价格、运能、安全性等方面的比较优势,逐渐被中欧广大客户接受,成为中欧间除海运、空运外的第三种国际物流——陆路运输的主要方式。

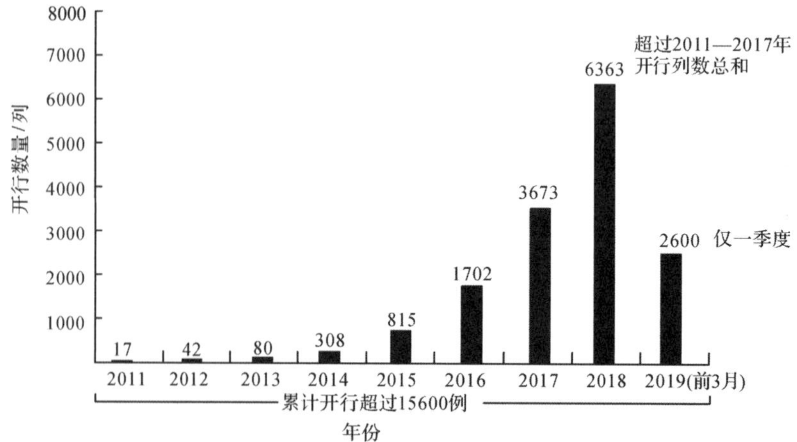

图 4-10　2011—2019 年中欧班列开行数量

一、中欧班列概述

(一)概念

中欧班列(CHINA RAILWAY Express,缩写 CRexpress),是由中国铁路集团有限公司组织,按照固定车次、线路、班期和全程运行时刻开行,往来于中国与欧洲及“一带一路”沿线国家间的集装箱国际铁路联运班列。

(二)品牌标识

2016 年 6 月 8 日,中国铁路总公司(2019 年 6 月 18 日改制成立中国国家铁路集团有限公司)将“一带一路”赴欧班列进行整合,统一使用“中欧班列”品牌标志,如图 4-11 所示,推动建设“一带一路”高铁物流品牌,并与境内 7 家物流平台共同发起成立了“中欧班列运输协调委员会”,提高运行品质和效率。

品牌标识中的红色“L”像一条飘逸的绸带,寓意丝绸之路经济带的辉煌历史和光明未来;同时,又与中国铁路路徽一起,艺术夸张地变形为“欧洲”的英文“Europe”的首字母“E”,加之“快运班列”的英文“Express”,体现了中国与欧洲文化的结合。延展的下部也可视为汉字“一”,寓意中欧班列在“一带一路”上铿锵前行,提供一流服务和创建一流品牌的目标追求。

黑色“CR”是中国铁路的英文“CHINA RAILWAY”的缩写,铁路路徽,代表着中国铁路的行业属性,将其置于“L”的上面,寓意中国铁路在引领世界铁路运输发展中扮演着“火车头”的重要角色。字母之间紧密相连,一气呵成,一笔贯穿始终,象征中国铁路的凝聚力,也彰显出中国铁路开拓创新、走向世界的自信。

综艺体“中欧班列”及其英文名称“CHINA RAILWAY Express”,与主徽标意象为一辆机车牵引着满载货物的列车,给人赏心悦目之感,也蕴含着中国铁路架起了连接中欧往来交流的桥梁之意。

图 4-11 “中欧班列”品牌标识

二、运输通道

(一)通道建设

中欧班列开行线路不断增多,辐射范围迅速扩大,目前已拓通了西、中、东三条中欧班列铁路运输通道。

1. 西通道

一是由中东部省份经新疆阿拉山口口岸出境,经哈萨克斯坦与俄罗斯西伯利亚铁路相连，途经白俄罗斯、波兰，到德国的杜伊斯堡、汉堡等，通达欧洲其他各国。二是由霍尔果斯口岸出境，经哈萨克斯坦、土库曼斯坦、伊朗、土耳其等国，通达欧洲各国，或经哈萨克斯坦跨里海，进入阿塞拜疆、格鲁吉亚、保加利亚等国，通达欧洲各国。三是由伊尔克什坦口岸，与规划中的中吉乌铁路等连接，通向吉尔吉斯斯坦、乌兹别克斯坦、土库曼斯坦、伊朗、土耳其等国，通达欧洲各国。

2. 中通道

由我国华北地区经内蒙古二连浩特口岸出境，途经蒙古国进入俄罗斯与西伯利亚铁路相连，通往欧洲各国。

3. 东通道

由内蒙古满洲里（黑龙江绥芬河）口岸出境，接入俄罗斯西伯利亚铁路，通达欧洲各国。

未来，我国将开辟南线通道，中欧班列将通达更多国家和城市，不仅连通欧洲及沿线国家，也连通东亚、东南亚及其他地区；不仅是铁路通道，也是多式联运走廊。

（二）运营城市

中欧班列始于 2011 年 3 月 19 日重庆至杜伊斯堡的惠普班列，成都、郑州、武汉、苏州、义乌等全国很多城市都陆续开行了去往欧洲的集装箱班列，中欧班列开行线路不断增多，辐射范围不断扩大，货物种类逐渐拓展并丰富。2018 年底，中欧班列境内开行城市 56 个，可通达欧洲 15 个国家 49 个城市。

（三）境内枢纽节点城市

（1）境内主要货源节点有：重庆、成都、郑州、武汉、苏州、义乌、长沙、合肥、沈阳、东莞、西安、兰州。

（2）主要铁路枢纽节点有：北京（丰台西）、天津（南仓）、沈阳（苏家屯）、哈尔滨（哈尔滨南）、济南（济西）、南京（南京东）、义乌（西站）、杭州（乔司）、郑州（郑州北）、合肥（合肥东）、武汉（武汉北）、长沙（株洲北）、重庆（兴隆场）、成都（成都北）、西安（新丰镇）、兰州（兰州北）、乌鲁木齐（乌西）、乌兰察布（集宁）。

（3）陆路边境口岸节点有：阿拉山口、霍尔果斯、二连浩特、满洲里。

（4）重要港口节点有：大连、营口、天津、连云港、青岛、日照、宁波、义乌、厦门、广州、深圳、钦州。

三、运营业务

（一）中欧班列的运营企业

中欧班列运营企业一般为中国铁路集团的地方分公司，或由企业合作运营，也可由民营集团或平台企业运营。

（二）国际铁路运输业务的主要类型

中欧班列开展国际铁路运输业务的主要类型包括：整箱运输业务、拼箱运输业务、多

式联运和过境贸易物流服务。

1. 整箱运输业务

提供全球国际海运代理整柜服务，境内外延伸服务，门到门、门到港等服务，进出口、退运、保税、转关及保险代理服务。

2. 拼箱运输业务

提供中国一欧洲自拼箱门到门服务。目的国(地区)仓库区域免费派送上门，起运地仓库同步收货。具体来说，中欧班列铁路拼箱服务主要有以下服务项目。

(1)代理铁路运输，散货拆拼箱、散货门到门服务，一个立方米起定，承接普货等其他货物，严格按相关标准执行，保证货物安全。

(2)订舱、拖车、货运保险、打托、查验、商检、贴标、代理报关、欧盟代理清关等一条龙服务。

(3)落仓在规定工作日内免堆存。

(4)境内可到门。

(5)代理标签打印、审核、产品备案等。

3. 多式联运和过境贸易物流服务

提供国际铁路、海运、卡车运输等多式联运服务和增值解决方案。将跨境贸易串联，提供过境贸易物流服务，让货物更加高效、安全、可控地送达指定目的地。

(三)国际货运代理公司主要服务范围

国际货运代理公司主要服务范围包括：代理海运、空运、铁路运输，欧盟代理清关，散货拆拼箱、散货门到门，进出口代理、订舱、拖车、报关、商检、货运保险等国际货运代理服务。

义通欧物流有限公司拓展中欧班列(义新欧)代理运输业务

四、发货操作流程

中欧班列一般可由国际货运代理公司提供发货业务的一对一管家服务，为专业操作提供一站式服务，以实现服务的安全、高效和稳健。发货流程主要环节为：客户订舱—装柜—进场—报关—制作运单—车站装车制单—发车—口岸转关(出境)—口岸换装—到达目的站，如图 4-12 所示。

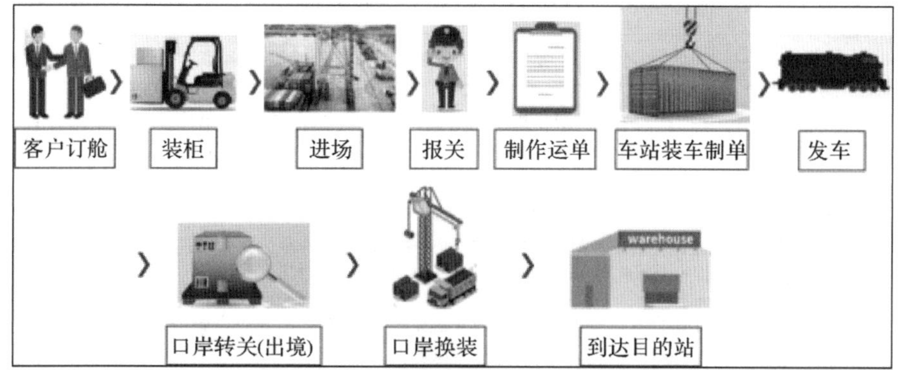

图 4-12　中欧班列发货流程

中欧班列操作流程如图 4-13 所示。

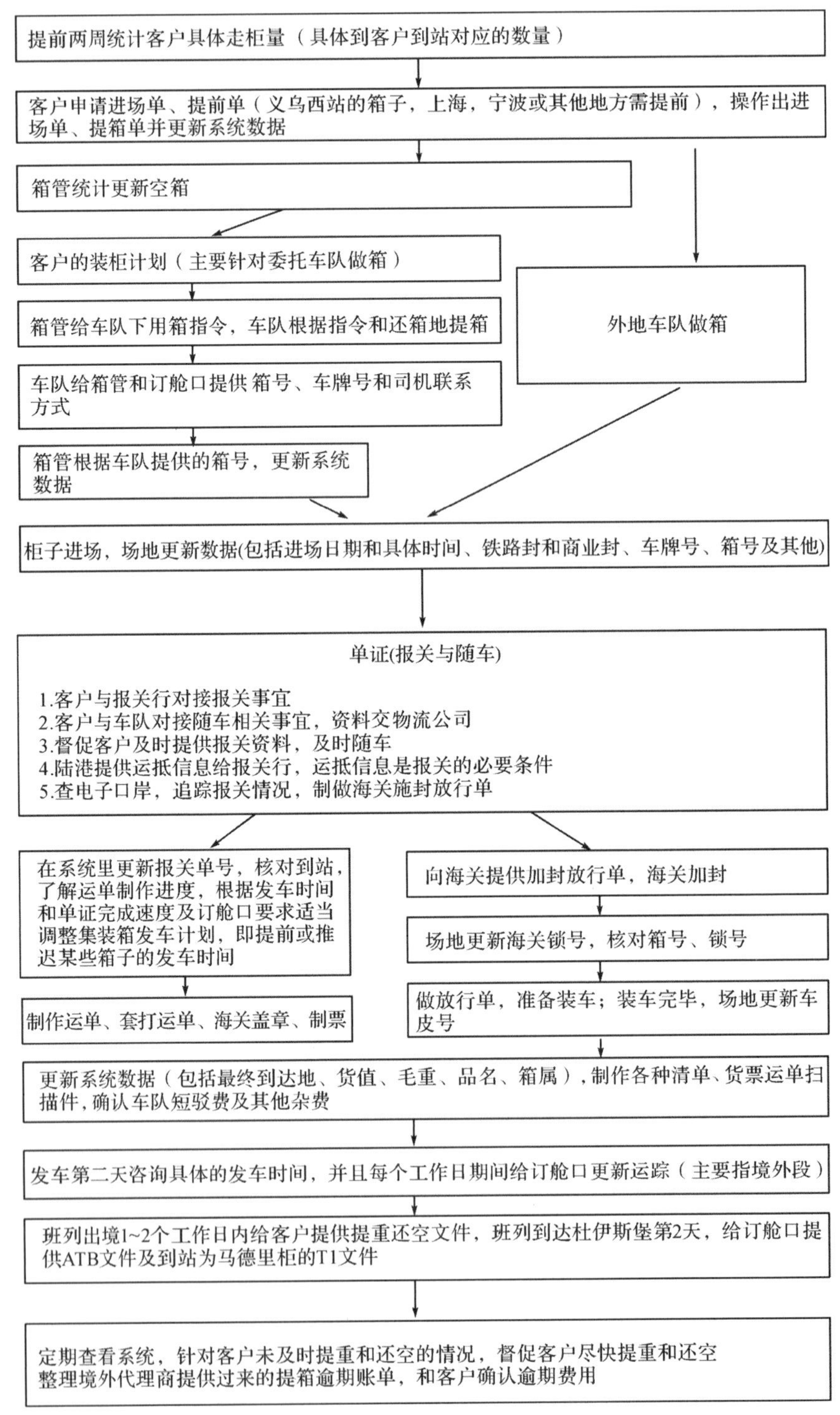

注：ATB 文件是指用来证明货物已经抵达，责任划分已界定，前程担保已经可以解除，监管方已经从承运方转移至车站的文件。TI 文件是指欧盟的过境货物保证书。

图 4-13　中欧班列操作流程

五、服务时效

中欧班列日均运行 1300 千米，最快 12 天抵达欧洲，运输时间只需海运的 1/3。班列服务及派送时效与中欧班列铁路出口/进口线路、班列时速、装柜报关时效、出境换轨、境外转关、境外关检时效、装卸速度、卡车运送等时效因素有关。一般转关 2～3 天，清关 1～2天(不含查验)，提取 1～2 天，如图 4-14 所示。

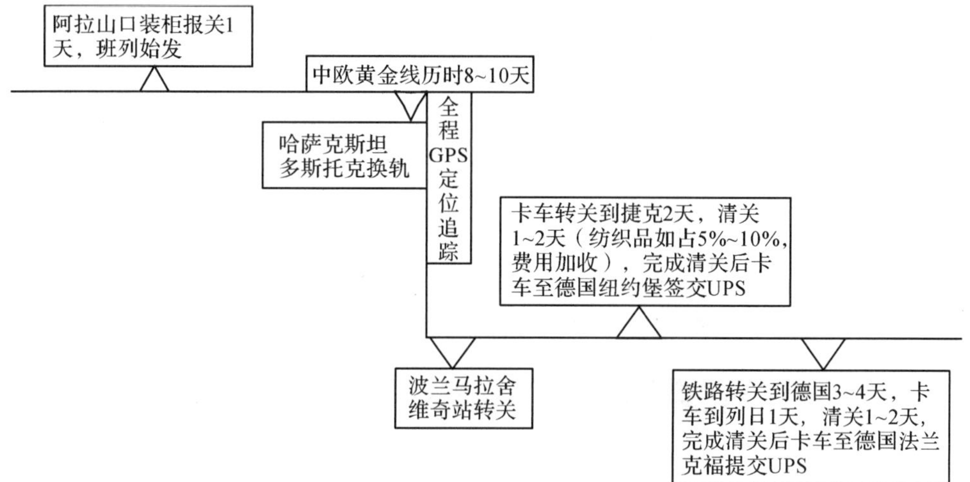

图 4-14　中欧班列运行时效及换轨、转关等因素示意

以货运从上海出发到马拉舍维奇为例，中欧班列时效表如图 4-15 所示。

地点	轨迹	时间	用时（天）	合计用时（天）
上海	出发	2019-11-05 10:08:00	--	境内段3.74
阿拉山口	到达	2019-11-08 06:08:04	2.91	
	通关	2019-11-08 23:40:17	0.71	
	出境	2019-11-09 02:40:17	0.12	
多斯托克	换轨	2019-11-10 08:37:12	1.25	国际段6.62
卡拉干达	到达	2019-11-11 05:37:11	0.87	
奥伦堡	到达	2019-11-12 09:38:01	1.17	
奔萨	到达	2019-11-13 10:45:33	1.04	
莫斯科	到达	2019-11-14 02:45:34	0.66	
明斯克	到达	2019-11-15 05:05:29	1.09	
马拉舍维奇	到达	2019-11-15 18:15:58	0.54	
合计用时10.36				

图 4-15　中欧班列上海—马拉舍维奇时效

中欧班列部分线路的去程(出口)与回程(进口)时刻表如图 4-16、图 4-17 所示。

始发站	目的站	发运时间	提货范围	派送范围	运输时间
POL	POD	ETD	CARGO PICK UP	CARGO DELIVERY	T/T
合肥	MALASHEVICH NEUSS HAMBURG	WED/FRI THUR WED/FRI	华东	欧盟全境	12DAYS 14DAYS 14DAYS
厦门	MALASHEVICH DUISBURG HAMBURG	WED/SAT	浙江/华南	欧盟全境	12DAYS 15DAYS 15DAYS
成都	LODZ NUREMBERG TIBURG	DAILY	中国全境	欧盟全境	12DAYS 15DAYS 17DAYS
西安	MALASHEVICH DUISBURG HAMBURG BUDAPEST/PRAHA	TUE-SAT TUE-SAT TUE-SAT THUR	中国全境	欧盟全境	12DAYS 15DAYS 15DAYS 12DAYS
长沙	MLASHEVICH DUISBURG HAMBURG	SAT SAT SAT	中国全境	欧盟全境	12DAYS 15DAYS 15DAYS
重庆	MALASHEVICH/LODZ DUISBURG/HAMBURG	DAILY DAILY	华南	欧盟全境	12DAYS 15DAYS

图 4-16 中欧班列去程(出口)时刻表(部分)

始发站	目的站	发运时间	提货范围	派送范围	运输时间
POL	POD	ETD	CARGO PICK UP	CARGO DELIVERY	T/T
DUISBURG HAMBURG MALSHEVICH	西安 合肥 成都 重庆	THUR FRI THUR FRI	欧盟全境	中国全境	16DAYS 18DAYS 20DAYS 18DAYS

图 4-17 中欧班列回程(进口)时刻表(部分)

六、运费核算

(一)运费结构

中欧班列运费计算公式为

运费＝起运地运杂费＋班列主段运费＋目的地运费

运费按照计费重量计费。

(1)出口报价为起运地口岸到境外目的地的全程价格,不含起运地陆港前费用,如拖车费、THC(集装箱码头装卸作业费)、报关费、海关查验费等。报关费各地有区别,如每票 300 元等,实报实销。

(2)进口报价为境外起运地到境内陆港的全程价格,不含境外启运地进站前的费用,如拖车费、THC、报关费、海关查验费等。清关费实报实销。

(3)附加杂费,单件计费重量不得低于 15 千克,需要自行做好并件处理;不足 15 千克部分加收超轻费。各地附加费规定不同。

(二)运输价格与查询

中欧班列各线路货物运输价格,分为去程班列收货价格和回程班列收货价格,根据单个 40 英尺集装箱在各主要线路站点规定收货价格。资费标准可向铁路货运代理公司查询,如表 4-12 所示。

表 4-12 中欧班列(××班列)各主要线路站点收货价格一览

去程班列	收货价格(元/40 英尺柜)
西班牙马德里	22050
德国杜伊斯堡	22050
波兰马拉舍维奇	22050
捷克布拉格	22050
白俄罗斯明斯克	15750
俄罗斯莫斯科	15750
阿塞拜疆巴库	26775
哈萨克斯坦阿拉木图	12310
越南河内	9000
回程班列	收货价格(元/40 英尺柜)
马德里线(马德里、杜伊斯堡、马拉舍维奇)	11340

注:收货价格是通过向平台公司及揽货企业征询而得的数据。

七、物流单据处理

我们以浙江嘉德电机有限公司为例对物流单据处理进行说明。

浙江嘉德电机有限公司一票货物,品名为车用空调鼓风机,数量为 1892 台,重量为 2811.5 千克,要求通过中欧班列铁路运输方式运往荷兰鹿特丹。

(一)货物明细单据

商业发票、装箱单等如图 4-18、图 4-19 所示。

INVOICE

INVOICE NO.: DY02-NL2190***
CONTRACT NO.: DY02-NL2190***
SHIP DATE: 6-Apr-19
CONTAINER ID: HNKU5129***

SHIP FROM:
ADD: ZHEJIANG JIAD AUTOMOBILE PART CO.,LTD NO.*** Jinzhou 3 Road,Binjiang industrial park,Hangzhou city,Zhejiang Province,China
TEL/FAX: 0577-8680****

SHIP TO:
ADD: NEDERLANDSE RADIATEUREN FABRIEK B.V.RIJKSWEG 6 B NL-**** AB MILSBEEK6596 THE NETHERLANDSNETHERLANDS Phone:+31 485 476 *** Fax:+31 485 476 ***
TEL/FAX:

LOCATION OF ORIGIN: YIWU ZHEJIANG,P.R.C
FROM:YIWU, ZHEJIANG CHINA VIA:RAIL TO:DUISBURG

NO.	DESCRIPTION OF GOODS	HS CODE	UNIT PRICE		QUANTITY		TOTAL AMOUNT	
1	BLOWER MOTOR	8414599099	USD	19.4188689	1892	PCS	USD	36740.50
TOTAL:							USD	36740.50

TOTAL OF 205 PKGS.

图 4-18 商业发票

PACKING LIST

INVOICE NO.: DY02-NL2190 ***
CONTRACT NO.: DY02-NL2190 ***
INVOICE DATE: 2-Apr-19
CONTAINER ID: HNKU5129033

SHIP FROM: ZHEJIANG JIAD AUTOMOBILE PART CO.,LTD
ADD: NO.138 Jinzhou 3 Road, Binjiang industrial park, Hangzhou city, Zhejiang Province, China
TEL/FAX: 0577-8680****

SHIP TO: NEDERLANDSE RADIATEUREN FABRIEK B.V. RIJKSWEG 6 B NL-6596
ADD: AB MILSBEEK6596 THE NETHERLANDSNETHERLANDS Phone:+31 485 476 571 Fax:+31 485 476 ***
TEL/FAX:

FROM: YIWU, CHINA　FROM: YIWU CHINA　VIA: RAIL　TO: DUISBURG

NO.	DESCRIPTION OF GOODS	HS CODE	QUANTITY				N.W. (KGS)		G.W. (KGS)		MEAS. (CBM)	
	BLOWER MOTOR	8414599099	1892	PCS	205	PKGS	2811.5	KGS	3653.6	KGS	30.49	CBM
TOTAL:			1892	PCS	205	PKGS	3448.6	KGS	3653.6	KGS	30.49	CBM

TOTAL OF 205 PKGS.

图 4-19　装箱单

(二)物流和清关单据

报关单、货运单如图 4-20、图 4-21 所示。

中华人民共和国海关出口货物报关单　*292120190219605919*

预录入编号：29212019021960 ****　海关编号：29212019021960 ****　(义乌海关)　页码/页数：1/1

境内发货人 (91330301329968****)	出境关别 (9404) 阿拉山口	出口日期	申报日期 20190402	备案号
境外收货人 NEDERLANDSE RADIATEUREN FABRIEK B.V.	运输方式 (3) 铁路运输	运输工具名称及航次号 619292199995023 **	提运单号 29210119040209P9 **	
生产销售单位 (91330301329968****) 浙江得业电机科技有限公司	监管方式 (0110) 一般贸易	征免性质 (101) 一般征税	许可证号	
合同协议号 DY02-NL219001A	贸易国(地区) (NLD) 荷兰	运抵国(地区) (NLD) 荷兰	指运港 (NLD066) 鹿特丹(荷兰)	离境口岸 (650302) 阿拉山口铁路

包装种类 (99) 其他包装	件数 205	毛重(千克) 3653.6	净重(千克) 2811.5	成交方式 (3) FOB	运费	保费	杂费

随附单证及编号
随附单证2:代理报关委托协议(纸质);提/运单

标记唛码及备注
备注:LZPX2,HNKU5129***,铁路 N/M　集装箱标箱数及号码：2;HNKU5129***;

项号	商品编号	商品名称及规格型号	数量及单位	单价/总价/币制	原产国(地区)	最终目的国(地区)	境内货源地	征免
1	8414599099	车用空调鼓风 3|2|空调送风|嵌入式安装|200W|NRF|DY8053	1892台 2811.5千克 1892台	19.4189 36740.5000 美元	中国 (CHN)	荷兰 (NLD)	(33032)温州经济技术开发区	照章征税 (1)

特殊关系确认：否　价格影响确认：否　支付特许权使用费确认：否　自报自缴：否

报关人员　报关人员证号291037 **　电话　兹申明对以上内容承担如实申报、依法纳税之法律责任　海关批注及签章

申报单位 (91330782MA28DUFH**) 义乌市** 报关代理有限公司　申报单位(签章)

(义乌海关) 报关专用章

图 4-20　报关单

4 运单副本- Дубликат накладной
(给发货人)-(для отправителя)

29 批号-Отправка №
11047274 *****

国际货协运单-Накладная СМГС
中铁- КЖД

1 发货人-Отправитель
[illegible]ZHEJIANG DEYE AUTOMOBILE PARTS CO.,LTD No. 477 Binhai 3 Road,Binhai industrial park Eco &Tech Develop Zone, Wenzhou City ,Zhejiang Province ,China
0577-86809520

签字-Подпись 义乌市 ** 实业投资有限公司

2 发站-Станция отправления 325390
中铁(ЮКД)/ 义乌西 YIWUXI Иуси

3 发货人的声明-Заявления отправителя
«Вагон после выгрузки передать в распоряжение Брестского филиала государственного предприятия «БТЛЦ», ж.д. код 5725, договор № 23 п/р от 10.12.2018». - КТ 82429 - Контейнерный поезд

4 收货人-Получатель
[illegible]ИнтерРейл-Польконт. Малашевиче, ул. Виейска 2/9, 21540 Польша для дальнейшей отправки в Германию Tel/Fax: +48 83 375 *** , 375 ****

5 到站-Станция назначения 040600
波铁(ПКП)/马拉舍维奇 Malaszewicze Малашевиче

8 车辆由何方提供-Вагон предоставлен /9 载重量-Грузоподъёмность
10 轴数-Оси/11 自重-Масса тары /12 罐车类型-Тип цистерны

6 国境口岸站-Пограничные станции переходов
425940 阿拉山口(境) Алашанькоу (эксп.) 中铁 КЖД, 708507 多斯特克-出口 ДОСТЫК (ЭКСП.) 哈铁 КЗХ,679107 叶里麦 Елимай (обп) (эксп.) 哈铁 КЗХ,816504 卡尔塔雷-1(出口) КАРТАЛЫ-1(РЗД) (ЭКСП.) 俄铁 РЖД,171401 克拉斯诺耶-出口 Красное-(эксп.) 俄铁 РЖД,169100 奥西诺夫卡-出口 ОСИНОВКА-ЭКСПОРТ 白俄铁 БЧ,130609 布列斯特中心站 Брест-Центральный(ЭКСП.) 白俄铁 БЧ,040543 捷列斯波里(出口) Тересполь (эксп.) 波铁 ПКП

7 车辆-Вагон	8	9	10	11	12	换装后-После перегрузки
	O					13 货物重量 Масса груза / 14 件数 К-во мест

15 货物名称-Наименование груза
暖风水箱 HEATER CORE
HS CODE:8708919000
EVAPORATORHS CODE:841590 **** BLOWER MOTOR HS CODE:841459 ****

16 包装种类 Род упаковки	17 货物件数 К-во мест	18 重量(公斤) Масса (в кг)
集装箱	1 (241)	7108.42kgs + 3810kgs 10918.42kgs

19 封印-Пломбы

数量 К-во	记号-знаки
1	038892
1	180615

20 由何方装车-Погружено
发货人

21 确定重量的方法
Способ определения массы

HNKU5129033 45G1 30480 ****

23 运送费用的支付-Уплата провозных платежей
КЗХ (27) Оплата по КЗХ производится через АО «ОТЛК ЕРА код плательщика 2742366, подкод экспедитора 005000219731
РЖД (20) Оплата по РЖД производится АО «ОТЛК ЕРА через ЦФТО, код плательщика 1005782098 п/к 005000219731
БЧ (21) Оплата по БЧ производится через АО «ОТЛК ЕРА» код плательщика 2007480/1037144
PKP КАРГО 1-00201/05/I + 6-26-***-17/6.

22 承运人-Перевозчики	(区段自/至-участки от/до)	车站代码 (коды станций)
ЮКД 中铁 33	义乌西 Иуси 阿拉山口(境) Алашанькоу (эксп.)	325390 425940
КЗХ 哈铁 27	多斯特克-出口 ДОСТЫК (ЭКСП.) 叶里麦 Елимай (обп) (эксп.)	708507 679107
РЖД 俄铁 20	卡尔塔雷-1(出口) КАРТАЛЫ-1(РЗД) (ЭКСП.) 克拉斯诺耶-出口 Красное-(эксп.)	816504 171401
БЧ 白俄铁 21	奥西诺夫卡-出口 ОСИНОВКА-ЭКСПОРТ 布列斯特中心站 Брест-Центральный(ЭКСП.)	169100 130609
ПКП КАРГО 2151 波铁	捷列斯波里(出口) Тересполь (эксп.) 马拉舍维奇 Малашевиче	040543 040600

24 发货人添附的文件-Документы, приложенные отправителем
装车明细单(装箱单) Packing List Отгрузочная спецификация(Упаковочный лист) 1份
发票 Invoice-specification Инвойс 1份

25 与承运人无关的信息，供货合同号码
Информация, не предназначенная для перевозчика, № договора на поставку
[illegible]18129199828 Оператор АО «KTZ Express» Таможенное декларирование по Республике Казахстан осуществляет ТОО «Таможенно-брокерский центр «Жибек-Жолы», договор № 196-15-ТАВ от 30.04.2015.Пункт таможенного оформления ПТО 09107 Брест-Восточный

26 缔结运输合同的日期-Дата заключения договора перевозки
2019.04.05 义乌西站 (3)

27 到达日期-Дата прибытия

28 办理海关和其他行政手续的记载
Отметки для выполнения таможенных и других административных формальностей
038892

表 4-21 货运单

(三)货物清关要求

铁路运输清关的物流服务商对接收产品常见要求如下。

(1)铁路运输,可以接收磁性货物或内置电池货物且不需要报告。

(2)为保证清关安全性,只接受亚马逊或海外自建仓、长期合作客户商业件。

欧盟清关对电子类产品CE要求

(3)客户单证报关件,授权电子口岸为"乌关口一阿拉山口 9404",且必须做电子授权,清关行为"五矿物流新疆有限公司 6503980010"。

(4)整柜货物,需提供货物品名、数量、单件重量尺寸、送仓国家(地区)单独询价,原则上要求客户 VAT 清关,税金实报实销。

(5)英国 VAT 货物,因无法在比利时备案申请 VAT 缓交,只能通过铁路段运送到英国再清关,故只能接受整柜货物。

八、揽收服务规范

(一)接收尺寸范围

(1)中欧快线有的国际货运代理公司只收 FBA 和自建仓货物。

(2)中欧快线正常派送的货物尺寸为最长边不超过 100 厘米,次长边不超过 76 厘米。

(3)单件实际重量超过 30 千克,每件会加收超重费用。

(4)如果最长边超过 100 厘米、次长边超过 76 厘米的货物,每件会加收费用。

(5)不规则包装的货物(任何无法完全装入一般纸箱的圆柱形物品,如木桶、鼓、圆筒或者轮胎),每件会加收费用。

(6)单件超过 156 厘米、体积重或毛重超过 35 千克的物品将被拒收。

(7)外围长之和超过 330 厘米的物品将被拒收。

(8)不接收木架包装。

(二)货物寄送限制

产品涉及危险、安全、违禁问题或需提供相关证明等,国际货运代理公司会拒收,举例如下。

(1)粉末、液体、食品、香烟、危险品、违禁品、仿牌等产品拒收。

(2)儿童玩具、儿童生活用品,或涉及太多安全性需提供产品测试数据报告的产品拒收。

(3)木质品、玩具车、积木类等需提供无害证明的产品拒收。

(4)平衡车、平板车、滑板车等涉及大功率电池的产品拒收。

(5)非正常外包装的货物、大件货物拒收。

(三)预约揽收

客户可以在在线发运系统中选择上门揽收或拨打物流客服热线,客服会在 24 小时内联系预约上门揽收时间,也可以自送到班列物流代理公司揽收网点。

(四)运踪查询

客户可以通过铁路运踪实时查询,或关注铁路运输代理公司的微信公众号即可自助进行实时运踪查询。扫描二维码可了解中欧铁路班列运输代理公司的微信公众号。

(五)中欧班列的优势

综上所述,中欧班列铁路运输作为新运输方式发展较快,具有以下优势:①班列具有定时、定线、定车次、定点、定价的特性,按时发车,在途时间稳定可控;②运输时间比海运快,与空运时间持平,介于海运 40 天和空运 5 天之间;③实现资源最优化配置,班列运输成本为空运的 30%,是快速经济的首选物流通道,同时货源地优势也可降低商家采购成本;④轨道运行平稳,班期稳定,绿色环保运输,可降低货物破损风险概率;⑤实行全程实时监控,物流信息可追踪查询。

随着跨境电子商务邮包货源上班列,中欧班列货源品类将更加丰富;通过加大回程货源组织力度、及时增铺回程班列线路、完善境外还箱政策、降低用箱成本等方式积极吸引回程货源,越来越多的欧洲企业将中欧班列作为物流供应链的重要选择,回程货物品类日益增多。中欧班列通过实施价格优惠、确保运行安全正点、提供全程服务等措施,逐步从单一的通道经济向带动综合产业布局与产业链的延伸方面扩展。

九、操作技巧

(一)工作项目

【工作任务】 调研中欧班列各线路的产品跨境物流运费及物流选择

了解中欧班列各线路的产品跨境物流解决方案设计及物流运费情况,掌握中欧班列各线路的运输特点。

(二)操作示范

【工作任务】 调研中欧班列各线路的产品跨境物流运费及物流选择

可点击中欧班列运营服务商或国际货运代理公司(如佳程国际货运代理公司)的官网或向其客服咨询了解运费及物流情况,跨境物流运费如图 4-22 所示。

<table>
<tr><td>按单票重量计费,积材/6000,币种RMB</td><td></td><td></td><td></td><td></td></tr>
<tr><td>国家</td><td>VAT 101KG+</td><td>服务类型</td><td>发车时间</td><td>运行时效</td></tr>
<tr><td>德国</td><td>10</td><td rowspan="8">此渠道暂时只接FBA或自建仓货物(法国FBC拒接)。整柜业务费用请单独咨询</td><td rowspan="8">上海周三、周日发车
深圳周二、周六发车</td><td rowspan="8">杭州到马拉舍维奇为12~14自然日
深圳到马拉舍维奇为13~15自然日
转关4~5天,清关1~2天(不查验),提取1~2天</td></tr>
<tr><td>英国</td><td></td></tr>
<tr><td>法国</td><td>11</td></tr>
<tr><td>意大利</td><td>12</td></tr>
<tr><td>西班牙</td><td>12</td></tr>
<tr><td>罗马尼亚+奥地利+保加利亚+克罗地亚+斯洛文尼亚+荷兰+比利时+捷克+波兰</td><td>15</td></tr>
<tr><td>丹麦+爱沙尼亚+芬兰+希腊+拉脱维亚+立陶宛+瑞典+葡萄牙+爱尔兰+卢森堡+斯洛伐克+匈牙利</td><td>16</td></tr>
<tr><td>对应渠道(含纺织品货物选择纺织品渠道)</td><td></td></tr>
<tr><td colspan="5">公铁线路运行:上海/深圳装柜→阿拉山口→哈萨克斯坦→俄罗斯→白俄罗斯→波兰</td></tr>
</table>

图 4-22 佳程国际货运代理公司中欧快线运输报价一览表

跨境电商货物的包装

第四节　跨境电商货物的包装

一、包装的含义

《中华人民共和国国家标准物流术语(GBT18354—2006)》(2006 年)中将包装定义为:为了在流通过程中保护产品、方便贮运、促进销售,按一定技术方法而采用的容器、材料及辅助物等的总体名称。也指为了达到上述目的而采用容器、材料和辅助物的过程中施加一定技术方法等的操作活动。

包装根据其目的分为销售包装和物流包装,销售包装侧重于营销,物流包装侧重于对流通中物体的保护。为了便于在物流过程中的运输、储存、装卸、堆码、发货、收货、销售等环节作业,需要将一定数量以销售包装形式存在的商品再次包装成一定的数量单元,或者对物流包装进行加固、分装、重新包装等操作,这就是物流包装,它的主要作用就是保护流通中的商品质量。

二、包装的类型

跨境电商物流常见的包装材料包括纸箱、泡沫箱、牛皮袋、编织袋、自封袋等。常见的包装辅助材料包括胶带、警示不干胶、气泡膜等。其中纸箱包装是目前跨境电商物流中使用最为常见的包装形式。

(一)按产品形态分类

1. 单个包装

单个包装是指交付到消费者手中的最小包装形态,把货物全部或部分装入包装中并予以密封的状态和技术。单个包装一定是包装的最小单元,多用塑料薄膜、纸盒包装,用以保护产品质量,与产品直接接触。

2. 内部包装

内部包装是指将单个包装组成一个小的整体,此类包装不与产品直接接触,起到装饰与保护货物的作用,主要使用纸板、加工纸等材质进行制作,可以印刷产品图片、产品标志等内容。

3. 外部包装

外部包装是指从运输作业角度考虑的包装形式,为了对货物加以保护并为方便运输,将货物放在箱子或袋子等容器内,起到防震、固定、防湿、防水等作用。外部包装通常会使用硬度较高的材质制作。

(二)按产品功能分类

1. 运输包装

我国对于运输包装的定义是以运输储存为主要目的的包装。它具有保证产品安全,方便储运装卸,加速交接、点验等作用。它具有保护功能、定量功能、便利功能和效率功能。

2. 商业包装

商业包装又被称为零售包装、消费包装。它主要是根据零售业的需要，作为商品的一部分或为方便携带所做的包装。商业包装具备定量功能、标识功能、商品功能、便利功能和促销功能。

三、包装的材料

(一)主要的包装形式

跨境电商货物使用最常见的包装就是纸箱，按做纸箱用的纸板(瓦楞板)可以分为三、五、七层纸箱，纸箱的强度以三层最弱、七层最强。主要原材料就是纸板，纸板由一层层瓦楞纸通过坑纸机胶合而成。最外面的那层纸被称为面纸，最里面的纸被称为里纸，中间凹凸不平的纸被称为坑纸。按照纸箱的形状可分为普盒、天地盒、啤盒和火柴盒。

1. 普盒

普盒是最常见的纸箱形式，也是跨境电商货物包装普遍使用的纸箱类型，适用于大多数的货物，如图 4-23 所示。

2. 天地盒

天地盒造型简单，只有一个上盖，一个下盖，没有其他复杂的结构，打开也比较方便。造价相较于除普盒外的其他的纸箱类型更加便宜，其他类型的包装盒都需要手工生产，但天地盒远没有这么复杂，因此适合产量大的产品包装，如手机等，如图 4-24 所示。

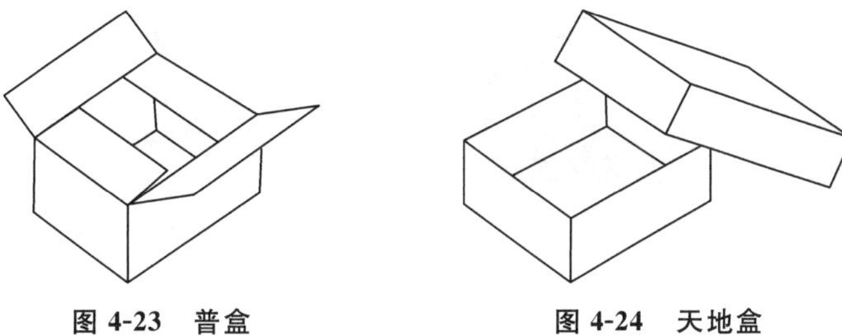

图 4-23 普盒　　图 4-24 天地盒

3. 啤盒

啤盒，属于礼盒范畴，密封性好、强度高、造价较高，适用于工艺礼品、高档产品的包装，如图 4-25 所示。

4. 火柴盒

火柴盒成形方便、结构简单，适用于大型扁状货物，如图 4-26 所示。

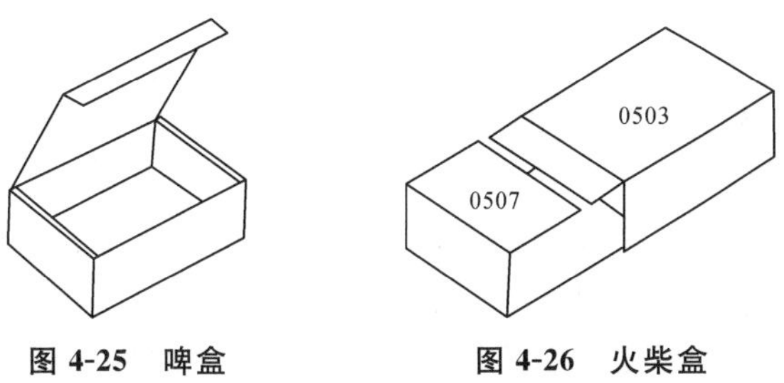

图 4-25 啤盒　　图 4-26 火柴盒

(二)缓冲产品类型

跨境电商物流的产品除了要考虑产品包装的物流成本还要保证产品在跨国运输过程中不被损坏，因此产品的包装还需要配合各类缓冲产品。如发泡塑料、珍珠棉、气泡膜等，如图 4-27 至图 4-29 所示。这些材料在货物运输的过程中起到了缓冲货物撞击的作用。

(三)其他包装材料

除了纸箱外，牛皮纸袋、编织袋等材料也被广泛运用到跨境电商货物的包装中，如图 4-30 所示。

图 4-27　发泡塑料

图 4-28　珍珠棉

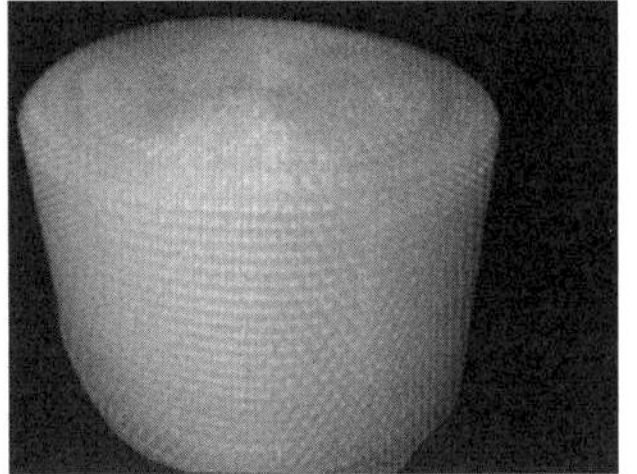

图 4-29　气泡膜

图 4-30　带气泡的牛皮纸袋

(四)需要遵循的原则

跨境电商货物的包装选择需要遵循以下原则。

第一，包装材料与产品匹配。跨境电商货物的类型众多，不同的类型也具备不同的特点，针对产品的特点选取包装材料才能确保产品完整送至消费者手中。如轻小件的饰品在运输过程中需要注意产品是否被压坏，但对防水没有特殊要求，因此可以使用三层瓦楞纸并且使用缓冲的气泡膜等材料做包装，也可使用带有气泡的牛皮纸袋确保产品不会被压坏。

第二，包装材料与流通条件相符合。根据货物运送的方式、运送的目标地点等，需要选择符合运输要求的包装材料。如使用海运寄送服装类的产品，需要注意产品的防水、防潮问题，避免货物在运输过程中受潮。因此可以使用自封塑料袋包装货物或气泡牛皮纸袋进行包装。

第三，包装材料与产品运输成本匹配。物流环节作为跨境电商的“最后一公里”，在整个跨境电商业务操作环节中起到了重要的作用。在保证货物安全送至目的地的同时，尽可能地减少物流成本也是跨境电商企业关注的重点。选择合适的材料包装货物，避免过度包装是跨境货物包装材料选择的关键。

四、跨境货物包装的配套设备

(一)打印机

跨境电商货物发货需要打印各类产品凭证，因此需要借助各类打印机来完成。打印机的类型很多，集中被使用的包括激光打印机、热敏打印机、针式打印机。

激光打印机主要用于打印产品订单、装箱单、发票等随附单据。当然也可以完成货物标签的打印，如亚马逊 FBA 标签的打印就可以使用激光打印机来完成，但需要注意一定要多打印几份，避免在运输过程中贴在货物外的标签字迹模糊，导致产品无法入库。

热敏打印机广泛运用在产品出库制作标签和条码时。热敏打印机制作的标签、条码打印后可直接贴至货物上，便于产品的出库和入库。此类打印机速度快、噪声小、打印清晰，但随着时间的推移和光照的影响，热敏打印机制作的标签自己会褪色，无法永久保存。另外，热敏打印机无法制作双联单据。

针式打印机可用于打印多联单，但在跨境电商货物的单据打印中使用的频率没有前两种打印机多。

(二)扫描枪

扫描枪主要用于产品的出库和入库。与传统物流仓库不同，现代仓库借助信息技术打造智能仓库。对于库存的管理均使用计算机来进行控制。仓库理货员对货物的整理主要依靠扫描枪来实现。通过扫描枪，理货员可以准确、迅速地完成所有商品的出库和入库操作，与此同时产品的库存信息也会直接更新至系统中。

(三)打包机

打包机主要用于工厂捆绑货物，但并不适用于全部跨境平台货物运送的要求，如亚马逊 FBA 不允许卖家使用打包带完成货物的打包。

(四)电子秤

电子秤通常和扫描枪一起使用，主要用于产品的重量登记，便于计算产品的实际运费。

五、跨境货物的封装原则及规格要求

(一)跨境货物的封装原则

货物不损坏为第一原则。产品的包装应选用合适大小的外包装。若外包装中包含多个产品，需要确保每个产品间不会出现碰撞。因此可以使用缓冲材料对每个货物进行包装，但要注意的是若使用颗粒物作为缓冲材料，一定要压紧压实。除此之外，采用防水材料，保证货物在运输过程中不会出现渗水问题。

货物包装尺寸要准确。产品的尺寸同样会对产品的运价产生影响，一般国际快递会使用计抛方式，如 UPS。因此货物的包装要采用合适的包装箱，不可过大造成不必要的物流费用和成本的增加，也不可过小导致货物在箱内被挤压。

货物的面单信息完整。货物的面单需要用透明胶带密封好，避免国际货运过程中损坏。一旦出现面单信息损坏确实会导致产品无法妥投或无人接收。

货物封装要完整。货物出库的最后一个环节就是对货物的封装。封装应该使用宽度宽于 6 厘米的胶带或者封箱带。打包通过十字交叉方式拉紧箱子。同时，对于有放置要求的货物，需要在货物外包装上贴禁止倒放的标签。各类禁止标签根据产品的实际情况做补充，都需要贴在外包装外。另外，货物的封箱不要使用绳子来进行捆绑，不少平台拒绝接受绳子捆绑的货物入仓。

（二）中欧班列对货物包装规格的要求

1. 纸箱货物包装标准

(1)纸箱规则无变形、无破损、无开口。

(2)纸箱无淋湿、受潮。

(3)纸箱外无污染、油腻等。

(4)纸箱密封完整。

(5)纸箱上标志清晰，标明货物性质及装箱要求。

2. 木箱、托盘类货物包装标准

木箱和托盘类货物如果包装不符合运输要求，对于货物自身的保护则起不到应有的作用，也会影响运输和装卸操作，需要客户出厂时首先做好包装。

(1)托盘无掉腿、变形、破损、淋湿受潮等。

(2)外侧无破损漏洞、污染油腻等。

(3)底托承重量超过货物自重。

(4)外包装与底托或货物加固牢固，自成一体。

(5)货物密封完整。

(6)内部货物摆放合理，加固有效，避免在包装内晃动。

(7)木箱或者托盘上注明货物性质，包含以下几点。

①堆叠层数及重量限制。

②货物重心位置。

③货物重量及尺寸。

④有易碎品等标志。

⑤货物危险品标志。

3. 特殊货物

超重货物为重量在 5 吨以上的货物，由于货物较重，物流运输及卸货装箱过程中操作难度较大，对货物的包装则有更高的要求，超重货物若包装不符合要求会导致货物和集装箱受损。

超重货物包装及装箱要求如下。

(1)货物底托采用四通路结构，且货物托盘满足集装箱集重要求(40 尺集装箱地板最大承重量为 1 吨/平方米，20 尺集装箱地板最大承重量为 2 吨/平方米)。

(2)外包装强度足以支撑货物装卸(吊车用绷带卸货)及装箱要求。

(3)托盘强度足以支撑货物自身重量，在卸货及装箱过程中不会产生木条断裂。

(4)托盘底部平整，没有螺钉、螺母或其余凸出部件，避免对集装箱造成破坏。

(5)货物包装满足木箱托盘货物包装标准。

需注意的是，若货物包装易碎或者货物无法堆叠，请在填写订舱信息时如实填写(是否可以堆叠、是否为易碎品、是否为普货)，这些信息是货物在集装箱内货物包装的重要信息，因包装问题引起的任何问题将由发货方自身承担。

(三)亚马逊 FBA 货物包装技巧

1. 使用箱盖完整的六面硬质包装箱

(1)货件中的每个箱子必须带有自己的亚马逊物流货件标签(从“货件处理进度”中打印)。

(2)每个托盘需要 4 个标签，在每侧的顶部中心位置各贴一个。

(3)使用大纸箱将多个原厂包装商品发往至亚马逊运营中心时，请在用于运输商品的大纸箱上贴上唯一的货件标签。

(4)如果使用用过的箱子，请去除所有旧的货件标签或其他标记。

(5)使用专用于配送的强力胶带。

(6)包装完箱子后，轻轻地晃动一下。晃动时，箱内物品不应移动。

(7)纸箱包装的商品应只包含一个订单，若一个纸箱要装包含多个订单的商品，那么要确保一个纸箱最多只能涉及 5 个订单的商品。

(8)纸箱包装的重量最多不超过 22.5 千克(约 50 磅)，若单件销售的商品重量超过 22.5 千克，则需要在纸箱上明确张贴“Team Lift”的标签，表示需要团队来操作；箱子重量若超过 45 千克(约 99 磅)，则需要在纸箱上明确张贴“Mech Lift”的标签，表示需要机器来操作。

(9)装有珠宝和手表的纸箱重量不能超过 18 千克(约 40 磅)。

(10)纸箱的任意一边尺寸不得超过 63.5 厘米，除非单件销售的商品尺寸本来就超过 63.5 厘米。

纸箱的任意一边尺寸若超过 63.5 厘米，那么纸箱需要放置在 1 米×1.25 米的托盘上，除非单件销售的商品纸箱尺寸本身超出了标准托盘的尺寸。

(11)纸箱和包装材质(如衬垫、填充物)必须在运输中充分地保护货物。若用不被亚马逊运营中心接受的包装材料来包装货物，则会导致商品被拒收或收取额外的包装费用。

(12)用大型尺寸的衬垫，如空气枕、整张纸张、泡沫纸或者气泡膜，不要用松散材质去填充。

(13)选择纸箱的尺寸是确保在货物放入后纸箱空余空间最少。空间利用率也可以通过在一个纸箱中装多个商品来实现最大化(在商品不受损害的情况下)。

(14)纸箱不能用打包带、松紧带、胶带附加打包带来捆绑。不能用大型订书钉或尼龙纤维胶带,因为它们对库房员工可能造成安全隐患。

(15)多个纸箱被确定为一起销售的(如套装)重量大于 45 千克,必须被放在一个单一的托盘上(一件出售商品对应一个托盘)。

(16)单件出售的纸箱货商品(如家具)且重量大于 45 千克,需要用托盘。不得使用托盘尺寸的箱子。

(17)不得使用常用于展示商品的销售点容器(如前开口箱子或没有箱盖的箱子)。

(18)若使用塑料袋作为包装材料,塑料袋需透明,厚度至少 0.04 毫米,密封,开口大于 5 英寸(约 12.7 厘米),需要有窒息警告。

需注意的是,如果不遵守亚马逊物流的商品准备要求、安全要求和商品限制,可能会导致亚马逊运营中心拒收、弃置或退回你的库存商品,禁止你以后再向亚马逊运营中心发运货件,或者停止亚马逊运营中心的预处理服务,也可能对你的不合规行为收取额外费用。

2.货件的包装材料

(1)气泡膜包装。

(2)完整的纸张(最好是重磅牛皮纸)。

(3)可充气气枕。

(4)聚乙烯泡沫塑料板。

3.请勿使用的包装材料

(1)各种类型的小块的包装泡沫塑料,包括泡沫条。

(2)褶皱纸包装。

(7)碎纸。

(8)发泡胶。

知识与技能训练

第四章知识与技能训练

第五章

跨境电商清关业务

【知识目标】

- 掌握 BBC 清关流程。
- 了解 BC 清关流程。
- 熟悉海关对跨境电商的相关规定。

【能力目标】

- 能分析进口提运单发票协议等资料中的各方角色。
- 能提供进出口清关资料及相关商品要素信息。
- 能适应海关各种新模式新变化。

案例导入

新变化对保税区清关的影响

2018 年下半年，船公司配舱开始要求提供具体集装箱号、铅封号、货物实际数据等信息。保税区一直以来都是先报关才能出货的，而报关时一定要有配舱信息，否则无法申报。这样就造成了一定要先提箱，并提供箱封号货物信息，才能配舱报关。这样会导致装箱完成之后一直等待配舱信息才能报关出区。这样做有一定的压车风险，也影响通关时效，因此给特殊区域出口等相关出口业务类型带来很大的不便。

根据中华人民共和国海关总署公告 2018 年第 198 号《关于“先出区、后报关”有关事项的公告》，企业可通过信息化系统凭核放单先行办理出区手续，再向海关报关。企业要真正享受到这一新政红利，必须首先切换金关二期账册才能先申报核注清单，再申报出区核放单，实现先提箱装货，再出区进港，上船之前报关放行。

第一节 跨境电商 BC 模式清关

所谓 BC 模式，即商品从厂商直接到消费者手中的过程，通过跨境快递的形式，实现商品的流通。

一、BC 出口清关流程和相关规定

BC 出口模式，是指出口厂商大多在类似速卖通等平台网售零单商品，然后以邮政小包等形式物流出境。因商品量小且杂，阳光清关、出口退税很难实现。监管部门相继推出

了 9610(跨境电商)模式和 1210(保税电商)模式,解决了 BC 出货口的相关痛点。

(一)9610(跨境电商)模式

商家将已网售商品送到指定电商园,申报个人物品清单,以国际快递、邮政小包等形式,经过快件海关监管带扫描放行出境。次月以 9610(跨境电商)监管方式汇总申报出口货物报关单,以免征不退方式代替出口退税,避免商家税务上的损失。

(二)1210(保税电商)模式

1210(保税电商)模式出口,又称特殊区域出口,是依托于出口加工区、综合保税区等特殊区域的跨境电商出口保税备货模式。

商家将拟网售的商品送进海关特殊监管区域,理货、报关(0110 出口报关单)、退税、上架网售、申报个人物品清单,以国际快递、邮政小包等形式,经过快件海关监管带扫描放行出境。

在海关创新发展一区多能的特殊区域,保税仓经物理分割,被分为保税仓位和非保税仓位,商家可以先将商品以非保税核放单的形式卡口验放储存在特殊区域非保税仓位,理货、打包、上架、网售。为了及时退税可以选择在理货之后立即报关(0110 出口报关单)转入保税仓位,也可以选择次月汇总报关、退税。

(三)实操案例与技巧

境内货物先以非保税核放单的形式入区,单据如图 5-1 所示。

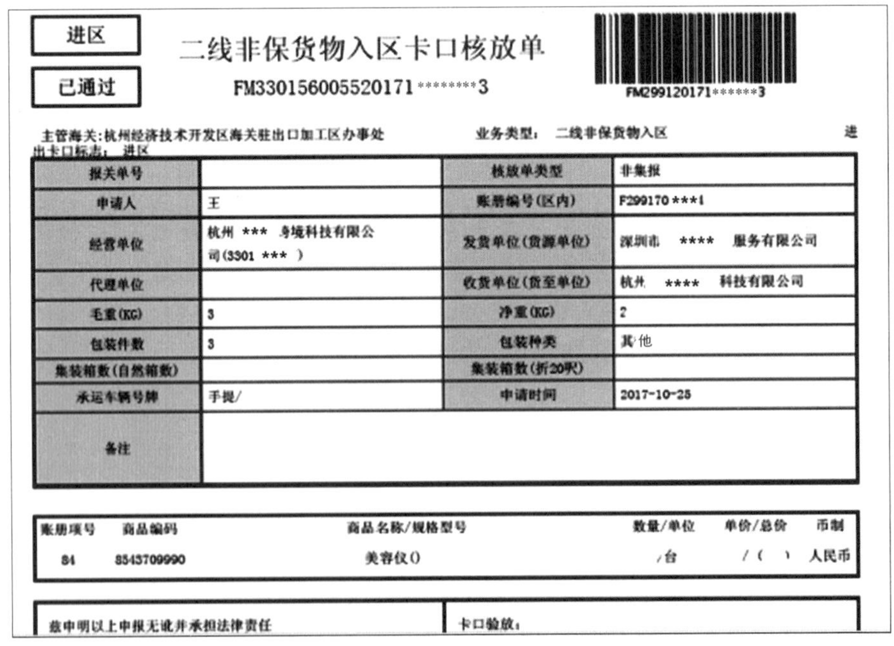

进区

已通过

二线非保货物入区卡口核放单

FM330156005520171********3

FM299120171******3

主管海关:杭州经济技术开发区海关驻出口加工区办事处　　业务类型: 二线非保货物入区　　进出卡口标志: 进区

报关单号		核放单类型	非集报
申请人	王	账册编号(区内)	F299170****1
经营单位	杭州 *** 身境科技有限公司(3301 ***)	发货单位(货源单位)	深圳市 **** 服务有限公司
代理单位		收货单位(货至单位)	杭州 **** 科技有限公司
毛重(KG)	3	净重(KG)	2
包装件数	3	包装种类	其他
集装箱数(自然箱数)		集装箱数(折20呎)	
承运车辆号牌	手提/	申请时间	2017-10-25
备注			

账册项号	商品编码	商品名称/规格型号	数量/单位	单价/总价	币制
84	8543709990	美容仪()	/台	/( )	人民币

兹申明以上申报无讹并承担法律责任	卡口验放:

图 5-1　二线非保货物入区卡口核放单

理货后根据实际数据及订单信息，申报报关单转为保税货物，出口商凭海关出口货物报关单退税，单据如图 5-2 所示。

0000000013495326 93　　*299120170917 **** 85*

中华人民共和国海关出口货物报关单

预录入编号：299120170917 ***.85　　海关编号：299120170917****85

收发货人 (4403 *** 5) (91440300734141160H) 深 贸务有限公司	出口口岸 (2991) 杭加工区	出口日期	申报日期 20171026
生产销售单位 (7152 5) 深圳 科技开发有限公司	运输方式(Z) 出口加工区	运输工具名称	提运单号
申报单位 (3301 *** 4) (91330101MA2 #) 杭州楷达 有限公司	监管方式 (0110) 一般贸易	征免性质 (101) 一般征税	备案号
贸易国(地区) (142) 中国	运抵国(地区) (142) 中国	指运港 (142) 中国境内	境内货源地 (44031) 深圳特区
许可证号	成交方式 (3) FOB	运费	保费 / 杂费
合同协议号 15490- ***	件数 1	包装种类 (2) 纸箱	毛重(千克) 1 / 净重(千克) 1
集装箱号	随附单证		

标记唛码及备注

备注：退税 无纸化报关

随附单证号：

项号	商品编号	商品名称、规格型号	数量及单位	最终目的国(地区)	单价	总价	币制	征免
1	96035091.90	美容仪刷头 电动美容仪上用|塑料+尼龙 Good wind牌	个 个	中国 (142) 原产国:中国	-		-	照章征税 (1)

图 5-2　海关出口货物报关单

最后以跨境出口小包的形式，发货至境外消费者。跨境出口小包贸易核放单如图 5-3 所示。

出区

已通过

跨境贸易核放单

KL330156005520180000****

KL299120180100****

主管海关：杭州经济技术开发区海关驻出口加工区办事处　　业务类型：跨境出口小包　　进出卡口标志：出区

备案表编号	A3301560055201801000****	核放单类型	非集报
申请人	杭州 *** 境科技有限公司	账册编号(区内)	W299180000**
区内企业编码	3301560055	区内企业名称	杭州 *** 境科技有限公司
区外企业编码	QW20180**	区外企业名称	深圳 **** 链服务有限公司
毛重(KG)		净重(KG)	
包装件数		包装种类	包
集装箱数(自然箱数)		集装箱数(折20吋)	
承运车辆号牌	浙A8C***	申请时间	2018-01-18
备注			

兹申明以上申报无讹并承担法律责任

企业签章：

联系电话：

报关专用章

卡口验放：

签名：

(盖章)

图 5-3　跨境出口贸易核放单

商品名称及商品归类

单证文件

归类总规则

直邮进口空运单

二、BC进口清关流程和相关规定

(一)清关流程和相关规定

BC进口模式俗称直邮,外商将已网售的商品通过空运等形式运到境内口岸,保税仓代理人以转关形式提货到指定监管仓库。BC进口不产生正式的报关单,在境外已生成个人订单,已完成货款及税款支付。

BC进口模式所需资料有:提单、转关运输申报单、卡口入区核放单。卡口验封核销之后,送到指定仓库理货监盘,再以快递形式出区,送到消费者手中。

海关在监管仓理货监盘及快递出区环节查获部分不规范企业刷单嫌疑,也正因如此,保税区进口直邮基本停滞。

(二)实操案例与技巧

根据直邮商品订单、进口明细单、直邮进口空运单等资料,申报海关进口转关运输货物申报单,如图5-4至图5-6所示。直邮进口空运单可扫描二维码了解详情。

直邮商品订单列表

快件公司编号	快递单号	收件人姓名	身份证姓名	身份证号码	收件人详细地址	收件人联系电话	物品重量	物品名称	物品单价(RMB)	物品数量	物品总价	物品规格	物品计量单位名称	物品HS	起运国代码	提运单号	航班号	客户订单号
STO	221232406307	白[illegible]	白[illegible]	330325196[illegible]3082[illegible]X	瑞安[illegible]韩田新街22[illegible]	137[illegible]765 02[illegible]	9.00	CENTINE TOSCANA-BANFI 红酒	5	6	2[illegible]	750ml	瓶	2204210000	307	112-47469321	CK5513	ty185100001
STO	221232406308	白[illegible]	白[illegible]	3303[illegible]196 30[illegible]ZX	瑞安[illegible]韩田新街[illegible]号	1375[illegible]765 02[illegible]	9.00	CENTINE TOSCANA-BANFI 红酒	[illegible]	6	2[illegible]0	750ml	瓶	2204210000	307	112-47469321	CK5513	ty185100002
STO	221232[illegible]	白[illegible]	白[illegible]	33032[illegible]196 306[illegible]X	瑞安[illegible]韩田新街[illegible]	1375[illegible]765 0[illegible]	9.00	CENTINE TOSCANA-BANFI [illegible]	[illegible]	6	2[illegible]0	750ml	瓶	2204210000	307	112-4746932[illegible]	CK5513	ty185100003

图5-4 直邮商品订单

进口明细

提单号	件数/件	包裹件数/件	毛重/千克	主要品名	金额/人民币	HS
112-474693**	1	20	117	红酒	4937	1901101000
			净重:177KG		原产国:意大利	

图5-5 进口明细单

中华人民共和国海关进口转关运输货物申报单

预录入号:182916999504134　　　　编　　号:

进出境运输工具名称		航次(航班)号		转关方式:跨境电商		境内运输方式:公路运输
提(运)单总数:1		货物总件数:1		货物总重量:177	集装箱总数:0	境内运输工具:浙A00329

境内运输工具名称	提(运)单号	集装箱号	货名	件数	重量	关锁号	个数
	112474693**	#29011502**	红酒	1	177		

图5-6 海关进口转关运输货物申报单

直邮货物转关到保税区卡口前，申报跨境进口直邮贸易进区核放单，如图 5-7 所示。

进区

已通过

跨境贸易核放单

KZ22022018050000 **

主管海关：吴淞海关　业务类型：跨境进口直邮　进出卡口标志：进区

备案表编号		核放单类型	非集报
申请人	杭 **** 科技有限公司	账册编号(区内)	
区内企业编码	330156K0 **	区内企业名称	杭保 ** 物流有限公司
区外企业编码		区外企业名称	
毛重(KG)	174.8	净重(KG)	174.8
包装件数	20	包装种类	包
集装箱数(自然箱数)		集装箱数(折20呎)	
承运车辆号牌	浙A0D3**/	申请时间	2018-05-15
备注	W74273		

兹申明以上申报无讹并承担法律责任 企业签章： 联系电话：	卡口验放： 签名：

图 5-7　跨境进口直邮贸易进区核放单

海关监盘理货无差异之后，再以跨境进口小包核放的形式出卡发货至境内消费者，跨境进口小包出卡发货核放单如图 5-8 所示。

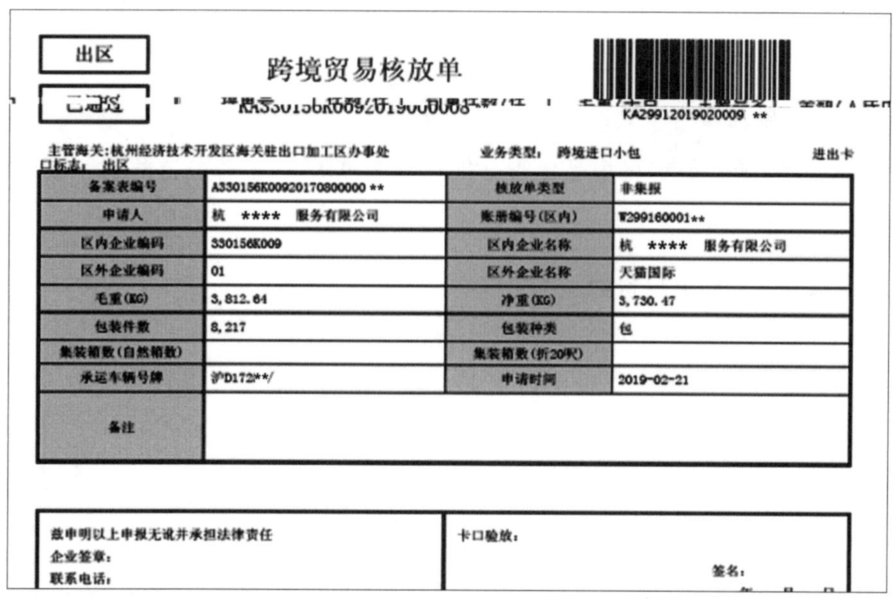

出区

已通过

跨境贸易核放单

KA29912019020009 **

主管海关：杭州经济技术开发区海关驻出口加工区办事处　业务类型：跨境进口小包　进出卡口标志：出区

备案表编号	A330156K00920170800000 **	核放单类型	非集报
申请人	杭 **** 服务有限公司	账册编号(区内)	W299160001**
区内企业编码	330156K009	区内企业名称	杭 **** 服务有限公司
区外企业编码	01	区外企业名称	天猫国际
毛重(KG)	3,812.64	净重(KG)	3,730.47
包装件数	8,217	包装种类	包
集装箱数(自然箱数)		集装箱数(折20呎)	
承运车辆号牌	沪D172**/	申请时间	2019-02-21
备注			

兹申明以上申报无讹并承担法律责任 企业签章： 联系电话：	卡口验放： 签名：

图 5-8　跨境进口小包贸易出卡发货核放单

第二节 跨境电商 BBC 模式清关

跨境电商 BBC 模式，是境内现行跨境电商最为普遍的模式，因其契合了商品流通从集约化生产到零单消费的根本需求。

BBC 模式的清关也便利了商品跨境货物模式的监管状态，因此不管是进口还是出口，清关环节与传统贸易差异不大，在跨境电商发展大潮及国家大力支持的大背景下，试点城市及综试区海关先行先试、创新监管、服大于管，实施高效通关在前，加强中后期核查等措施。鉴于此，清关环节的重要性，看似降低实则提高了。如在进出口清关环节留有任何后遗症，将直接影响到最终商品的流通和企业的信用等级，这甚至关乎企业的生死存亡。

一、BBC 出口清关流程和相关规定

所谓 BBC（business to business to customer）出口清关，即为境内发货商（卖方，business）将商品卖给境外采购商（买方，business），在境外以网购零售的形式卖给境外个人（消费者，customer），从而完成商品从发货商（工厂）到最终消费者手中的全过程。随着跨境电商的发展，以及中国海关通关的快捷化与便利化，这种 BBC 模式，在实际供应链中，也越来越多地趋向于以保税仓来代替境外采购商的功能，保税仓的这一功能即跨境电商的特殊区域出口。

跨境电商的特殊区域出口具有入区退税灵活便捷、高效控制海外库存、退货周转方便等优势。跨境电商的特殊区域出口清关流程如下。

（一）境内货物入区

境内商家将生产（采购）的商品按需分批送入保税区，区内跨境电商仓库以非保税货物入区核放单形式，将货物报关过卡，储存于保税仓非保税区域，进行理货。

（二）非保税货物转保税货物

电商仓库按照商家出口需求，将理货完成的商品通过报关的形式从非保税区域转移到保税区域，货物性质也由非保税货物变成了保税货物。报关所需资料也都是常用的合同、发票、装箱单。以境内商家的抬头申报一票出口报关单，境内商家用于出口退税，以电商仓库的抬头报一票进境备案清单（或者进口核注清单），电商仓库用于账册核销。

（三）保税货物出口

电商仓库根据商家需求，将已转保税货物装箱，申报出口核注清单和出区核放单，在海关验放后带车出卡。

货代租船订舱/预订航班，出区货物进港/空运交货后，申报出口报关单。如报关单自动放行，即可上船出海或空运出境；如果报关单需查验，港口配合海关查验放行后上船出海或空运出境。报关所需资料为一般发票、装箱单及仓单信息。

(四)出口货物结关

出口货物一般上船出海或空运出境后报关单自动结关,如未自动结关,需找现场海关导入出口报关单转核销表,货代再次发送仓单信息即完成结关。金关二期账册,申报了先出后报核注清单的,待货物上船出海或空运出境后,通过申报清单结关来完成报关单的结关。

(五)境外销售及退运调拨

跨境电商的特殊区域出口,在境外仓正常上架销售即完成了出口 BBC 的整个流程,如需退运、调拨、理货等,通过区内物流货物的形式,仍可以进口至保税区电商仓库,进行保税理货维修等操作。

(六)实操案例与技巧

境内货物先以非保税核放单的形式入区。

理货后根据实际理货信息及出货需求制作发票装箱单等资料,申报非保税货物转保税货物,准备海关进境货物备案清单和海关出口货物报关单,如图 5-9、图 5-10 所示。

中华人民共和国海关进境货物备案清单 *299120191919008105*

预录入编号:120190000207389 ***　海关编号:299120191919008**　(杭加工区)　页码/页数:1/1

境内收货人(91330101 **** 53)杭州 *** 境科技有限公司 | 进境关别(2991)杭加工区 | 进境日期 20190410 | 申报日期 20190410 | 备案号 H29916000012
境外发货人(NO)NO | 运输方式(9)其他方式运输 | 运输工具名称及航次号 | 提运单号 | 货物存放地点 杭加工区
消费使用单位(9133010 **** 453)杭 *** 境科技有限公司 | 监管方式(5000)料件进出区 | 许可证号 | 启运港(CHN000)中国境内
合同协议号 | 贸易国(地区)(HKG)中国香港 | 启运国(地区)(CHN)中国 | 经停港(CHN000)中国境内 | 入境口岸(333301)杭州出口加工区
包装种类(22)纸制或纤维板制盒/箱 | 件数 17 | 毛重(千克)294.4 | 净重(千克)275.7 | 成交方式(1)CIF | 运费 | 保费 | 杂费
随附单证及编号
标记唛码及备注 两单一审备案清单
备注:KJ。从F29917000004转入H299160000 ** MADE IN CHINA

项号	商品编号	商品名称及规格型号	数量及单位	单价/总价/币制	原产国(地区)	最终目的国(地区)	境内目的地
1 (35)	6204430090	合纤梭织女式连衣裙 1|3|梭织|连衣裙|女式|面料100%涤纶 里料95%涤纶 5%棉|Wantdo(翱度)|3027	919件 275.7千克 919条	美元	中国 (CHN)	中国 (CHN)	(33015/330104)浙江杭州出口加工区/杭州市江干区

图 5-9　海关进境货物备案清单

中华人民共和国海关出口货物报关单 *299120190919509080*

预录入编号:2991201909195090 **　海关编号:2991201909195090 **　(杭加工区)　页码/页数:1/1

境内发货人(91330108)杭州 *** 务股份有限公司 | 出境关别(2991)杭加工区 | 出口日期 | 申报日期 20190410 | 备案号
境外收货人(NO)NO | 运输方式(Z)出口加工区 | 运输工具名称及航次号 | 提运单号
生产销售单位(91330108 *** 542)杭州 **** 务股份有限公司 | 监管方式(0110)一般贸易 | 征免性质(101)一般征税 | 许可证号
合同协议号 AZ19-30 | 贸易国(地区)(HKG)中国香港 | 运抵国(地区)(CHN)中国 | 指运港(CHN000)中国境内 | 离境口岸(333301)杭州出口加工区
包装种类(22)纸制或纤维板制盒/箱 | 件数 17 | 毛重(千克)294.4 | 净重(千克)275.7 | 成交方式(3)FOB | 运费 | 保费 | 杂费
随附单证及编号
随附单证2:发票;装箱单;合同;代理报关委托协议(纸质)
标记唛码及备注 两单一审报关单
备注:KJ。从F29917000004转入H2991600001** MADE IN CHINA　关联报关单号:299120191919008105　关联备案:H29916000012

项号	商品编号	商品名称及规格型号	数量及单位	单价/总价/币制	原产国(地区)	最终目的国(地区)	境内货源地	征免
1	6204430090	合纤梭织女式连衣裙 1|2|梭织|连衣裙|女式|面料100%涤纶 里料95%涤纶 5%棉|Wantdo(翱度)|3027	919件 275.7千克 919条	美元	中国 (CHN)	中国 (CHN)	(44051)汕头特区	照章征税 (1)

图 5-10　海关出口货物报关单

根据出货需求制作发票、装箱单等资料，预配舱单，申报海关出境货物备案清单、空港出口货物验放联系单，如图 5-11、图 5-12 所示。

中华人民共和国海关出境货物备案清单 *2991201909195092 24*

预录入编号：E20190000206181O **　海关编号：299120190919 5092 **　（杭加工区）　页码/页数：1/1

境内发货人（913301 **** 153） 杭州 *** 跨境科技有限公司	出境关别（2233） 浦东机场	出境日期	申报日期 20190411	备案号 H29916000012
境外收货人（NO） NO	运输方式（5） 航空运输	运输工具名称及航次号 CK247	提运单号 11251 2281 **	
生产销售单位（9133010 **** 453） 杭 *** 境科技有限公司	监管方式（5034） 区内物流货物		许可证号	
合同协议号	贸易国（地区）（HKG） 中国香港	运抵国（地区）（JPN） 日本	指运港（JPN384） 大阪（日本）	离境口岸（310302） 上海浦东国际机场

包装种类（22） 纸制或纤维板制盒/箱	件数 12	毛重(千克) 174	净重(千克) 158.18	成交方式（3） FOB	运费	保费	杂费

随附单证及编号

随附单证2：装箱单；合同；代理报关委托协议（纸质）；发票

标记唛码及备注

备注：KJ，B2B，全国通关一体化 N/M

项号	商品编号	商品名称及规格型号	数量及单位	单价/总价/币制	原产国(地区)	最终目的国(地区)	境内货源地
1 (9)	6112410000	女式泳装 1|0|针织|游泳服|女式|82%锦纶18%氨纶|Wantdo（翱度）|9008等	182件 51.2千克 182件	美元	中国 (CHN)	日本 (JPN)	(33015)浙江杭州出口加工区
2 (11)	6211339000	化纤梭织男式马甲 1|0|梭织|马甲|男式|面料100%涤纶 里料100%涤纶|Wantdo（翱度）|MJ001等	60件 30.2千克 60件	美元	中国 (CHN)	日本 (JPN)	(33015)浙江杭州出口加工区

图 5-11　海关出境货物备案清单

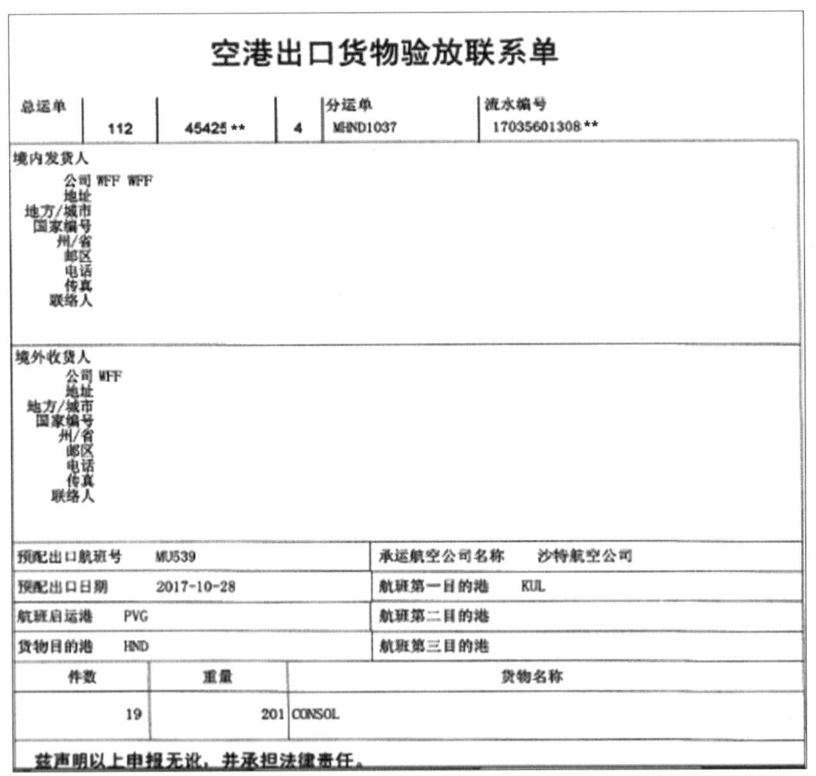

空港出口货物验放联系单

总运单	112	45425 **	4	分运单 MHND1037	流水编号 17035601308 **

境内发货人
公司 WFF WFF
地址
地方/城市
国家编号
州/省
邮区
电话
传真
联络人

境外收货人
公司 WFF
地址
地方/城市
国家编号
州/省
邮区
电话
传真
联络人

预配出口航班号 MU539	承运航空公司名称 沙特航空公司
预配出口日期 2017-10-28	航班第一目的港 KUL
航班启运港 PVG	航班第二目的港
货物目的港 HND	航班第三目的港

件数	重量	货物名称
19	201	CONSOL

兹声明以上申报无讹，并承担法律责任。

图 5-12　空港出口货物验放联系单

货物空运或海运出口后即可送货至海关指定发货仓库，后根据境外网购信息发货至境外消费者手中。

二、BBC 进口清关流程和相关规定

(一)知识准备

下面分别从货物转移(物流)、货权转移(所有权)和货款转移(支付)三个方面来阐述BBC 模式的全过程。

1. 货物转移

货物转移即国际物流,境外采购商(买方,business)作为跨境电商的主体,在国际物流和贸易中起着关键性的桥梁作用,而其采购商品并非必须实际从境外发货商(卖方,business)收到商品再发往境内,只要指定境内有资质的跨境电商保税仓库作为收货人代为收货,再代发货给境内个人(消费者,customer)即完成了货物转移。BBC 模式的物流形式如图 5-13 所示。

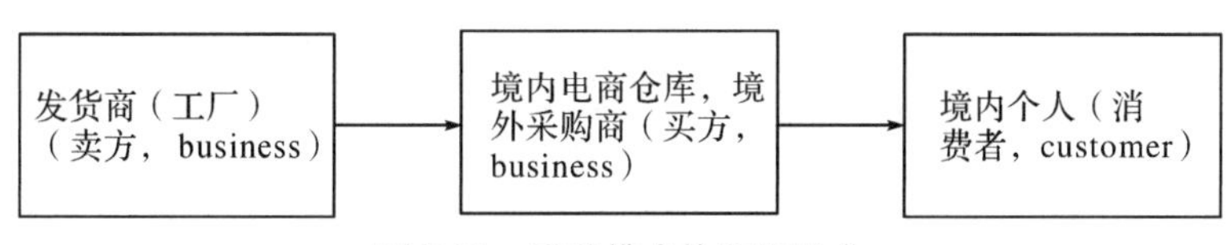

图 5-13　BBC 模式的物流形式

2. 货权转移

货权转移即商品交易,整个物流过程中,商品的实际货权发生了两次转移。

第一次货权转移地点在境外,即通过 B2B 的形式在境外已经将货权通过国际贸易的形式转移给了第 2 个 B(也即是作为买方的境外采购商 business)。

第二次货权转移地点在境内,消费者通过网购下单后,保税仓库代电商(境外采购商,business 有时也称外商,以下简称电商时不再解释)发货给个人(customer)即完成了 B2C 网购形式的货权转移。

需特别注意的是,商品在整个保税仓库的储存期间,实际货权属于作为电商的境外采购商(买方,business)。

3. 货款转移

货款转移即支付货款,正所谓一手交钱一手交货,资金流往往是物流的逆方向。当然在国际贸易中并不都是一手交钱一手交货,因此,货款转移可简单理解为:个人(消费者,customer)通过支付软件将货款支付给境外采购商(买方,business),境外采购商(买方,business)再以国际贸易 T/T 等付款方式支付给发货商(卖方,business)。

(二)相关单证

只有完全清楚了 BBC 模式中的各个角色和流程,才能更好地理解 BBC 模式清关中的各种单证单据、环节流程和相关规定。

BBC 进口清关常用的单证包括但不限于:发票(invoice)、装箱单(packing list)、合同(contract)、提运单(bill of lading/air way bill)。通常为了清关操作方便,还需要制作一

个进口商品清单明细表。

1. 发票

发票，有时被称为商业发票或者形式发票，是国际贸易中最常见的一种单证，通常是由发货商（卖方，seller）出具给收货人（买方，buyer）的，主要体现货物的成交数量和金额币值等信息。BBC 模式的简易发票样式如图 5-14 所示。

COMMERCIAL INVOICE 商业发票

DATE 日期	2018年/6月/1日	INVOICE NO. 发票号	电商名称：** 贸易(香港)有限公司
SHIPPER/EXPORTER (Complete name & address & telephone)		CONSIGNEE(Complete name & address & telephone)	
KERRIA SAGL UID CHE: 208.367.669 PH: +4191222 ···· ATTN: C. COMI VIA CATTANEO 17 CH-6900 LUGANO		Hangzhou Zh***qi Logistic Co.,Ltd Second floor,Building NO.7,NO.161Avenue17, Baiyang District, Hangzhou Economic and Technological Development Area Tel.: 0571-8****07 FAX: 0571-64***88	
PLACE OF EXPORT（出口地）	瑞士	IMPORTER IF OTHER THAN CONSIGNEE 进口商详细名称（若与收件人非同一人）	
PLACE OF DELIVERY（目的地）	中国上海		
贸易国（地区）:	瑞士		
买卖双方是否存在特殊关系:	否		
集装箱号:			
TRADE TERMS 成交方式(CIF/FOB/DAP等)	CIF		

ITEM NO. 项号	ORIGIN 原产国	DESCRIPTION OF GOODS 货品详细描述	FILING NO. 料号	条形码	QTY (PIECE) 数量	UNIT 单位	UNIT PRICE 单价（RMB）	TOTAL VALUE 总价（RMB）
40	瑞士	KEIKO MECHERI 科尔多瓦皮革香水 100ML/瓶	SHSD663157435240	663157435240	6	瓶	450.00	2,700.00
TOTAL 总计					6			2,700.00

DECLARE ALL THE INFORMATION CONTAINED IN THIS INVOICE TO BE TRUE AND CORRECT.
我确保以上发票所列内容真实正确。

KERRIA KEIKO MECHERI
KERRIA SAGL
VIA CATTANEO 17
LUGANO CH-6900

图 5-14　BBC 模式的简易发票样式

2. 装箱单

装箱单，有时简称箱单，通常也是由发货商（卖方，seller）出具给收货人（买方，buyer）的，主要体现货物的包装件数、毛重、净重等信息。BBC 模式的简易装箱单样式如图 5-15 所示。

PACKING LIST 装箱单

DATE 日期	2018年/6月/1日	P/L NO. 装箱单号	电商名称：** 贸易(香港)有限公司
SHIPPER/EXPORTER (Complete name & address & telephone)		CONSIGNEE(Complete name & address & telephone)	
KERRIA SAGL UID CHE: 208.367.669 PH: +4191222 ···· ATTN: C. COMI		Hangzhou Zh***qi Logistic Co.,Ltd Second floor,Building NO.7,NO.···1Avenue17, Baiyang District, Hangzhou Economic and Technological Development Area	
PLACE OF EXPORT（出口地）	瑞士	IMPORTER IF OTHER THAN CONSIGNEE 进口商详细名称（若与收件人非同一人）	
PLACE OF DELIVERY（目的地）	中国上海		
贸易国（地区）:	瑞士		
托盘的材质:	木质		
集装箱号:	无		
TRADE TERMS 成交方式(CIF/FOB/DAP等)	CIF		

ITEM NO. 项号	商检备案号	NO. OF CTNS 箱数	DESCRIPTION OF GOODS 货品详细描述	FILING NO. 料号	条形码	QTY (PIECE) 数量	UNIT 单位	G.W (KG) 毛重	N.W (KG) 净重
40	3301560066330300002075607V001023****	1	KEIKO MECHERI 科尔多瓦皮革香水 100ML/瓶	SHSD6631574352 **	6631574352**	6	瓶	77.40	0.6
TOTAL 总计		1				6		77	0.60

DECLARE ALL THE INFORMATION CONTAINED IN THIS INVOICE TO BE TRUE AND CORRECT.
我确保以上发票所列内容真实正确。

KERRIA KEIKO MECHERI
KERRIA SAGL
VIA CATTANEO 17
LUGANO CH-6900

图 5-15　BBC 模式的简易装箱单样式

3. 合同

合同，是买卖双方关于本次交易达成的基本协议，体现双方的权利义务和责任划分，在正常的国际贸易中是相当重要的文件，但在跨境保税电商的正常进口过程中，要求并不是很严格，主要原因在于实际发生交易的 B2B 环节在境外，对 BBC 进口清关没有太大影响。BBC 模式的进口合同样式如图 5-16 所示。

Contract合同

DATE 日期	2018年/6月/1日	INVOICE NO. 发票号	电商名称：少德贸易(香港)有限公司 电商企业备案号： 31169696l **
SHIPPER/EXPORTER (Complete name & address & telephone) 发货人或出口商的详细名称、地址及电话		CONSIGNEE(Complete name & address & telephone) 收货人的详细名称、地址及电话	
KERRIA SAGL UID CHE: 208.367.669 PH: +4191222 ···· ATTN: C. COMI		Hangzhou Zh****i Lo***tic Co.,Ltd Second floor,Building NO.7,NO.161Avenue17, Baiyang District, Hangzhou Economic and Technological Development Area	
PLACE OF EXPORT（出口地）	瑞士	IMPORTER IF OTHER THAN CONSIGNEE 进口商详细名称（若与收件人非同一人）	
PLACE OF DELIVERY（目的地）	中国上海		
贸易国（地区）:	瑞士		
买卖双方是否存在特殊关系:	否		
集装箱号:			
TRADE TERMS 成交方式(CIF/FOB/DAP等)	CIF		

ITEM NO.	ORIGIN	DESCRIPTION OF GOODS	FILING NO.		QTY (PIECE)	UNIT	UNIT PRICE	TOTAL VALUE
项号	原产国	货品详细描述	料号	条形码	数量	单位	单价（RMB）	总价（RMB）
40	瑞士	KEIKO MECHERI 科尔多瓦皮革香水 100ML/瓶	SHSD663157435240	663157435240	6	瓶	450.00	2,700.00
TOTAL 总计					6			2,700.00

DECLARE ALL THE INFORMATION CONTAINED IN THIS INVOICE TO BE TRUE AND CORRECT.
我确保以上发票所列内容真实正确。

Signed by Seller: Signed by Buyer:

KEIKO MECHERI

图 5-16 BBC 模式的进口合同样式

4. 提运单

提运单，简称为提单。海运提单英文表述为 bill of lading；空运单分为主运单(MAWB，main air way bill)和分运单(HAWB，house air way bill)。

提运单是由承运人(船公司/航空公司)出具给委托人(发货人)的承运凭证，同时也是收货人向承运人提货的一种凭证。提运单既有委托运输协议的意义，同时又有货权凭证的意义，在国际贸易中是一种极为重要的单证。因此，提单中的信息就相当重要了。在跨境电商这一特殊的国际贸易及其物流中，提单信息注意点如下。

海运提单、航空主运单和航空分运单参考样式

第一，海运提单收货人一定是境内电商仓库，通知人可以是电商公司或者货代清关公司。

第二，航空主运单上必须显示机场指定仓库抬头(否则下飞机后不知如何分拨)，分单可只显示境内电商仓库和通知人。

第三，空运如果只有主运单，没有分运单，务必主运单同时显示机场仓库和电商仓库。

海运提单、航空主运单和航空分运单参考样式可扫描二维码了解。

5. 进口商品清单明细表

进口商品清单明细表，俗称报关清单，顾名思义，是为了报关方便而制作的一个归纳性文件，通常包括报关中常用的 HS 编码、商品名称、数量单位、金额币制、重量信息、原产地和申报要素等信息。BBC 模式的进口商品清单明细表样式如图 5-17 所示。

杭州*****物流有限公司进口明细表									商家（沙德贸易（香港）有限公司			
流水号：												
电子账册号	W299160002**											
序列号	项号	HS编码	品名	规范申报	商品描述	数量	计量单位	规格型号	净重（KG）	单价（CIF）	总价（CIF）	原产国
1		3303000**	香水	1. 包装：零售包装，100ml/瓶，2. 品牌：KEIKO MECHERI，3. 品牌类型：境外品牌（其他）	KEIKO MECHERI 科尔多瓦皮革香水 100ML/瓶	6	瓶	100ML/瓶	0.6	450	2700	瑞士
合计						6			0.6		2700	

图 5-17　BBC 模式的进口商品清单明细表样式

BBC 进口清关实际操作中所需的单据文件，也会根据实际商品的不同而有新的需求与变化，例如，日本食品输华必须提供原产地证，新西兰蜂蜜输华必须提供证明，任何危险品报关都必须有危险品申报单。

（三）仓单信息查询

申报资料齐全后，先在海关总署新仓单查询系统上查询仓单信息，查询不到仓单信息是不能申报的。仓单信息如表 5-1、图 5-18 所示。

表 5-1　仓单信息

进口抵港确报标志	理货状态	解释
空白/预报动态	空白	船（航空）公司向海关预申报了仓单，可以报关，但不会自放，如当天不能审结后续有退单的风险（建议不要报关）
确报动态	空白/已分拨未理货	货物已到港口，船（航空）公司向海关正式申报了仓单，可以报关，如未自放可以找海关手工放单（尚不能提货）
确报动态	正常理货	仓单信息已确定，可以报关/放关/提货（建议提货前向港口仓库确认是否有放行信息，如无，建议到现场海关做强行二放）

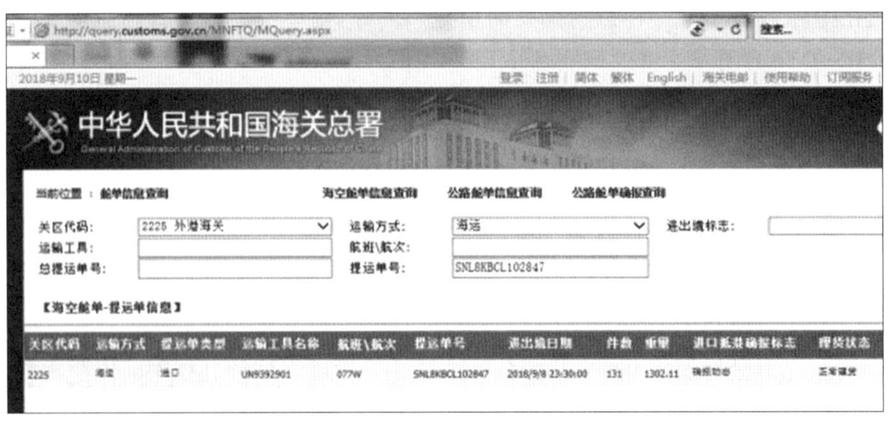

图 5-18　海关总署新仓单查询系统界面

(四)录入申报系统

单一窗口的相关单证参考样式

(1)在中国国际贸易单一窗口(以下简称单一窗口)特殊监管区域系统录入申报进口核注清单,生成 QD 开头的 18 位核注清单号,同时在中国国际贸易单一窗口货物申报系统里生成报关单草稿。

(2)在中国国际贸易单一窗口货物申报系统里补充完整报关和报检信息,核对无误后申报,生成报关单及报检号。如果报关单未自动放行,需找现场海关做手工放行。

(3)到货前在中国国际贸易单一窗口特殊监管区域系统录入申报重车入区核放单及空车出区核放单。相关单证参考样式可扫描二维码了解。

(五)现场操作

如有报关单不自动放行,需找现场海关做手工放行;如此时发现报关单被布控,打印查验通知并提供一整套报关资料给口岸货代/报关行,配合口岸海关处理查验事宜。报关单放行/结关、报检号归档之后,查询到口岸放行信息(整箱货通过理货网站查询,海运拼箱货或者空运货物可以致电分拨仓库/监管仓库查询)之后,安排车辆运输(普货可以是任何车辆,危险品、冷藏/冷冻品需相应的运输车辆)。

货到保税区卡口,运输车辆凭重车入区核放单验卡过关,再根据卡口相应提示进入指定地点验放或者到指定仓库卸货。

卸货完毕后运输车辆凭空车出区核放单出卡。

(六)理货上架

根据货物性质及监管状态,在指定仓库或者自营仓库理货,出具理货报告,根据实际理货数据上架销售。

普通已放行货物可在自营仓库理货,特殊商品及卡口布控货物或者检验检疫抽中货物,需在指定仓库理货。理货结果中的正常商品可上架销售,残次品需做销毁或退运处理,少到货商品需做补税处理,多到货商品原则上做退运处理。

(七)网售出区

电商平台根据消费者三单信息(订单、支付单、物流单)向海关申报个人物品申报单,网售商品装车后电商仓库将整车商品对应的所有个人物品申报单汇总申报一个或多个出区核放单,并提供个人物品申报清单,经海关验放后出区,由承运快递公司送货至消费者。

电商平台次月汇总缴纳个人物品网购零售综合税款。应纳税款不得超过电商平台保证金账户余额,所以一定要随时掌控保证金账户余额情况和期限,余额不足或临期需提前向海关申请续交及续期。

(八)相关规定

报关单填制规范等相关规定很多,单单一致、单货一致、如实申报是所有清关的基本原则。以下根据最新具体操作要求简要列举几条。

第一,为提升服务,提高效率,海关通关时效要求愈来愈高,货到进口口岸后,空运 48 小时内结关,海运 72 小时内结关。

第二,目前删改单货物价值超过 50 万元,或者查验改单三次以上,报关单自动进入移交案件处理,根据案件事实(影响海关统计/影响海关监管等)做出相应处罚。

第三,从 2016 年 4 月 8 日(四八新政)起,海关总署等多部委联合出具一个商品清单(俗称正面清单),只有 HS 编码在清单范围内的,才可以在综试区做跨境电商网购零售。正面清单每年都会根据海关编码的变化而更新,需随时关注。

第四,国家及地方市场监督管理部门也有相关规定,需了解遵守,如商品胎盘、吗啡、濒危物种等违禁品,是不可以进口的。

第五,个人单笔订单总货值不得超过 5000 元(所以单品货物售价超过 5000 元的商品无法在保税区做跨境电商网购零售)。

第六,个人年网购限额 26000 元。

知识与技能训练

第五章知识与技能训练

第六章

跨境电商平台店铺物流综合业务操作

【知识目标】

- 了解 B2C 平台店铺物流综合业务操作。
- 了解 B2B 平台店铺物流综合业务操作。

【能力目标】

- 能操作亚马逊店铺物流业务。
- 能操作速卖通店铺物流业务。
- 能操作 Wish 店铺物流业务。
- 能操作阿里巴巴国际站店铺物流业务。

案例导入

随着亚马逊业务需求和规模的不断扩张，这几年亚马逊相继推出了不少新站点。2017 年 12 月澳大利亚站上线，2018 年 9 月土耳其站上线，2019 年以色列站、新加坡站、阿联酋站上线，2020 年荷兰站上线。

2019 年新加坡电子商务市场的收入达到 23.32 亿美元，市场规模整体依旧呈增长趋势。针对卖家入驻新加坡站点，亚马逊给出了很多优惠政策。如中国卖家在 2020 年 3 月 31 日前入驻，可享受 6 个月的月服务费豁免优惠。入驻 6 个月内，卖家可免费申报包括今日秒杀(Lightning Deal)、限时抢购(Best Deal)、镇店之宝(Deal of the Day)、Prime 会员尊享(Prime Exclusive Deals)等引流活动。

新加坡是亚马逊的全球第三大出口目的地，新加坡消费者非常依赖中国商品——中国是新加坡的头号贸易伙伴。跨境电商物流的发展对推动中国和新加坡跨境电商发展起到了极其重要的作用。

第一节　B2C 平台线上物流发货操作

一、亚马逊平台物流业务操作流程（FBA 发货操作）

(一)FBA 概述

亚马逊 FBA 是由亚马逊提供的包括仓储、分拣打包、派送、收款、客服及退货售后的一条龙式物流服务。

FBA 是亚马逊卖家可以使用的一种引流工具。针对亚马逊 Prime 会员,平台会提供 FBA 货物的包邮服务,在运送时效上也有很大的提升。因此卖家加入 FBA 意味着可以接触到潜在的 Prime 会员,提升搜索排名。

FBA 是卖家提升转化的工具之一。黄金购物车一直是亚马逊卖家最为看中的,拥有黄金购物车是参加许多平台活动的基础。而加入 FBA 则是获得黄金购物车的一种方式。

加入 FBA 的卖家可以不必考虑部分商品的卖家配送绩效。加入 FBA 的商品,其配送服务由亚马逊官方提供,因此 FBA 配送引起的买家不满的后果将由亚马逊自己承担,与卖家无关,平台也不会将其考核加入 FBA 产品的卖家配送绩效。

FBA 入仓后卖家可开通部分增值服务。如亚马逊物流出口计划、多渠道配送、亚马逊物流订购省(仅限美容化妆、食品、个护健康和婴儿护理商品)。

(二)FBA 业务操作流程

FBA 基本业务操作流程如图 6-1 所示。

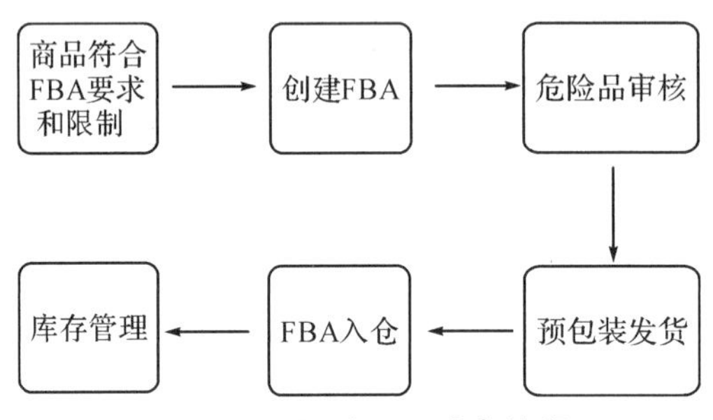

图 6-1　亚马逊 FBA 业务流程

FBA 具体操作步骤如下。

(1)将选中的商品转化为亚马逊配送的“库存管理”,如图 6-2 至图 6-4 所示。

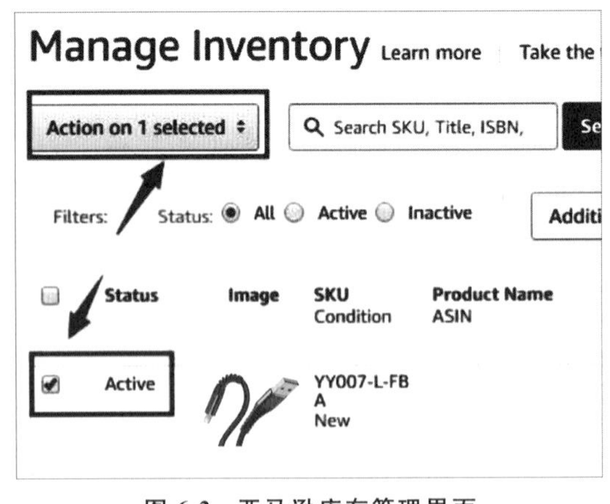

图 6-2　亚马逊库存管理界面

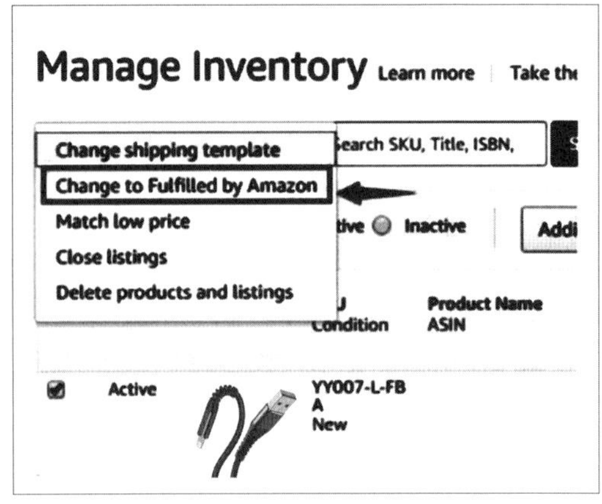

图 6-3　亚马逊配送转换按钮

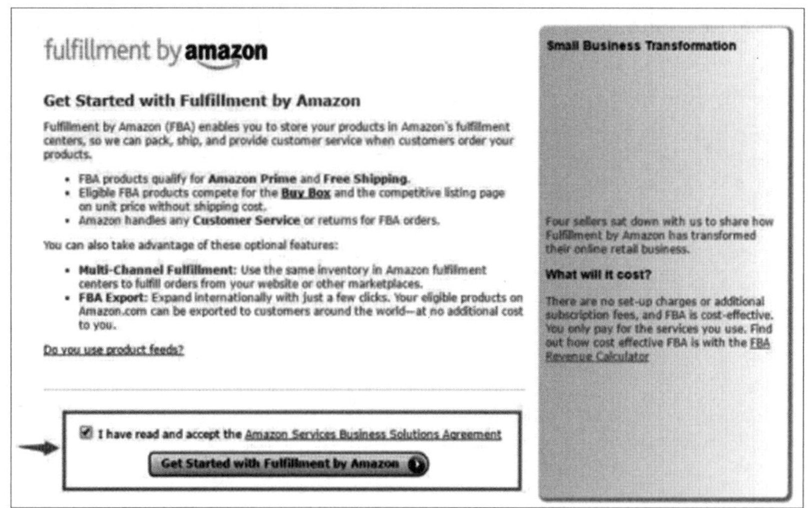

图 6-4　开通 FBA 界面

(2)选择条形码类型,如制造商条形码、亚马逊条形码(Amazon barcode),如图 6-5 所示。

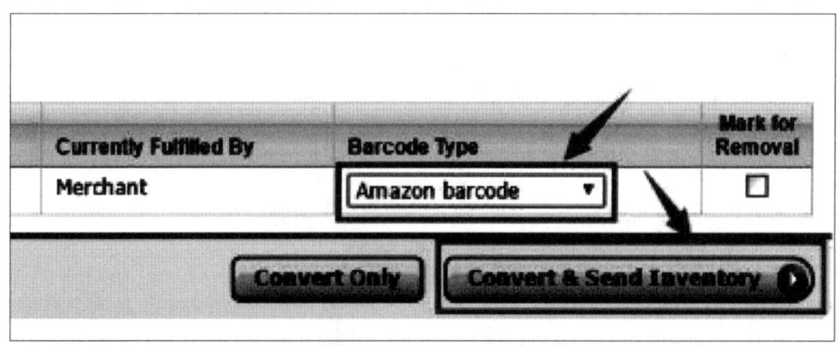

图 6-5　选择条形码类型界面

(3)进行危险品审核。所有商品必须进行危险品审核,通常需要 4 个工作日。

(4)发/补货。创建入库计划,填写发货地址(见图 6-6)、包装类型(混装产品/原厂包装产品),查看库存容量,信息填写需使用英文完成。对新买家而言,亚马逊提供无限入仓服务,但连续几个月没有订单则仓库容量变为 1000 立方英尺(约 28.3 立方米)。

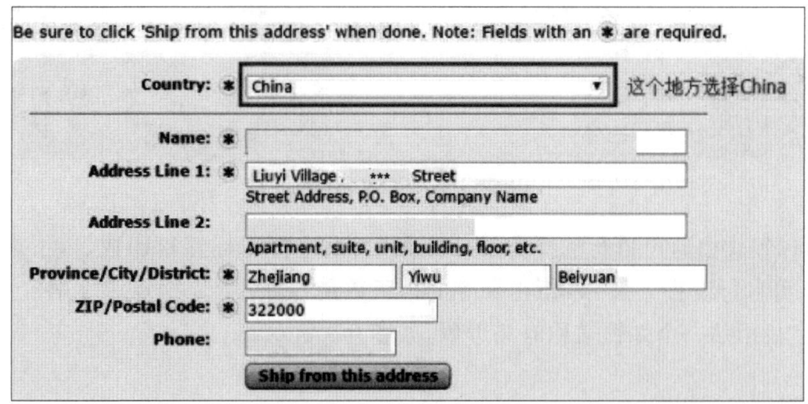

图 6-6　填写发货地址界面

(5)添加实际发货量及尺寸重量信息(见图 6-7),亚马逊将选择重量或体积中较大者计算仓储费。

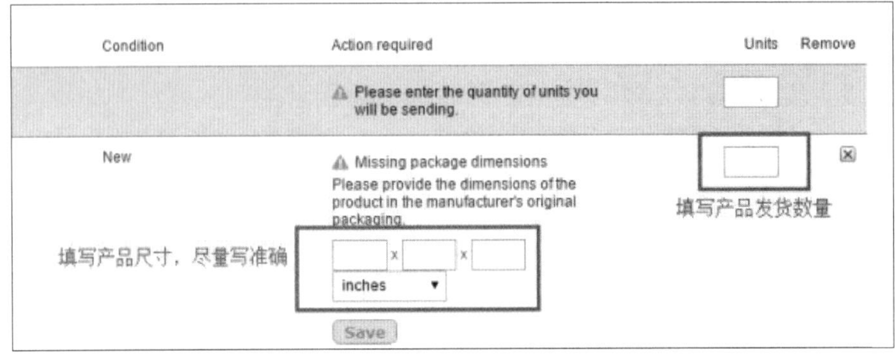

图 6-7 填写货物尺寸及数量界面

(6)选择分类,进入商品预处理界面查看包装指导,如图 6-8 所示。

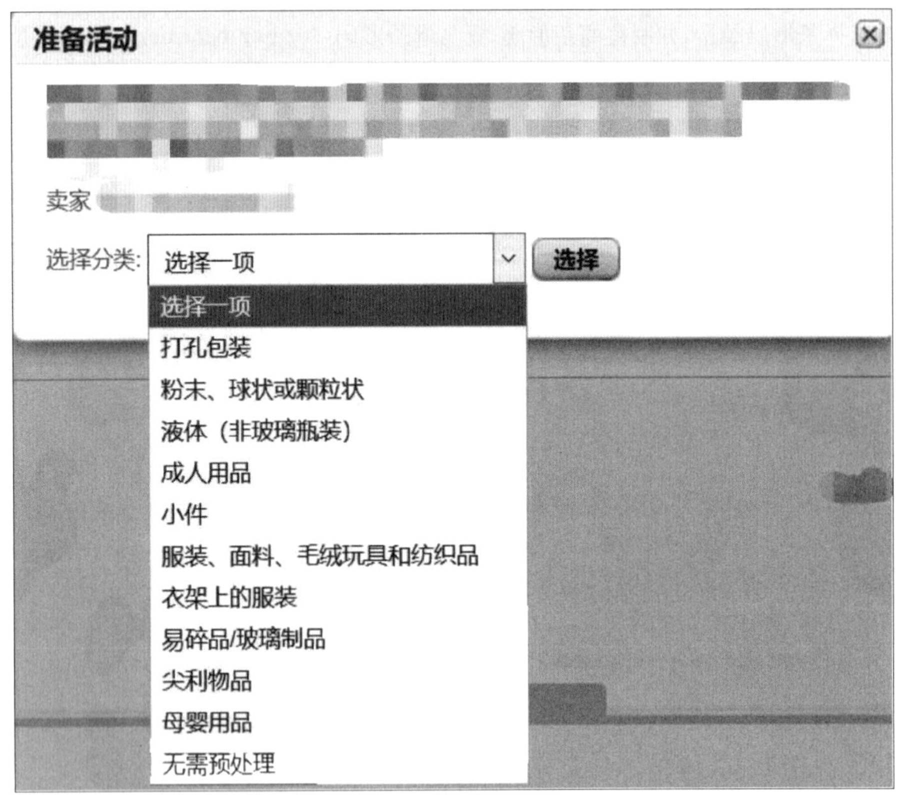

图 6-8 预处理商品界面

(7)贴标签。由商户自行选择完成标签张贴,设定打印标签打印数量,下载的条形码以 X 开头(可自行设置 1 张 A4 纸上标签的排版数量),可在产品外包装上各个面都贴,单个销售商品只用贴一个并覆盖原有条形码,如图 6-9 所示。

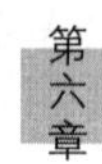

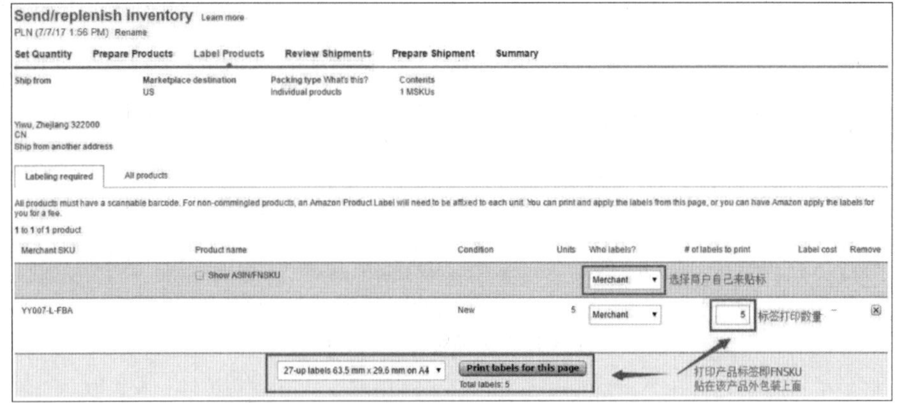

图 6-9　商品标签界面

(8)查看发货信息和配送地址,如图 6-10 所示。

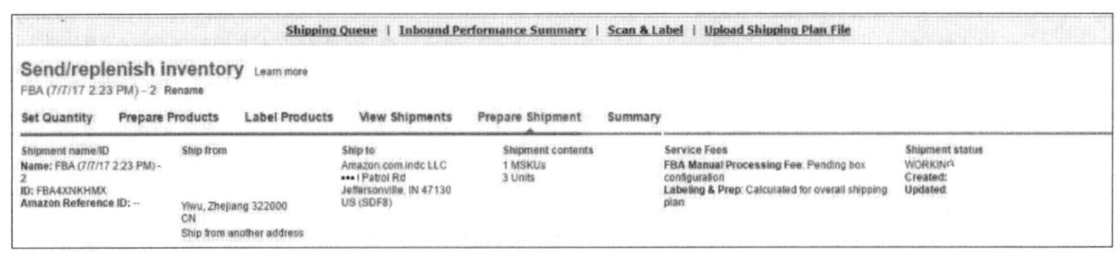

图 6-10　查看发货信息和配送地址界面

(9)下载 SKU 列表,处理货件。

(10)检查货件内容。系统上录入与实际发货的商品需保持一致,若有问题只能修改 5%的数量或者 6 件商品,如图 6-11 所示。

图 6-11　核对发货数量界面

(11)选择配送方式、承运人、箱子数量和箱内信息。小包裹快件(SPD)和汽运零担(LTL)的头程物流可以自行选择,如图 6-12 所示。另外可以选择将所有货物装载在一个箱子中或多个箱子运送两种方式,如图 6-13 所示。

图 6-12　选择配送方式界面

图 6-13　选择货物装运方式界面

(12)填写每个箱子内的产品数量、重量、尺寸，如图 6-14 所示。

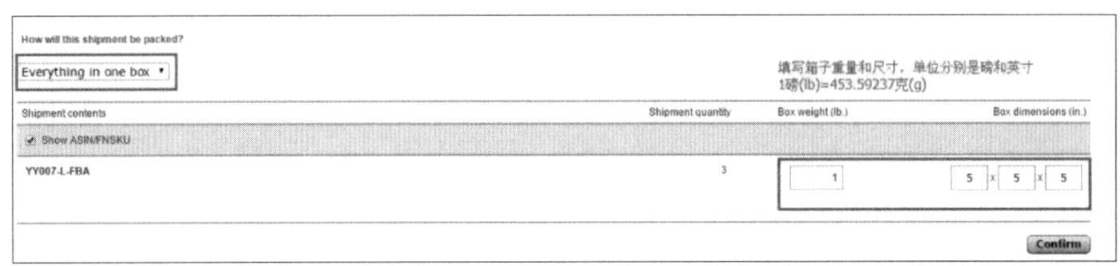

图 6-14　所有产品尺寸填写界面

(13)选择货件的标签尺寸和数量。

(14)打印外箱单，填写追踪号，如图 6-15、图 6-16 所示。

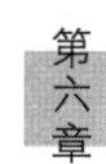

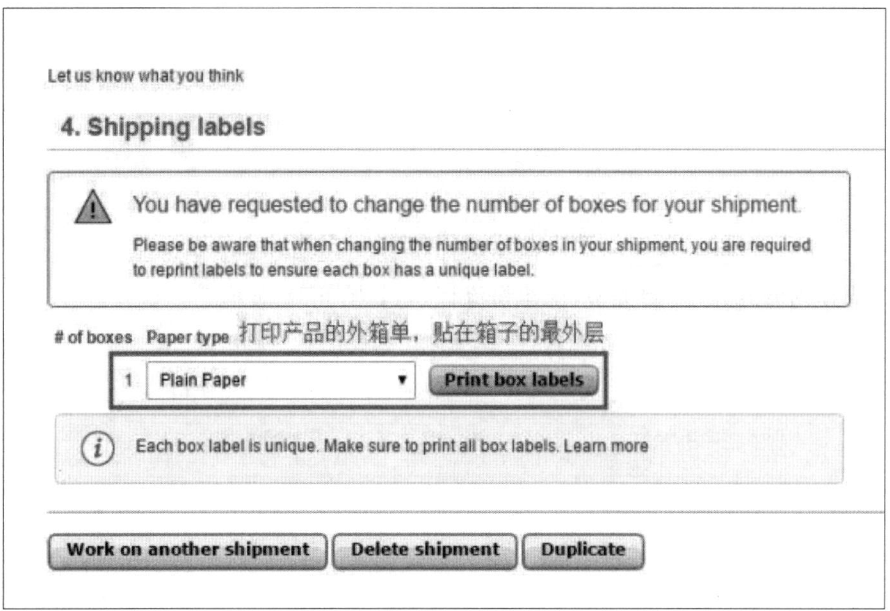

图 6-15 选择外箱单打印界面

图 6-16 追踪号填写界面

二、速卖通平台物流业务操作流程

(一)速卖通平台物流概述

速卖通平台可使用线上发货和线下发货两种渠道。线上发货由无忧物流承揽，线下发货则由卖家自行联络物流商完成。通常情况下，卖家会使用 ERP 绑定速卖通后台完成平台的发货操作。

(二)速卖通线上发货流程

(1)进入后台“我的速卖通”—“交易”，选择“等待您发货”状态的订单。此处就可看到未发货的订单情况，点击“去发货”，如图 6-17 所示。

图 6-17　速卖通所有订单界面

(2)选择物流方式、货物类型,创建物流订单,如图 6-18 所示。

	服务名称	参考运输时效	试算运费 ?
○	AliExpress 无忧物流-优先	预计10-25天送达	CN ¥ 150.22
●	AliExpress 无忧物流-标准	预计15-25天送达	CN ¥ 62.37
○	UPS Saver	3 - 6天	CN ¥ 196.14
○	FedEx IP	3 - 6天	CN ¥ 294.34
○	HK DHL	3 - 6天	CN ¥ 171.10
○	FedEx IE	4 - 9天	CN ¥ 262.56

图 6-18　选择物流方式界面

(3)确认收件信息是否正确,可进行修改。完善货物信息,如货物是否含电池,是否是化妆品。如果卖家的发件地址在物流商揽收范围内,系统会为卖家自动配置对应的仓库。如果卖家所在的地址没有推荐的揽收仓,系统会提示"自寄至指定中转仓库",最后提交发货,如图 6-19、图 6-20 所示。

图 6-19　物流信息界面

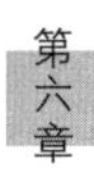

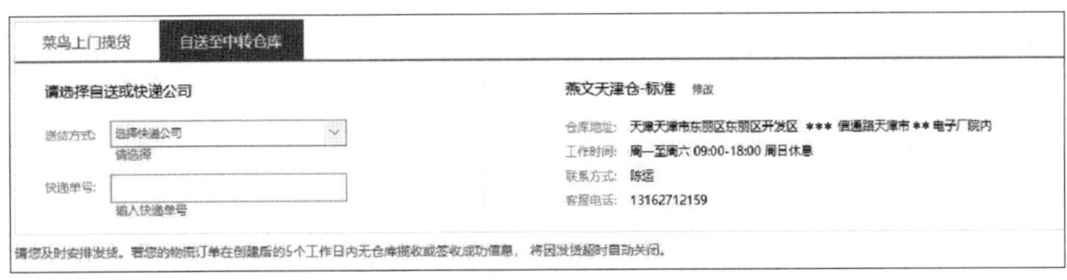

图 6-20　自送至中转仓库界面

(4)查看国际物流单号,打印发货标签。在物流订单创建完毕之后,会提示“成功创建物流订单”。卖家可以点击“物流订单详情”链接,即可看到生成的国际物流单号,打印发货标签。

(5)填写发货通知,如图 6-21 所示。

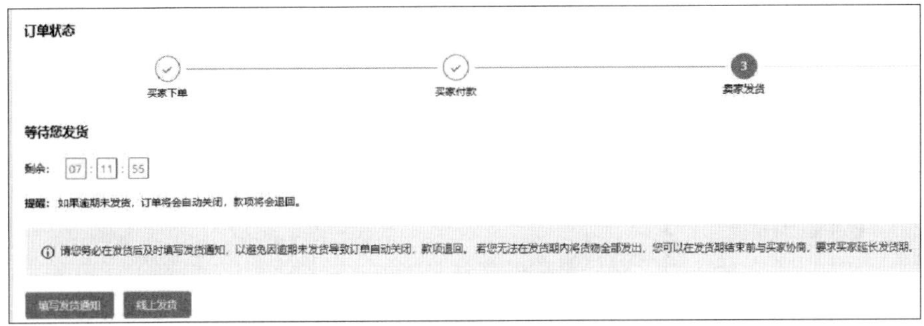

图 6-21　填发货通知界面

三、Wish 平台物流业务操作流程

(一)Wish 邮概述

2018 年 10 月 1 日 17 时(太平洋标准时间)起,WishPost 的 Wish 邮将作为 Wish 唯一认可的物流服务商为中国直发的订单提供物流服务,其他非 WishPost 的物流渠道将不再被平台认可。

Wish 平台正在推进的线下转线上工作主要涉及的就是打单发货这个环节。所谓的线下转线上,就是将原有的物流服务商及产品(如 e 邮宝,也称 EUB)整合到 WishPost 物流系统中,商户使用该物流服务商或产品进行发货,不再需要通过物流服务商的系统或货代进行操作,而需要登录 Wish 邮官网或 ERP 系统选择合适的 WishPost 物流服务(如 WishPost—EUB)进行打单发货。

Wish 平台的发货操作也可通过平台后台和 ERP 两种方式来完成,而 ERP 是卖家普遍会使用的方式。

(二)Wish 平台芒果店长线上发货流程

(1)完成 ERP 的授权,如图 6-22 所示。

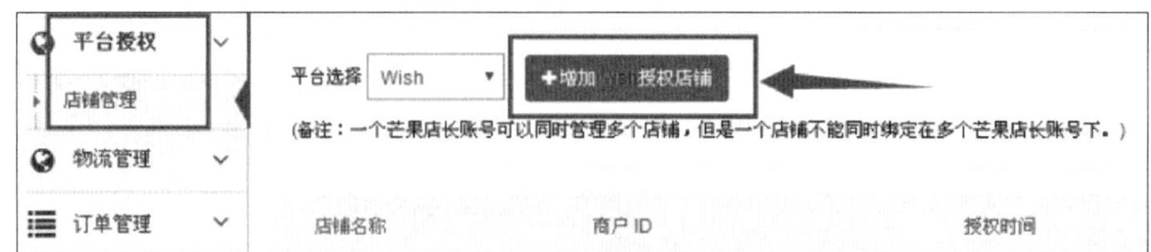

图 6-22　芒果店长平台授权绑定界面

(2)“物流设置”—“系统对接货代”。建议将会使用到的物流渠道都勾选上，如图 6-23、图 6-24所示。

图 6-23　物流设置界面

发货渠道	平台	承运商(用户)	
E邮宝	速卖通	China Post Ordinary Small Packet Plus (中国邮政平常小包+)	
	wish	WishPost	更多 (9)
wish邮挂号-上海仓	速卖通		
	wish	WishPost	更多 (9)
wish邮平邮-上海仓	速卖通		
	wish	WishPost	更多 (9)
WishPost-欧洲标准小包	速卖通		
	wish	WishPost	更多 (9)
WishPost-欧洲经济小包	速卖通		

图 6-24　WishPost 可使用的物流方式

(3)处理 Wish 平台订单，完善报关信息，选择适合的 WishPost 物流方式，申请运单号，提交运单号，选择发货渠道，打印响应产品面单，如图 6-25 至图 6-27 所示。

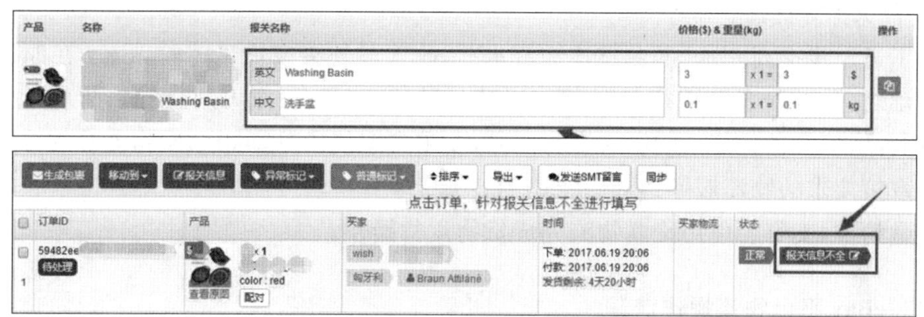

图 6-25 WishPost 完善报关信息界面

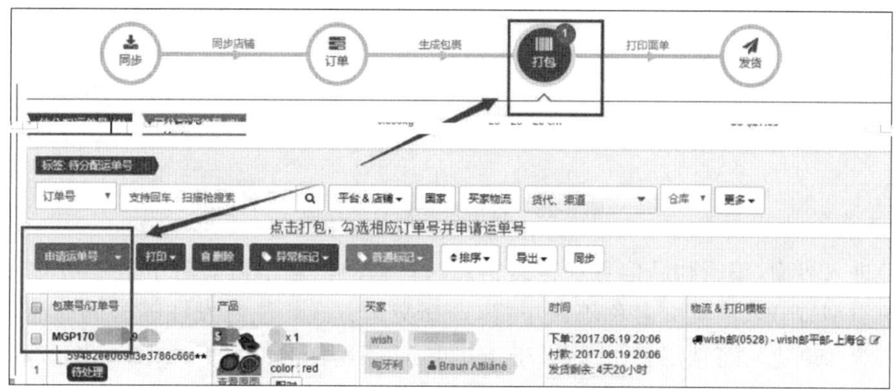

图 6-26 WishPost 申请运单号界面

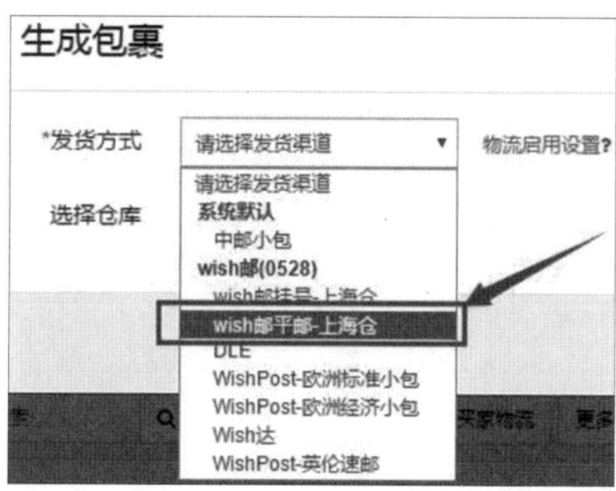

图 6-27 WishPost 选择发货渠道界面

四、eBay 平台物流业务操作流程

(一)eBay 平台物流概述

SpeedPAK 物流管理方案是 eBay 联合物流战略合作伙伴橙联科技股份有限公司共

同打造的，以 eBay 平台物流政策为基础，为 eBay 大中华区跨境出口电商卖家量身定制的直邮物流解决方案。该物流方案具有与 eBay 平台对接、物流时效快、揽收扫描及时、受 eBay 平台保护等优点。

为了进一步提高 eBay 平台整体物流水准、改善境外买家物流体验，eBay 在原有物流要求基础之上，针对卖家销往美国、德国、澳大利亚、加拿大、意大利、法国、西班牙的高单价直邮商品，以及销往英国的所有直邮商品，要求卖家使用 SpeedPAK 物流管理方案及其他符合政策要求的物流服务达到一定比例。

通常情况，卖家会使用橙联物流完成货物发货操作。

(二)eBay 平台物流操作流程

(1)在待处理订单中找到需要发货的产品，点击“编辑”，如图 6-28 所示。

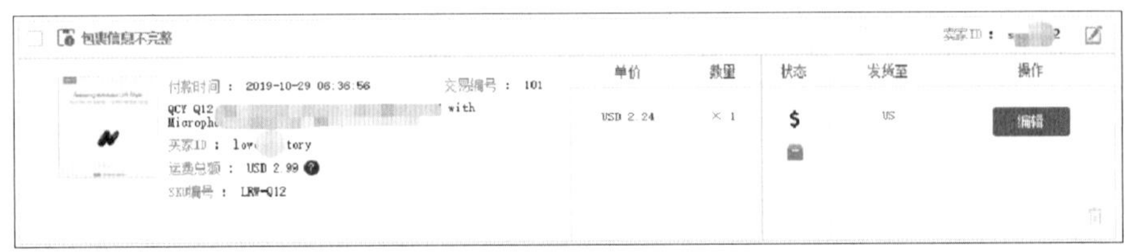

图 6-28 橙联待处理订单界面

(2)进入界面，编辑物品信息和包裹信息。在物品信息中需要对申报货物的价格、重量、电池类型、产地、中英文名称等做申报，选择交运方式。注意发往美国的商品，在 450 克以内(含 450 克)，可选用轻小件，大于 450 克，必须用标准件发货，如图 6-29 所示。

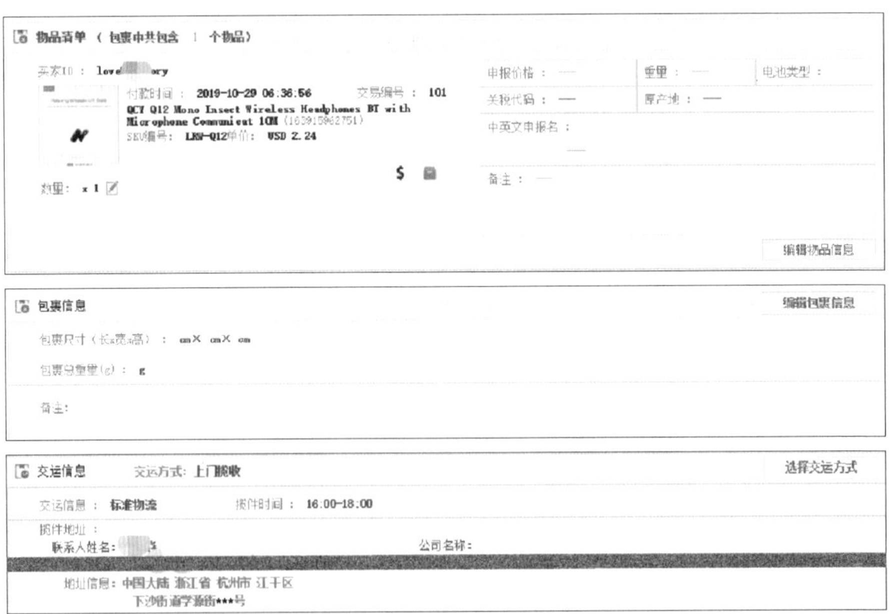

图 6-29 货物信息的填写界面

(3)申请物流单号,如图 6-30 所示。

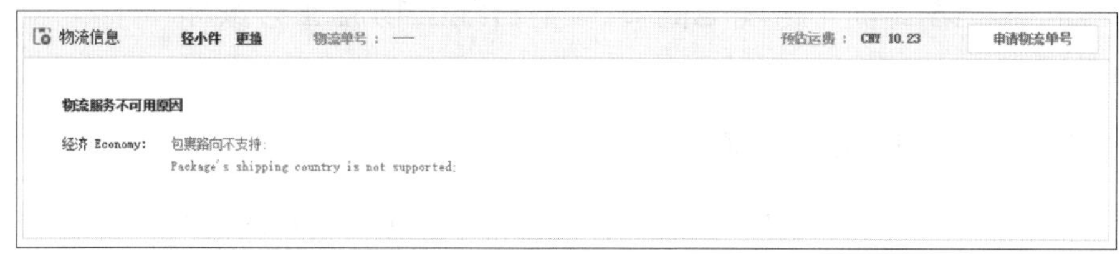

图 6-30 申请物流单号界面

(4)选择打印面单(A4 或者热敏纸均可选择),如图 6-31、图 6-32 所示。

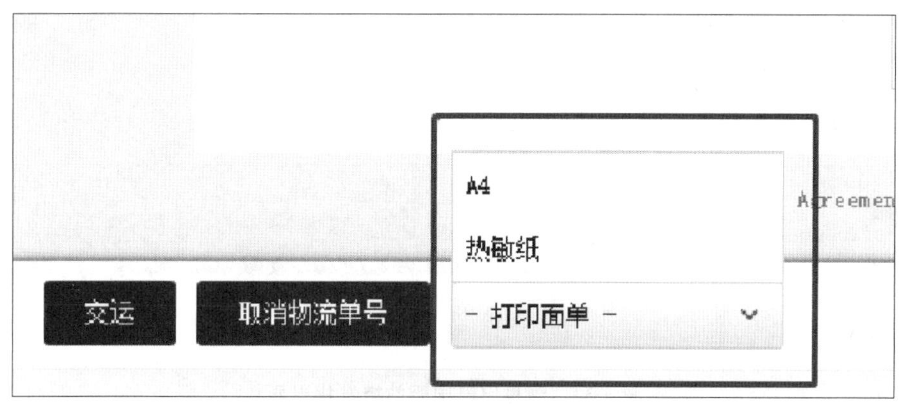

图 6-31 打印面单界面

图 6-32 A4 纸打印面单样本

第二节　跨境电商 B2B 平台线上物流业务操作

一、阿里巴巴国际站物流概况

与其他平台一样，阿里巴巴国际站平台的物流操作也可使用线上线下两种方式。由于国际站的平台性质，在国际站上发货可以选择商品的发货批次，但总体操作流程与其他平台相比无特别的地方。

二、阿里巴巴国际站平台物流操作流程

阿里巴巴国际站平台物流操作流程如下。

(1)选择需要发货的商品，点击“去发货”，如图 6-33 所示。

图 6-33　阿里巴巴国际站待发货界面

(2)选择发货商品，可添加多个批次一起发货，或者选择单独一个批次发货，如图 6-34 所示。

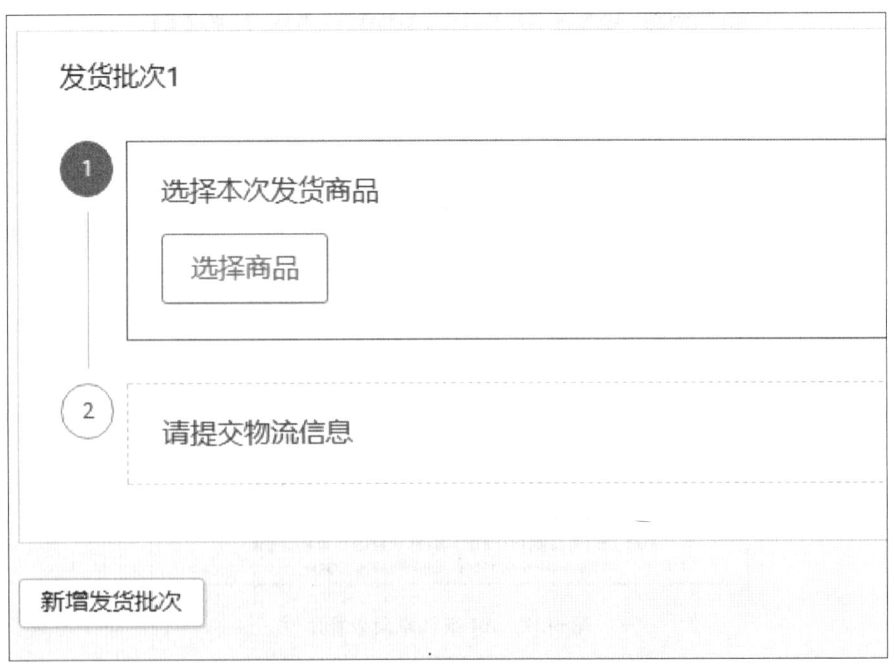

图 6-34　阿里巴巴国际站选择商品批次界面

(3)点击所选商品,填写发货数量,如图 6-35 所示。

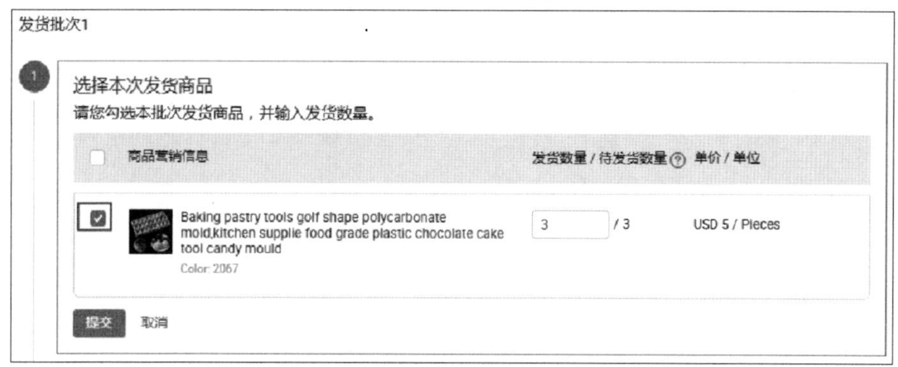

图 6-35　选择本次发货商品界面

(4)点击“快递服务”,完成物流订单,完善报关详情信息等,如图 6-36 所示。

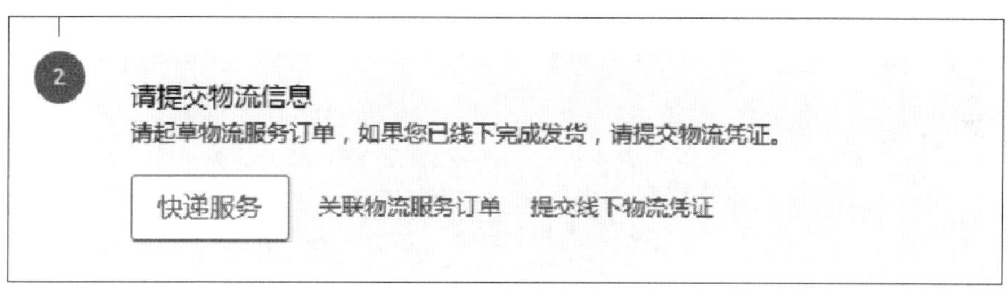

图 6-36　快递服务界面

知识与技能训练

第六章知识与
技能训练